JN061992

方針の決定に協力してくれたイベッテ、ラファエラ、ロレンソ、
ならびに、話に長く付き合ってくれた
カルメン、アルマンド、マルハに感謝を捧げる

ホセ・ムヒカ
自由への挑戦

JOSÉ MUJICA
LA REVOLUCIÓN TRANQUILA

マウリシオ・ラブフェッティ 著
鰭沼 悟 監修

プレジデント社

JOSÉ MUJICA
LA REVOLUCIÓN TRANQUILA
by
Mauricio Rabuffetti

監修者から／「ホセ・ムヒカ　自由への挑戦」について……

元ウルグアイ大統領のホセ・ムヒカ氏といえば、〝世界で最も貧しい大統領〟として世界的に知られています。しかし、本人はこれを否定しているのをご存知でしょうか。実際、彼は次のように語っているのです。

「私が〝世界で最も貧しい〟という表現は間違っている。私は貧しくありません。私はただ質素に暮らしたいだけです。（中略）自由とは、生きるための時間を持つことです。それが、私が実践している質素の哲学なのです」（本書53ページ）

この本は、ウルグアイのジャーナリスト、マウリシオ・ラブフェッティ氏が丹念な取材で、ホセ・ムヒカ氏という人物に肉薄したルポルタージュで、ウルグアイの地政学的要素を盛り込みつつ、ムヒカ氏のありのままの姿を活写。客観的かつ大局的な視点で、彼の波乱万丈の軌跡をたどっていきます。

命がけで自由を追い求める不屈の闘士――私はムヒカ氏をそのようにとらえています。

「私たちはみな、ただ発展するためにこの星に生まれたのではありません。私たちは幸せ

になるためにこの星に生まれたのです」(本書263ページ)

これは、ムヒカ氏が2012年の地球サミット(リオ＋20)で講演した際の言葉です。彼はこのスピーチで、資本主義と環境破壊が人々の自由と幸福を奪っている現状を批判しながら、生きることや幸せの本質的な意味について問いかけました。

そして、必要以上の消費に囚われず、生きるための豊かな時間を持つ大切さを説いた彼の言葉は、世界中の人たちの心を掴みました。私も、その1人です。

本書の日本語版を監修しようと決めたのは、ムヒカ氏の一代記であることが1つ。もう1つは、ムヒカ氏の栄光だけでなく、挫折や失敗など影の部分も掘り下げていることにあります。

貧困家庭に生まれたムヒカ氏は、持ち前の正義感から社会の不平等を正すべくゲリラに身を投じ、リーダーに上り詰めます。逮捕は4回、獄中生活は計14年に及びます。長期の投獄を余儀なくされたからこそ、ムヒカ氏は自由の尊さを誰より痛感しました。自由への渇望が、人々に温かなまなざしを注ぐ政治家としての土台をつくり上げていったと思われますが、そうした様子も本書から読み取ることができます。

政界進出後のムヒカ氏は、大麻、同性婚、妊娠中絶を合法化したほか、シリアの内戦で苦しむ家族を自国で受け入れ、グアンタナモ収容所(キューバ)の捕虜解放に尽力するなど、大胆な施策を打ち出していきます。これらは総じて「人間の尊厳」や「社会的平等」を追求した末の産物、まさしく〝自由への挑戦〟にほかなりません。

〝世界で最も貧しい大統領〟というイメージは、大統領の給与の9割近くを寄付して慎ましく暮らした私欲のなさに由来していますが、そのイメージが独り歩きして、巷にあふれるムヒカ氏の情報にバイアスがかかっている印象を受けます。ラブフェッティ氏の狙いの1つは、そこを正すことにあるのでしょう。ムヒカ氏の光も闇もすべてを提示することで、読み手がムヒカ氏の本質により深く迫る手助けするのです。

ムヒカ氏に対する敬意と親愛をベースに置きながらも、著者の筆致はあくまでも冷静で、ゲリラ活動での挫折、統治者としての限界、あるいはムヒカ氏の気まぐれな一面まで赤裸々に描き出します。そうして読み手はホセ・ムヒカという男の純真さ、賢さ、頑固さ、不器用さ、強靭さを感じ取り、その泥臭い生き方に魅了されていくのです。

物事を多面的に見ることを重視し、ときには批判的な意見も辞さないラブフェッティ氏と同様、私もムヒカ氏を敬愛し、その価値観に惹かれる一人であり、それゆえに多角的な視点でムヒカ氏をより深く理解したいと考えました。

そうした欲求に見事に応えてくれるのが、この一冊なのです。

2022年、ムヒカ氏本人にお会いしたいという思いが高じて対談を打診したところ、自宅へ招いていただきました。早速現地へ飛んだものの、ムヒカ氏が体調を崩したため、残念ながら対談は叶いませんでした。

それでも草原にぽつんと佇む小さな平屋のご自宅を見て、シンプルなライフスタイルの美しさに胸を打たれました。「発展」を至上命題とする消費社会の呪縛に囚われることなく、ムヒカ氏は今も自由の尊さを我々に示しているのです。

この本は、自由へのあくなき挑戦に満ちています。

過酷な試練を乗り越えたムヒカ氏が〝自由〟という言葉に込める思いの深さ、そして〝自由への挑戦〟において彼がどのようにもがき、奮闘したのか。本書を通じてそのプロセスを知り、結果として彼がどのような価値を世界にもたらしてくれたのか、ぜひ思いを巡らせてみてください。

最後となりますが、本書の原文はスペイン語であり、著者の思いをなるべく原文に近い形で翻訳しています。

故に、文化的背景の違いもあり、ところどころ立ち止まって考えねばならない箇所もありますが、それも含めて著者の思いを感じ取っていただけたら幸いです。

監修者　鰭沼 悟

目次

監修者から／「ホセ・ムヒカ　自由への挑戦」について……002
はじめに／国境を越えて……012

Chapter 1

弾丸と花……019

人々の模範として……028
倫理基準を求めて……034
ムヒカ―ロックスター……041

Chapter 2

生き方としての質素さ……045

ムヒカを取り巻く物たち……048
「軽い荷物」しか持たない暮らし……052
ムヒカと金。その関係……055
ムヒカの身なり……059
ムヒカと書籍……065
ムヒカ夫妻の料理……069

リーダーシップと簡素さ……074
自由な時間と自由……076
メッセージの力……079
ムヒカの逸話①……082
ホセ・ムヒカの2014年資産申告書とは？……083

Chapter 3

ゲリラと革命……085

ハバナでのムヒカ……095
ロマンチシズムと冷戦～トゥパマロスの起源……098
トゥパマロス～「せっかちなカメレオンたち」……105
武力闘争と地下活動……112
ゲリラによる戦争……116
暴力の過激化……127
ムヒカは人を殺したか……131
武装活動～今も残る意見の対立……134
政治～トゥパマロスが民主主義に復帰……140
ムヒカ～武器との完全決別……146
選挙戦～テロ組織「ETA」、そして立候補者ムヒカの登場……150

Chapter 4

ゲリラから大統領へ……157

狂気との抱擁……165

ホセ・ムヒカ大統領……170

平等主義の国……171

社会民主主義、連帯、ウルグアイの政治アイデンティティの形成……177

カウディージョ（政治・軍事指導者）……184

就任演説……186

政治的コミュニケーション、人間的コミュニケーション……189

ルイス・スアレスとムヒカ・スタイル……197

マテ茶をはさんだ親密な交流……203

ムヒカの逸話②……206

Chapter 5

静かな革命～自由への挑戦……211

「私たちは、成し遂げることができる」……216

麻薬取引に対抗するための有効手段……219

大麻をめぐる国内での対立……226

ラテンアメリカにおける麻薬との闘い……232

「麻薬との闘い」……234

ムヒカの提唱する「闘い」……238
米州機構（OAS）の支持……241
ウルグアイにおける大麻合法化……246
ノーベル賞選考委員会への手紙……248
物議を醸す中絶関連法……251
平等な結婚……256
ムヒカの逸話③……258

Chapter 6

ロックスター・ムヒカ……261
ムヒカの言葉……263
文化の変化と新しい世界……267
ウォール街を占拠せよ……269
ヨーロッパにおける消費モデルの「再定義」……276
再分配～新しい経済論争……282
演説から～「世界の」大統領へ……291
グアンタナモ収容所に関する対応……292
米国との関係……299
シリアの「子どもたち」……303
コロンビアの和平プロセス～ムヒカの1000回の試みと1回の失敗……307

ムヒカの逸話④……312

Chapter 7
預言者郷里に容れられず～自国で評価されないムヒカ……315
消費が加熱するウルグアイ……316
組合と公務員の勝利……318
教育、教育、教育……323
「雷」と呼ばれたプロジェクト……328
ムヒカと片目の男と頑固おばさん……331
政治と法律……345
任期を終えて……350
歴史書……353

Chapter 8
50年後のキューバと米国……357

謝辞……362
参考文献……363
監修者から最後に……364

ムヒカ前大統領が来日。都内で記者会見
2016年4月6日
写真提供：Shutterstock／アフロ

ホセ・ムヒカは純粋な意味で、映画の登場人物の要素をすべて備えている。彼は80年におよぶ激動の人生の中で、さまざまな時代を経験してきた。カリスマ性と情熱に富み、気分屋であり、内省的で、時にはがさつなこともある。彼は勤勉な政治家であるが、お茶目な一面もある。また、敗北を受け入れて前進する度量もある。

ムヒカと、彼が若い頃に参加していたゲリラグループについては、数多くの書籍が出版され、幾多のドキュメンタリーも撮影され、数えきれないレポートも作成されているため、ウルグアイ人は彼の経歴をほぼ暗記しているほどよく知っている。しかしムヒカがウルグアイの大統領に就任したとき、私は、それまでの元ゲリラ出身の政治家というイメージとは異なる、教養のある地方人、都会派の政治家、昔ながらの「カウディージョ（中南米のボス的政治指導者）」のイメージを兼ね備えた人物像を見た。1960年代から1970年代の、ゲリラの時代や独裁政権後の時代について取り上げている本は多すぎるほどあり、ウルグアイの書店の本棚を埋め尽くしているが、私はそのような本を常に批判している。だからこそ、私はムヒカを取り扱うことを避けてきた。このテーマは今でもなお論争の的であり、これにより生じた傷はまだふさがっていない。そのため、良くも悪くも歩みがゆっくりであるこの国の進歩と近代化がさらに遅れているようにも見える。

ウルグアイの「現在と未来」については語るべきことが多く、それは私にとって、すでに何度も語られてきた「過去」を語るより、はるかに挑戦に値することだ。しかし、気づけば私自身がジャーナリストとなり、この、かつてゲリラだった政治指導者の政権が打ち出した政策や、彼の質素な生き方について文章を書き、ヨーロッパや米国の読者、そして世界中のジャーナリストたちに対して、なぜウルグアイ国民は、ムヒカを他に類のない大統領として評価しないのかを説明してきた。

ムヒカは外国では崇拝の対象であり、日本では彼の清貧の人生について取り上げた教科書まで存在しているのに、である。簡素な古い家に住み、身なりを気にせず、周りの人と変わらない生き方をしているこの老人がヨーロッパで知られるようになってから、ウルグアイでは「ぺぺ」と呼ばれるホセ・ムヒカの人生について書き記そうとする、ジャーナリストたちによる一種の「ノルマンディー上陸作戦」が進められた。

私は近年、このウルグアイ元大統領の自宅でのインタビューを何回か実施した。そして、異端的ともいえる彼の政策のいくつかについて、さまざまな報道をしてきている。しかし彼の革新を進める能力は、彼を知る者誰もが想像していたものを超えている。個人の権利を拡大する法律でウルグアイの政界に革命をもたらし、世界中の人々から絶賛され、そして批判も受けた後で、この「じいさん（同じ思想を持つ若者はそう呼んでいた）」は、ノーベル平和賞の候補となった。そのときから、彼の意欲は急激に高まる。多くの人に認められることが彼の人生において刺激となったのか、それともエゴへの誘惑だったのか、はっきりとはわからない。確かなのは、この機にムヒカが解き放たれたということだ。

彼は、ウルグアイの政権運営の混乱についてさまざまな人から批判を受けていたが、そんな中で、平和と寛容のメッセージを具体的な行動で示している。また、彼の国際会議でのスピーチは、ウルグアイ国民だけにとって関心のある問題ではなく、人類全体に対して重要なテーマを取り扱った、世界に向けて入念につくられたメッセージとなっていた。

田舎風の言い回しを用い、歴史的な出来事を引用する独特の演説で、環境への配慮、調和のとれた人生を送るための原則としての多様性の許容、そして社会の進歩を妨げる官僚主義に対する断固たる批判などが取り上げられている。

ただし彼は、自分の政権中に官僚との抗争に勝利することはできなかった。

彼は、自分の成功についてはほとんど語らず、一方で失敗は公に認めた。その中でおそらく最も重大だったことは、彼が人生の中で描いた目標のうち最も重要である公教育システムを、次の世代に残すことができなかったことだ。これは富を持つ者と持たざる者の機会を均等にするための方策であった。

彼は世界のすべての人に向け、世界のあらゆる場所で語ってきた。彼が在職中に受けた、国際メディアによるインタビューの正確な数は数え切れない。ざっと計算しただけでも100を大幅に超えるだろう。私は記者として、頻繁に旅に出る。以前は、辺鄙な場所であってもそうでなくても、「ウルグアイ？ サッカーの国だね」と言われていたが、今では多くの人が「ウルグアイ？ ムヒカの国だね」と答えるだろう。しかしムヒカは、ウルグアイにおいて自国の人間にはあまり理解されていなかったためか、あるいは統治者として国民にとっての重要な問題を解決できなかったためか、彼は政治家として批判を受けている。もちろん人気は高い。ムヒカは、他の政治家や、他国(文化的にウルグアイに近い国でさえも)の首脳にとってはありえないような発言をしてきた。そして世論はそれをほとんど抵抗なく受け入れている。しかしムヒカを疑問視する人や攻撃する人もいる。本書では、このような二面性が存在する理由を明らかにしていきたい。これは当初からの構想であり、これにより、ウルグアイ国内の読者、そしてウルグアイ国外にいてもムヒカという人物について関心を持っている読者に、答えと情報を提供するものになるのである。

そのため、本書では、ムヒカという人物、そしてその人生について詳しく紹介していく。その中で、国際社会であまり重視されてこなかった国の出身でありながら、そのメッセージが持つ重要性について説明し、彼が政権において下した、議論の的になるさまざまな決定について知られていない側面を明らかにしてきたい。

ムヒカについて出版されている本の著者は、この映画の登場人物ともいえる政治家をよく知る人が多いが、私のアプローチはこのような著者たちとは異なる。

本書では、ウルグアイという国が持つアイデンティティの特徴の一部を説明し、この国の歴史や、独特の気質をも紹介していく。これらの内容は、ムヒカが大統領に就任するまでの経緯、マリファナの合法化のような革命的な政策を提案し、同性結婚や人工妊娠中絶を支持できた理由、そしてこれらの決定のために必要となった政治的コストをすべて冷静に引き受けることができた理由を理解するために重要となるだろう。

また本書では、この指導者の発言と行動の間にある多くの矛盾を明らかにしていく。ゲリラとして歩んだ彼の人生と、民主主義に基づく政治活動についての主なエピソードは、年代順ではなく、政治家としてリーダーシップを形成していく段階を基に紹介している。さらに、ムヒカの考え方と人生の捉え方について詳しく説明する。

この両方の点が、グローバル化の時代における重大なテーマについてムヒカが世界的な有名人になるにあたり、重要な役割を果たしている。ムヒカは、政治家として世界を見るにあたり「まず行動する」「後で考える」という方針を取っている。この2つの路線が合わさって、現在知られているムヒカがある。これは彼の過去と、彼が政権の座にあった時代の歴史的背景から説明できる。

本書は、ウルグアイ大統領の伝記ではない。彼のメッセージが国外で受け入れられたこと、そして為政者としての敗北を説明する伝記的な文書といえるだろう。また本書は、ホセ・ムヒカのインタビューではない。私は国際メディアの報道のためムヒカと話をしたことがあるが、それは本書の執筆を目的としたものではない。ともかくそのような状況で、私は彼の家を訪れ、彼の有名な古い車、三本足の犬、そして質素な生活を目にした。そのため、メディアで話題になっているこの人物の特徴について話すことはできる。従って、本書では再構築と分析を行っていく。

ムヒカがゲリラで参加した行動や暴動について本書で紹介する話は、ムヒカ本人の記憶とは異なる場合がある。それは、ムヒカ本人が直接語ったものを除いて、ゲリラの元メンバーへのインタビューや、当時の出版物から得た情報を再現したからだ。本書では、ムヒカの人生とゲリラ組織「トゥパマロス民族解放運動（ＭＬＮトゥパマロス）」の歴史について詳しく記載された多くの書籍を参照している。また、その他さまざまな情報源も活用している。ちなみに、協力者の多くは、名前を出さないことを条件としている。

本書はジャーナリズムに基づく書籍である。そのため、事実、物語、人物に関する疑問、解釈、論争について、ジャーナリストとしての中立的な観点から紹介する。ムヒカの物語は、１０００通りの書き方ができる。そして本書は、その中の１つである。

２０１４年10月27日　ウルグアイ・モンテビデオにて

マウリシオ・ラブフェッティ

「人の命は奇跡である。
我々は奇跡のおかげで生きている。
命よりも価値あるものはない」

ホセ・ムヒカ
国連総会での演説
2013年9月

Chapter 1

弾丸と花

1970年3月の、ある日のことである。

モンテビデオの居酒屋のテーブルで会話をしていた男性の隣で、警官が直立しながらそう叫んだ……。

「身分証を出せ！」

その日は、窓から鉛色の空が見えていた。窓枠はゆがんでいて、外の風が入り込んでくる。寒いというほどではないが涼しい、典型的なウルグアイ・モンテビデオの秋だった。霧雨が降ったりやんだりを繰り返し、街を灰色に染めていく。居酒屋にいた男たちは、それまで家に集まって強奪の準備を進めていたが、その家を捨ててこの店にやってきた。その家で、男たちの1人が武器を触っている最中に、間違って発砲してしまったのだ。彼らの存在が明るみに出れば、作戦そのものが危険にさらされる。まさに若気の至りだった。

全員が家を一緒に出て、同じ方向に向かう。ただ、計画や役割について何時間も話をしていたうえ、葉巻の煙も災いし、口はカラカラになっていた。そんなところへ喉を潤すにはもってこいの居酒屋があった。男たちのうち3人だけがこの居酒屋に入る。

この、ヘスス・バストスが経営する居酒屋「ラ・ビア・バー」は、労働者が多く住む「ラ・ブランケアーダ」という地区の一角にあり、他の居酒屋同様に早い時間から営業していた。「ラ・ビア・バー」には地元の常連客もいたが、商業活動が盛んな地域に近い大通りに面していたため、互いに面識のない通りすがりの一見客同士が同じテーブルを囲んだり、カウンターで肘をついて飲んだりする光景も珍しくなかった。

3人は午後の大半をここで費やし、テーブルを囲んで計画の詳細を練っていた。会話は暗号を交えて行われ、素性を知られないようにしていた。当時のウルグアイでは、1967年にオスカル・ヘスティード大統領が死去したことを受け、当時副大統領だったホルヘ・パチェコ・アレコが権力の座についている。パチェコは右派の中でも強硬派で、パチェコ政権の決定によりウルグアイは実質的に軍国化されていた。この頃、巡回中の警官は疑わしい態度を取る人がいれば、誰彼かまわず職務質問をしていたのだ。

トゥパマロス民族解放運動のゲリラは、首都モンテビデオとその周辺を中心に活動を行っており、メンバーは地下に潜伏していた。米国の干渉が常態化し、一方でフィデル・カストロのキューバ革命の影響を受けたラテンアメリカでは、当時、農地改革や土地と富の再分配に対する社会的要求が高まっていたが、それと同時に多数の左翼ゲリラグループが発生していた。

ウルグアイの歴史の多くは血と火、戦争と革命の力によって築かれたが、20世紀のウルグアイ社会は平和であった。パチェコは、ゲリラは到底容認できるものではなく、ゲリラを壊滅するためには必要なあらゆる措置を講じると表明していた。武装集団トゥパマロスは、一定の独立性を持って行動する縦隊に分かれていて、中央司令部とでもいうべきものがその行動を調整していた。1960年代半ば以降、トゥパマロスでは、ウルグアイは必然的に権威主義への道を歩み、クーデターに至るだろうと考えられていた。さらに彼らにとって、ウルグアイはブルジョアジーに支配され、政治システムが腐敗しモラルもなくなった国であり、そのような国において選挙制度は自分たちの理念を守るための手段にはなるとは考えられなかった。そして待つこともできなかったのだ。

ゲリラと政府との対立は、あっという間に理論上の存在から現実の出来事に変わった。そして、この紛争の原因と結果は、今でもウルグアイを二極化している。

話を元に戻す。

「身分証を出せ!」。警官は、いらだった様子で繰り返した。そのときには3人全員が、それが警官であると気付いていた。グループのリーダーはかろうじて顔を上げる。彼も、他のメンバーも、入り口に背を向けて座っていたため、警官が到着したのが見えなかったのだ。一瞬のうちに、ホセ・ムヒカはコルト45を抜いた。

「これが俺の身分証だ」

銃を見せながら、言った。

警官とは数メートル離れていたが、ムヒカは、この距離から撃てば銃弾は間違いなく警官の命を奪うだろうと確信していた。だが、外には多くの警官が待機しており、大虐殺事件に発展する可能性もあったため、ムヒカたちは逃げる方法を見つけなければならない。警官たちはひるむことなく、ゲリラのメンバーたちが発砲することを覚悟しながら突入する。彼らはもみ合いになり、床に倒れた。ムヒカは銃を放すことなく逃げようとしたため、警官たちに取り押さえられた。※1

ムヒカは、MLNトゥパマロスの中で最も厳格かつ有能な、第十縦隊の軍事指導者兼戦略家であった。彼は、裕福なウルグアイ実業家一家の邸宅、別名「ラ・ビア・バー」を襲撃する計画を立て、武装した仲間とともに襲撃を実行しようとしていた。この襲撃は、その後長期間にわたるトゥパマロスの活動資金を捻出すると同時に、社会の貧困層に対する明確なプロパガンダ効果を生むはずであった。

これまで何度も投獄や死の危険からムヒカを救った第六感も、このときは働かなかったようである。武器を失い、数センチ離れたところから何人もの警官に銃で狙われながら床に横たわるムヒカ。彼は、完全に敗北状態であることを悟った。警官たちの勝ちだった。

「おい、俺を撃っても当たるかわからんぞ。それに俺はもう抵抗しないよ」

ムヒカは、制服の警官の1人に言った。

これに対し、彼らは武器をもたず床の上に横たわったムヒカを一斉に銃撃した。

筆者はムヒカに、この重要なエピソードについて回想するよう頼んだ。そのとき、彼の家の居間で話した会話は次のようなものである。

――6発撃たれたんですね。

「そうだ」。椅子に座ったムヒカは答えた。日付がいつだったかは覚えていないし、今さらどうでもいいことだという。[※2]まだ死神に呼ばれていないことに気付いたこの日の記憶について探る彼の顔には、隠しようのない感情が浮かんでいた。

――なぜあなたは彼らに自分の書類を渡さなかったのですか？

「彼らが武器をチェックしていて、自分が45口径（の銃）を持っているときに、一体何を渡

※1…このエピソードにはさまざまな説がある。メンバー全員が逮捕されたという説もあれば、ムヒカだけが拘束されたという説もある。また、警官1名が重傷を負ったという説もあれば、軽傷だったという説もある。
※2…この会話は、筆者がカナダの『グローブ・アンド・メール』紙記者としてインタビューした、最後に行われたものである。

せというんだ？　しかし、うまくいかなかった。私が銃を構えて振り向いたとたんに、彼らは飛びかかってきた」。彼は、自分の動きを身振りで示しながら話した。

ムヒカは軍病院に移送され、緊急手術を受ける。「大量に出血した」と彼は回想した。だが、ホセ・ムヒカは生き残った。奇跡的に。しかし、彼はMLNトゥパマロスの多くのメンバーと同じように投獄される。

１９７１年、ムヒカはその多くがゲリラのメンバーであった１１０名の囚人とともに、収監されていたモンテビデオの刑務所から大規模な脱獄を企てる。[※3]

しかしその後、１９７２年に再び逮捕・投獄される。

１９７３年、地方の裕福な牧場経営主の家庭出身で、前大統領のパチェコにより大統領候補に指名され、当選を果たしたウルグアイ大統領フアン・マリーア・ボルダベリーは、「危機にさらされた国を救う」ためにウルグアイ議会を解散する。[※4]

ゲリラ組織は、議会解散のはるか前からほぼ完全に駆逐されていたが、その後の13年間にわたる独裁政権の発端となった半民半軍のクーデターは、ここから始まる。

ムヒカは、ウルグアイに民主政治が戻り、政治犯に恩赦が与えられる１９８５年までの全期間を刑務所内で過ごした。

ホセ・アルベルト・ムヒカ・コルダノ。

通称、ホセ・ムヒカは投獄されたとき37歳だった。投獄期間中、ムヒカは身体的および心理的に残忍かつ組織的な拷問を受ける。

彼は殴られ、辱めを受けた。また、通常の半分の食料と水しか与えられなかった。彼は腸と腎臓の病気を患う。そして、人との接触なしではおよそ耐えられないような長い期間を牢獄に閉じ込められた。さらに彼は、何本も歯を失う。体は耐えられる限界に達した。心理的にも限界であった。

彼は、自らの狂気と向き合うしかなかったといえる。ムヒカは、自分の政治的理想の結

※3…この脱獄は、独裁政権樹立前にムヒカが企てたその刑務所からの2回の脱出のうちの最初のものだった。

※4…1998年に筆者が行った元大統領フアン・マリーア・ボルダベリーとのテレビインタビューは、2011年に亡くなったボルダベリーの最晩年の証言の1つである。その中でボルダベリーは次のように述べている。「私は憲法の権限を超越して、憲法の枠組みを越えて議会を解散した。私はただ単純に議会を解散した。(中略)国は危機にさらされていた」。そして「1973年6月に救われた。(中略)国に秩序をもたらすためには、議会を解散し、左翼革命派から私たちを守るための新しい立憲制度を導入する必要があった」。ボルダベリーは、「私は政党のない政治体制を支持する」と述べた。彼は「政党制度が国を危機に陥れた」と考え、「たとえ法律に定められていなくとも自分の信じる義務に従って行動するべきと考えた」と述べた。ボルダベリー自身は自らの行動をクーデターとは認識していなかった。ゲリラがすでにほぼ駆逐されていたのになぜ議会を解散する決定を下したのかと尋ねられたとき、彼は次のように答えた。「戦争は、革命が目に見える形で現れた現象の1つだった。しかし、革命は大学でも、議会でも続いていた。そして今でも続いている」。インタビューの中でボルダベリーは、自分はウルグアイの政治犯が軍の管理する拘置所で拷問を受けていることを知らなかったと述べた。

果と看守たちの惨い仕打ちにより陥った地獄から自らを守るため、自分自身の空想の中に逃避して時を過ごしたのだ。

警察と軍が支配するウルグアイ政権とMLNとの対立は、独裁政権が始まる前にすでに実質的に終結していたが、双方に死の痕跡を残していた。その一部が、ムヒカ自身の行為、もしくは不作為の結果によるものだったのは間違いない。軍事独裁政権は、ウルグアイを社会的かつ経済的に破壊した。軍事戦略の名のもとに人権侵害が横行したからだ。

多くの人が拷問や処刑で命を落とし、罪のない人々が地下牢に幽閉された。また何人ものウルグアイ人が姿を消し、今も消息不明のままとなっている。

ムヒカは、刑務所でゲリラとしての生活に終わりを告げた。そして、刑務所から政治家として出てくる。

「ラ・ビア・バー」は今も残っているが、現在は「ビア・バー」と呼ばれている。そして今も当時の所有者だったバストス家の資産である。銃撃の日にホセ・ムヒカと2人の仲間が陣取っていたテーブルがあった場所には、当時の写真や新聞の古いコピーが飾られたコーナーがあり、エピソードを思い起こさせる。

軍事独裁政権時代に指揮権を握っていたウルグアイ軍の関係者の一部は、現在投獄されている。しかし、投獄されておらず自由の身のメンバーも多い。

一方、トゥパマロスらは、1970年4月5日にマイリョス家の邸宅を襲撃し、50キロ以上の金塊に加えて、2万5000英ポンドと10万米ドル強の現金を手に入れている。[※5]

前述した「ラ・ビア・バー」でのゲリラの襲撃計画について通報したのは、バーの常連客であり、行政警察官だったホセ・レアンドロ・ビジャルバである。

ビジャルバの正体を突き止めたムヒカの仲間らは、彼の居所を特定し、しばらく彼の行動を観察した。ある晴れた日、ビジャルバは歩道を歩いているとき、自分の名前が呼ばれるのを聞いた。ビジャルバが振り返り、「えっ」と声を上げたとたん、数え切れないほどの弾丸が彼の体を貫いた。

トゥパマロスらは、ビジャルバを公道の真ん中で処刑したのだ。襲撃者らは彼の体の上に、「これが告発の報い」と書かれた紙を置いて立ち去った。

それからほぼ40年後の2009年、ウルグアイ国民は、ホセ・ムヒカを大統領に選出する。サッカーとタンゴ、日常の暮らしを大切にし、民主主義を愛する国の舵取りを、ムヒカは託されたのだ。

※5…襲撃のリーダーであったエフライン・マルティネス・プラテロがウルグアイの週刊誌「クロニカス」に語った情報による。2007年11月5日の掲載記事。

人々の模範として

79歳になったホセ・ムヒカは、モンテビデオ郊外の3部屋の家に住んでいる。周囲の樹木と調和した緑色の屋根の、余計なものはないが居心地の良い小さな家である。ムヒカはこの家で、元ゲリラでムヒカの政治闘争のパートナーでもあった妻、ルシア・トポランスキーとともに暮らしている。ムヒカは田舎に住んでいるが、昔からずっと田舎暮らしであったといってよい。彼が生涯を通じて営んできた、最も安定した（あるいは最も伝統的な）収入源であった生業は、花の栽培である。彼の好みはいたってシンプルだが、その思考プロセスは複雑といえる。おそらくそれが、ムヒカが自分に近づいてくるすべての人との会話を楽しむのと同じくらい、1人で瞑想するのが好きな理由である。

他の国家元首は、多くの場合、当然の警備上の理由から形式や外交儀礼、華やかさに満ちた生活を送ることが多いが、ムヒカの生活にはそれらはまったく当てはまらない。

刑務所を出るとすぐ、ムヒカは田舎に住まいを構えた。彼の土地には他の家族も住んでいるが、ムヒカは彼らに土地や家を与えて住まわせている。

選挙に勝利した後、彼は豪奢な大統領公邸を手放した。これは、抽象的な概念や理想論よりも、はるかに平等が尊ばれるウルグアイにおいて国民から高く評価された。

ムヒカはよく「良い生活を送るために必要なものはほとんどない」、また「私は〝少ない荷物で〟旅をするのが好きだ」、さらに「自由な時間はどんな持ち物よりも価値がある」と言う。ムヒカに実際に会ってみると、たとえそれが政治的支持を得る根拠になったとしても、彼の言うことが建前ではないことがわかる。ムヒカは物質主義とはまったく無縁の男なのである。1万2000ドル強の給料のうち、彼が自分のためにとっておくのは13％弱のみで、残りは、現在は統合された左翼連合である拡大戦線がムヒカに義務づけている毎月の拠出金と、彼の政治団体である人民参加運動（MPP）への財政的支援に充てられるほか、残りの3分の1強をムヒカ自身が特別に思い入れのある相互扶助型・住宅建設プログラム「プラン・フントス」に寄付している。[※6] また、同じ活動の一環としてムヒカは、母子家庭を対象とした安価な住宅の建設作業にたびたび参加している。

ムヒカは休みの日には自らトラクターを運転して農作業をするのを好む。彼の家の周りの土地には小さな畑があり、彼は、そこで自分たちが食べる野菜を育てている。花の栽培

※6…2013年分のムヒカの資産申告書（2014年に提出）によると、ムヒカはプラン・フントスに約31万ドル相当の現金と設備を寄付しており、これはムヒカの全資産にほぼ相当する額である。申告書全文は以下のURLを参照：http://www.jutep.gub.uy/c/document_library/get_file?uuid=80c675a1-38a7-41f6-b7e8-3c61137e5ac6&groupId=10157

は、今は行っていない。彼の家の玄関先で話をしたとき、ムヒカは「花は育てるのに手のかかる植物なんだ」と話してくれた。しかし彼は、またいつか栽培できるように少量の花株を取っておいてあると説明した。

「花は挿し木から育てるんだ。枝を切って地面に埋める、こんなふうにね」

花の栽培に使っていた温室は、ムヒカの土地にそのまま残されている。ムヒカは、大統領職を辞した後、農業訓練校を開く計画を立て、そこで花の栽培の仕方を指導すれば、彼の「同胞」、つまり地域の人たちにとって良い仕事の機会になると考えていた。花は育てるのが難しい植物なので、「まずは栽培の仕方を教育する必要がある」と彼は言っていた。

大統領当時、ムヒカはときどき、自宅の警備にあたる何人かの警察官から離れて、愛車である ライトブルーの1987年製フォルクスワーゲン・ビートルに乗ってドライブに出かけた。ウルグアイの人々はブラジル人と同様にフォルクスワーゲン・ビートルを「フスカ」(ポルトガル語で「カブトムシ」)と呼ぶ。助手席に座るのは、今では国のマスコット的存在であり、世界中のメディアによって取り上げられた、ポストカードでもおなじみの、ムヒカの3本足の愛犬、マヌエラであった。

ムヒカが政治活動に初めて身を投じたのはわずか14歳のときであった。当時、彼が目指したのは、パソ・デ・ラ・アレナ近隣の労働者の賃金と労働条件の改善要求の支援である。

ムヒカは無神論者である。ムヒカによれば、彼が最も尊敬するウルグアイの大統領であるホセ・バジェ・イ・オルドニェス大統領[※7]は、「神（ｇｏｄ）」という単語を小文字でつづったという（※訳者注：大文字表記は神を絶対的存在とする思考に基づいている）。

しかし、一方でムヒカは、宗教と哲学に支えられた人の集まりとしての社会が失われると、人生の反省と問いかけのない生き方につながると警告している。

ムヒカは熱心な読書家だが、彼の家に膨大な量の蔵書があるわけではない。ムヒカは自分が読み終わったほとんどの本を人にあげてしまう。彼らがその本を読むことで、本がずっと「生き続ける」ように。[※8]

ムヒカは、大統領としての職務に時間を取られるために、政治以外の自分がやりたいこと、つまり本を読んだり、「自然の中で生活する」時間がなくなってしまったと愚痴をこぼしていた。彼は週末にはよく、ウルグアイ南西部のコロニア県、リオ・デ・ラ・プラタ川のほとりにある壮麗な旧大統領別邸「エスタンシア・アンチョレナ」でくつろぐ。

※7…ホセ・バジェ・イ・オルドニェス（１８５６－１９２９）。コロラド党党首。１９０３年から１９０７年と１９１１年から１９１５年までの2回にわたって大統領を務めた。
※8…２０１３年、英国『ガーディアン』紙によるムヒカのインタビューの中での、筆者とムヒカの妻ルシア・トポランスキーとの会話から。

ウルグアイ国民はムヒカを「エル・ペペ」と呼ぶ。「ペペ」とは、スペイン文化の影響を強く受けたこの国で、ホセという名前を持つすべての男性に付けられてきたニックネームである。公の場に姿を表すときに、ムヒカは伝統的で堅苦しい「ミスター・プレジデント」よりも、そのくだけたあだ名で呼ばれることが多い。

モンテビデオのダウンタウンにある大統領府近くでは、いたずらっぽい目、大きく突き出した鼻、長年たくわえてきた口ひげ、そしてニコニコした表情と気さくなジェスチャーのムヒカとその妻が、昼にレストランで他の人と同じように食事をしていたり、金曜の午後にバーのテーブルに座っていたりするのを見かけるのは珍しいことでなかった。

ウルグアイでは、現職や歴代の大統領は何事もなく普通に通りを歩くことができる。かつて、貧困のために、家族を故国に残して船でヨーロッパからやってきた多くの移民によって建国されたウルグアイは、世界レベルでも、最も安全と考えられる国である。これらの建国の民が築き上げた水平的連帯、調和と共存、そして平等の精神は、個人主義的近代化による若干の衰退を得てもなお、今日までウルグアイ国民の精神に息づいている。

ムヒカは、「状況により大統領の職につくことになったただの1人の国民」として振る舞うことを心がけていた。こうして名実ともに「普通の人」のイメージを身につけたムヒカは、各国の大統領の中でも異色の存在である。

2010年の大統領就任後の5年間、彼はウルグアイで最も人気のある政治家であったが、同時に最も頻繁に国内有権者の反感を買った政治家の1人でもあった。

歴代ウルグアイ指導者の中でも国際メディアによるインタビュー回数が最も多く、紛れもなく世界の政界のスターであるムヒカは、一方で、ウルグアイ政界からも知的階級からも、そして右翼と拡大左翼の両方から常に非難と攻撃の的となることが多かった人物といえる。

彼のかつてのゲリラ仲間の何人かは、ムヒカを素晴らしい男であると称賛する一方で、ムヒカはかつての闘争の精神からあまりにもかけ離れてしまったと嘆く戦友もいた。そうした戦友たちの何人かは、本書の取材のためのインタビューに応じることさえ拒否した。

また、彼が若い頃にゲリラ活動を行っていたことを許さなかった国民も多い。一般的な国の大統領のイメージとは対照的に、ネクタイもつけず、明確に定義されたアジェンダもなしに大統領職を務めたムヒカのスタイルは、大統領のあるべき姿について違った考え方を持つ人々から頻繁に批判されている。しかし国外では、彼の率直なコミュニケーション、シンプルなライフスタイルからにじみ出る質素の精神、そして大統領としてムヒカが承認したいくつかの政策が、多くの人々を魅了した。

国際的には非常に影響力が小さい国の大統領であるホセ・ムヒカが、地球上で人気のある大統領になった理由は何だろうか？

倫理基準を求めて

ホセ・ムヒカは、1960年代後半から1970年代前半にかけてのゲリラ時代、武器による革命を起こすことを目標としていた。しかしその後、ムヒカが大統領に就任したときに世界に感銘を与えたのは、彼の雄弁なジェスチャー、人道主義的発言、そして、時代の先を行く革新的政策であった。

彼が身を投じたゲリラ組織「トゥパマロス民族解放運動」は、結果的にはウルグアイに死の痕跡を残した軍事的失敗であった。そのかつてのメンバーの一部は自らを、都市ゲリラ組織やグループではないが「武装した政治運動家」であるとイメージしている。ムヒカ自身は、「自分は昔から、武器を持っていてもいなくても常に政治家であったし、変わったのは闘う手法だけだ」と語っている。いずれにせよ、ムヒカをはじめとする多くのトゥパマロスらは、武装闘争から民主的活動への転換を果たし、投票によりウルグアイ国民の過半数の承認を得て政権につくことに成功した。

統治者としてのムヒカは、戦略よりも自分の直感と常識を信じて行動する現実主義者である。彼はよくその場のひらめきで衝動的に行動するため、親しい協力者をも混乱させることが多い。彼らは、ムヒカの想定外の言動や発表とそれらの及ぼす結果にしばしば対処を強いられる。他の指導者たちが、国民の意図を注意深く探ってから、政策を主張する戦術をとるのとは対照的だ。

かつてゲリラだった頃のムヒカの面影は、政治家として貧しい人のために闘った姿、そしてムヒカが年を重ねるにつれて発したメッセージにおいて、人間の存在を信じるロマンチシズムの中に見ることができる。そして人はそこに、理想と情熱、そして詳しく語りはしないが多くの過ち、さらには愛と勝利、敗北、孤独、投獄、拷問から死の影まで、この世のすべてを経験したムヒカの人生の縮図を重ねることができるだろう。

ムヒカは今、武装闘争からは遠い存在となっている。中東諸国の「アラブの春」や、故ウゴ・チャベスがベネズエラで推進したいわゆる「ボリバル革命」を含め、ムヒカはあらゆる革命活動と距離を置いている。ムヒカは当時、南米に唯一残る国家とゲリラ組織間の抗争であるコロンビア内戦の沈静化に向けて働きかけたいと考えていた。それが和平協定の締結につながると確信しているからであった。しかしそれが実現するかはコロンビア政府がそれを望むかどうかにかかっていた。

資本主義モデルの崩壊の時代における深刻な価値観の危機を経験しつつある世界において、ムヒカはかつてゲリラであった自らの経歴が、社会平和や個人の権利、天然資源の持続可能な使用、そしてかけがえのない人の命の尊さを呼びかける自らのメッセージに独自の信憑性をもたらすことを理解している。

ムヒカの発したメッセージは、社会制度や価値に失望した人々にも、確かな人生の理想と倫理基準を示すものとして強い共感を呼び起こす。


人類は今、消費主義の蔓延する時代に生きている。消費主義とは、ただ買い物をしたいがために物を購入したり、必要のないものまで買ったり、または、物を所有することが幸福につながると信じて購入することを意味する。物質主義のもとで教育された人々にとって、現代は終わりのないフラストレーションの時代である。

人は資源の経済的利用に逆行する時代に突入した。携帯電話やテレビは、機能しなくなったからではなく、もっと良い製品が発売されたために新しいモノに置き換えられる。どんなブランドの車、服、時計を持っているかが社会的ステータスとなる。さらにそれらは、その人が人生で得た相対的な成功の度合いのシンボルとして位置付けられる。個人向け経済雑誌は、富を蓄える人を神のように崇め奉る。彼らはこの時代のヒーローである。

そして、ホセ・ムヒカが激しく非難するこうした消費主義の累積の結果が、地球の資源の枯渇と深刻な汚染を引き起こした。

２００８年に米国に始まり、ヨーロッパへと広がった経済危機は、人類が持続可能性とことごとく相反する道を歩み続けた結果もたらされた、最も明確な帰結であったといえる。

それは、何百万人もの雇用の喪失をもたらした消費者危機であった。これらの事象はいずれも、生産活動の拡大とそれによる消費の増加こそが、人類の進歩と幸福のカギであると示す経済モデルに対する人々の信頼を失わせるに至った。

しかしそうした中、ヨーロッパでも米国でも、各国政府や国際機関、および開発レベルの異なるさまざまな国の調整を目指すG20などのフォーラムが目指したのは、ローンや分割払いで人生の夢を維持することに慣れた米国民の「アメリカンドリーム」や、ヨーロッパ諸国が何十年にもわたって借金で維持してきた非常に高コストな「福祉国家」などの現状を維持するための、危機の克服に限定されていた。

経済危機の恐怖は、「新興国」という婉曲して表現される貧しい国を含め、より少ないモノで生きるのに慣れている国の人々の生活さえも脅かした。そして、人口の大部分が悲惨な状態に陥ったブラジルやインドのような国は、彼らがそれまでに達成したものを守ろうとする共同の取り組み、つまり、良い教育や健全な保健医療制度ではなく、モノを購入する力で成功の度合いを測る、いわゆる「中流階級」が支える社会の維持を目指す対策を推進した。

今、嵐は去ったが、その傷痕は残っている。一部の良心ある人々の心は揺さぶられた。米国では多くの人が、一般的に社会ステータスとされる生活スタイルに対する平和的な抗議表現として、「ウォール街を占拠せよ」などの一連のデモ活動に参加した。

ウォール街を埋め尽くした人の群れは、大量消費が引き起こすさまざまな課題について、北米の見逃せない数の熱狂的な人々が明確な姿勢を持つことを世界に示した。一方、ヨーロッパではスペインを震源地として[※9]、すでに高齢であったフランスの元レジスタンス活動家ステファン・エセルと彼の2010年の著書『怒れ！ 憤れ！』[※10]に触発されて発生した「怒れる者たち」運動が各地に広がった。『怒れ！ 憤れ！』は、外交官であり、作家であり、また第二次世界大戦終結後の1948年、世界人権宣言の起草者の1人でもあったエセルが、「常により恒久的なもの」を求めるアプローチから決別し、「持続可能なバランス」を追求することを呼びかけた短いエッセイ集である。エセルは2013年に亡くなる前に、自らが蒔いた思想の種が育つのを見ることができた。

今世紀初頭の世界的な危機に際して、人々の最も重要な関心事となったのは、危機がなぜ発生したか、また、人の生活をどうしたらよりバランスの取れた公平で合理的、かつ、つつましいものにできるかではなかった。それよりも、すべてをそれまでと同じに保ち、長年の仕事や努力の成果として得た利便性や快適性を失わずにすむことができるかということである。世界は、ムヒカが質素な青年期を過ごした頃に知っていたものとは大きく変わった。また、彼が実現を目指している世界とも大きく異なっている。

多くの人は、生きるために働くのではなく、働くために生きている。新しい車、最新の携帯電話、または今人気の映画スターが身につけている時計を購入し、子どもの頃に夢見た幸福と理想をかなえるために、普通の人々は人生の多くの部分や家庭生活を犠牲にしている。

ホセ・ムヒカは、2013年9月の国連総会での演説[※11]で、現代人の生活を次のように表現している。

「大都市に住む平均的な男性は日々、金融センターと退屈なオフィス業務の間を行ったり来たりし、時折、エアコンの風で涼むことで癒やしを得ています。彼は常に休暇と自由な時を夢見ています。彼はいつも契約を取ることを夢見て働きますが、ある日突然彼の心臓が止まるとすべてが〝さようなら〟となります。また別の人は兵士のようにひたすら前に進み、市場を相手にして、金やモノを貯めることを目標に闘っています」

毎年開催される国連総会では、3日間にわたって世界中から各国の指導者がニューヨー

※9…「怒れる者たち」運動は、2011年5月15日にスペインで抗議行動が始まったことにちなんで15－Mとしても知られており、「ウォール街を占拠せよ」活動が生まれるきっかけとなったムーブメントである。
※10…『怒れ！憤れ！』。ステファン・エセル。フランス、Indigene出版、第12版、2011年1月。
※11…2013年9年、国連総会でのホセ・ムヒカの演説。演説原文は以下のURLを参照：www.presidencia.gub.uy

クに集って会合を開く。彼は演説の中で、こうした現代人の生き方が、人と人との関係を損なっていると主張した。そして彼は、自然を搾取する社会のあり方はいつか容赦なく災害を引き起こすと警告する。ムヒカは、こうした状況の主な責任は国の政治指導者にあり、指導者たちは人々のために、より正しい生活を送る責任を負っていると呼びかけたのだ。

ムヒカは「老いた賢者」らしい口調で、彼が最も大切と考える問題について語りかける。

「私は苦しんでいます。そして私が見ることはないが、より良くすることを目指している未来が、一体どのようなものになるのかを憂えています。より良い人間らしい世界を実現することは可能です。しかし今、私たちが真っ先に取り組むべき使命は、命を救うことです」

このスピーチは、花の栽培家、サイクリング愛好家、政治活動家、ゲリラ戦士、政治犯、下院議員、上院議員、大臣、そして大統領まで上り詰めるという、さまざまな経歴を持つムヒカの憂いを総括したといえる。そして、ムヒカがその政権の終わりに近い期間に、何度も繰り返し表明してきた内容でもある。

そしておそらく(時がたてばわかるだろうが)、ウルグアイの指導者の発言としては、これまでにないレベルでメディア注目を集めた最後のメッセージとなるだろう。

ムヒカ――ロックスター

形式的なことを嫌うムヒカの庶民的なスタイルは、近寄りがたく尊大で、市井の人々の現実から遠くかけ離れた他国の大統領のそれとは一線を画している。

ムヒカは人と話すとき、一対一で向かい合って、手を取り合うような触れ合いを大切にする。彼はゆっくりと言葉を紡ぐ。そして手を広げてゆるやかな身振りを交えて話す。そこからにじみ出るのは率直さである。ムヒカは質問に答えて自分の主張を展開するとき、普遍的な英知を伝える古い書物の言葉を引用することが多い。

ウルグアイでは、ムヒカの大統領在任中に承認された、いくつかの法律、たとえば女性の意思による妊娠中絶の合法化、同性間の結婚承認などは、自分の生き方を自分で選ぶことを世界に示す彼の政治スタイルや政策と同じくらい多くの批判を浴びた。

世界中のテレビ局、新聞、雑誌が、ムヒカについて報道したいと願っている。ムヒカがゲリラであった経歴に焦点を当て、その過去が素晴らしい冒険だったかのように説明する記事もある。ムヒカを「世界で最も貧しい大統領」と表現するメディアもあったが、これはセールストークであり、現実からは完全に乖離している。

ムヒカは貧しくはない。彼は労働者の家庭出身の、中産階級の人間である。彼はただ自分の意思で、一般的な国家元首を取り巻くきらびやかな生活から離れて、見栄を張らず質素に生きる生活を選んだのである。彼は大きな権力を得たにもかかわらず、ただの国民の1人であることを選んだといえる。

彼は他のどの大統領とも異なる、非常にユニークな異端の大統領であった。すべてが統一され、あらかじめ決められた世界の中で、気まぐれとも思える自由な思想を堅持していた。その最も典型的なのは、大麻取引をウルグアイ政府の規制のもとで合法化し、国に消費者への大麻流通の役割を担わせるという決定であろう。それはムヒカが「実験」と位置付けたプロジェクトであり、国連などの国際機関や、麻薬密売組織との戦争を宣言する大国、そして彼の提案に賛同しない大多数のウルグアイ国民の反対にもかかわらずムヒカがあえて推進した取り組みであった。[※12]

ムヒカによる統治の特徴の1つは、開発途上国ならば間違いなく必要な大規模インフラ事業の推進よりも、物議を醸すが、市民の権利拡大を目的とした法律の承認を重視した点であろう。ラテンアメリカの中でも、特に個人の権利を尊重することで知られているウルグアイでさえ、個人の権利を擁護するムヒカの政策の数々（その一部は極めて革命的である）は、常に人々の好評を得ているわけではなかった。

多くの人は、ムヒカの無秩序とも思われる統治方法を批判する。それは、国家体制を代表する行為というよりは、彼自身の自発的行動に基づいて行われるときがある。本書の取材の一環としてインタビューした何人かの専門家の語るところでは、ムヒカはかつてゲリラだった頃から一貫して、戦術家としては優れているが、戦略家としては失格であるとしていた。しかしムヒカの演説は、消費主義世界における人類の未来を懸念する人々の共感を呼び、２０１４年、ノーベル平和賞の候補となった。

つまりこれは（仮説に基づいてはいるが）、ムヒカが実現に取り組んだ革命は、若い頃に目指したようなイデオロギー的、あるいは独断的・暴力的な革命とは異なることを意味する。それは、人生についてのメッセージや内省、思想に裏付けられた合法的かつ実際的な変化の積み重ねであり、世界の多くの人々が、単なるユートピアとして夢見るのではなく、確かに実現したいと望む新しい世界のあり方である。

まさに、「静かな革命」といえる。

※12…ウルグアイのコンサルタント企業ＣＩＦＲＡの調査によれば、２０１４年７月の時点での大麻取引の規制の下での合法化に反対するウルグアイ国民の割合は64％であった。

「我々にとって『質素』とは
ただの質素ではなく
自由のための戦いなのだ」

ホセ・ムヒカ
アルゼンチンの『ノティアス』誌にて
2006年11月18日
『ムヒカ・リローデッド』で引用

Chapter 2

生き方としての質素さ

ホセ・ムヒカとその妻のルシア・トポランスキーは、田舎に住んでいる。そして、モンテビデオ郊外にあるムヒカの自宅は小さい。

彼の家は、野菜と果物の生産で知られるリンコン・デル・セロ地区にある。総面積約20ヘクタールのリンコン・デル・セロは3つのパドロン（訳者注：ウルグアイの行政地区単位）に分かれている。

リンコン・デル・セロに行くには、モンテビデオ市街の最も貧しい地区の道路を通り、その次に、ムヒカが大統領に選出されたときに舗装改良工事が行われた道路を通る必要がある。舗装路から分岐した、短い砂利道を進んだところにムヒカの家がある。

ムヒカの自宅を訪れた人は、通常の国家元首の住居のイメージとの違いに驚く。世界の国家元首のほとんどは、セキュリティ施設に囲まれた豪華な邸宅に住んでいるからだ。ホセ・ムヒカの場合はそうではない。

下院・上院の議員経験を経て大統領に就任したムヒカは、大統領任期中もそれまでの自宅に住み続けることを決めた。

ムヒカは自宅に警備をつけることを希望しなかったが、当時、彼の自宅には簡素な監視施設が設置され、2人の警備員が交代で敷地の監視に当たっていた。


ムヒカと妻の住む家には3つの部屋があり、居住面積は約50平方メートルといったところであろう。敷地内にはその他、物置や機械器具の倉庫が設置されている。

母屋は、トタン屋根葺きで、軒下に植物で覆われた木製の扉があり、それが家の正面玄関である。

家の周りにも草木が生い茂っている。玄関に通じる小道沿いには大きなヤシの木が生えており、その下には、よくあるこじんまりと刈り込まれた花壇ではなく、はるかに長く枝を伸ばしたラベンダーが花を咲かせていた。背の低い草木がほとんどの植え込みの中で、とげのある緑色の幹を持つヨイドレノキが大きくそびえたち、春に咲く濃いピンク色のヨイドレノキの花が非常に美しい。


伝統的な田園地方の庭らしく、水がめがあちこちに置かれていた。

ムヒカの犬たちはその周りを自由に歩き回っていた。

「(水がめは)5つくらいあると思うよ。この間も、誰かが水がめを1つこの近くに捨てていったので、みんなでそれを直して使うことにしたんだ」

ムヒカはインタビューの後にコメントした。

「忠実に尽くしてくれた相棒を捨てていくなんて信じられない」と言いたげな表情であった。ムヒカと彼の妻は、政治活動家の同胞の一部が落ち着いて生活できるようにと、自分の農場の施設の一部を提供している。

家の中にあるものはすべて小さく、よく使いこまれていた。母屋の軒先はかなり低めである。すでに高齢で身長は170センチ未満、やや前かがみで、年齢なりの老いも見えるムヒカだが、それでも彼が家の中に入るとき、その頭は屋根すれすれで今にもぶつかりそうだった。

長い枝の垂れた植物の鉢がいくつもぶら下がり、長年のコケや湿気が染みついた壁に囲まれたこの部屋に座って、マテ茶を飲むのをムヒカは好む。ムヒカが散髪してもらうのもこの部屋である。

いくつかのレンガや建設資材、かめの並んだ木の戸棚、古い椅子、カバーの擦り切れたアームチェアなどからは、質素な普通の暮らしぶりがうかがえる。

正面の壁には3つの窓がある。つたないつくりのコンクリートのたたきが設けられ、庭から直接家に入ることができる。

ムヒカを取り巻く物たち

家の中に贅沢なものは何もないが、ムヒカは大統領在任中に家屋を修繕したとのことである。しかし壁には何箇所もシミが残り、木製の窓枠の回りは古いペンキが剥げて灰色のセメントがむき出しになっている。

ムヒカが大統領として初めて国際メディアのインタビューに応じ、質素な自宅の画像が世界中に配信されたとき、一部の野党政治家はムヒカの家を「タペラ（あばら家）」と表現し、そのことで多くの国民の反感を買うことになった。ムヒカの自宅は、ウルグアイの人口の大部分を占める、下層中流階級家庭の家のイメージに近い。

ムヒカ夫妻は、使用人を雇っていない。ファーストレディであったルシアはいつも、掃除、料理、皿洗いなどの家事は、できる限り自分たちでやりたいと言っていた。筆者が最近にムヒカの自宅を訪れたとき、ムヒカがインタビューに答える間、ルシアはハチミツトーストをつくり、新聞を読みながらジュースを飲んでいた。

玄関を入るとすぐリビングルームがあり、レンガ色の床がキッチンまで続いている。リビングルームとキッチンの間にはドアなどの境目はなく、ほぼひと続きの空間となっている。玄関の横の壁には、2つの麦わら帽子が掛かっていた。

右側には、作業机兼書斎と思われるスペースがあった。棚の上には、積み上げられた本、いろいろな種類のマテ茶、花をつけたいくつかの植物、古いアイボリー色の電話器、何枚かの写真、そして大統領綬を身につけて正装したムヒカ自身の小さい写真が飾られていた。棚の中央には、空色の背景に描かれた田舎の風景の絵が置かれている。その左には小さな中南米の絵画が何枚か飾られ、淡い灰色の壁に色どりを添えていた。また、それよりも鮮やかにひと際目立つのが、本や書類の上に置かれた紫色のアメジスト石であった。

さまざまなオブジェクトの集まりが、書斎や家の中の他の部分を飾っていた。ペルーやボリビアの先住民族の工芸品と、古い写真やこれまでムヒカに贈られたプレゼントが混ざり合っている。多くの写真のうち、おおよそ8センチ×4センチのスナップショットには、若い頃のムヒカと妻のルシアが抱き合って映っている。写真の前に置かれたミニチュアの赤い陶製のオンドリには、縁取りのない白黒の文字で「私たち」という言葉だけが刻まれていた。1つの棚の下の壁にテープで留められた雑誌のページには、もう少し年取ってからの2人の写真が載っている。

拡大戦線[※1]の創設者の1人であるリーベル・セレーニ将軍は、ウルグアイ軍の中でも当時のパチェコ大統領に批判的な立場を取り、独裁政治を非難したために投獄された人物である。ムヒカの家に飾られた色あせた写真に映るリーベル・セレーニ将軍は、軍服でなく私服姿でたたずんでいる。

セレーニ将軍は、MLNトゥパマロスに関して見解や立場の相違はあったものの、ムヒカにとって忘れがたい人物である。

「自分の心を靴の下に置きたい気分です」

これは、2004年7月31日のセレーニ将軍の通夜当日に、ムヒカが自らの心境を表した言葉である。[※2] 部屋の中でセレーニ将軍の写真と同じくらい大きな存在感を示しているのが、ムヒカがかつて出会ったアルゼンチン生まれのキューバのゲリラ指導者エルネスト・チェ・ゲバラの灰色の胸像である。また、ムヒカの人生そのものを示すといえるこれらの愛蔵品のコレクションに加わったローマ法王フランシスコの小さな胸像も、見る人を引きつける存在となっている。

ムヒカ夫妻の家の中には、書類やファイル、文献が雑然と床に積み上げられている。書斎の下には、オレンジの実を運ぶのに使っていると思われる引き出しの中に、書類の一部が敷きっぱなしになっていた。

屋根の内側には、古くから住宅内部に太陽の熱が伝わるのを防ぐのに使われていた天然の断熱材である植物繊維のマットが張られている。

部屋の真ん中には、トウキビ製らしいフレームと布製のカバー付きのランプが天井から下がっており、部屋の中を照らしている。

家の中はどこもあまり片付いておらず古びた印象だが、くつろいだ居心地の良い雰囲気が漂っている。家の中に置かれているさまざまな物はいずれも、何かに使うためか、または思い出のためにに取っておいたものなのであろう。それらは、自らの経歴や生き方を示す過去のエピソードを懐かしそうに言及することの多いムヒカに、いかにも似つかわしいものといえた。


何本かの花瓶やボトルが暖炉の上に積み上げられている。

部屋の中では、古いマットレスの敷かれた低いベッドが、訪れた人の目にすぐ入る場所に置かれていた。きれいに折りたたまれたシーツや毛布がベッドの端に積み上げられている。窓は開いており、田園のさわやかな空気が部屋の中を吹き抜けていく。それは本当に、ごくありふれた家だった。

※1…拡大戦線は、ムヒカが所属した左派連合である。
※2…『ムヒカ・リローデッド』より引用、106ページ。

「軽い荷物」しか持たない暮らし

ムヒカの暮らしはいたって簡素である。彼にとって、物を所有することは束縛であり、物事を複雑にするものでしかない。そして彼の自由の概念は、ほとんどの人の考え方とは対照的に、生活に必要な最低限のものだけを所有するという生き方に結びついている。

2014年にムヒカは、オランダの公共テレビのインタビューで、「小さな家に住んでいれば、気にかけなければいけないことはあまりありません」と語った。「世界で最も貧しい大統領」と評されたとき、ムヒカは腹を立てた。彼の側近の1人によると、ムヒカは一時期、自分の財産や所有物についてマスコミと話すのにうんざりしており、それよりも現在直面している問題や哲学的な課題について話したいと考えていたようである。しかし、それは簡単なことではなかった。彼がメディアの取材に応じることを止めない限り、それはおそらく不可能である。ムヒカのような生活をしていた他の大統領は世界のどこにもおらず、こうした他にはないユニークな話題は、ジャーナリストにとっては見逃せない格好のニュースなのである。そして、ムヒカはまさに「他にはないユニークな」という表現が当てはまる存在である。

「私が〝世界で最も貧しい〟という表現は間違っている。私は貧しくありません。私はただ質素に暮らしたいだけです。それは貧しいのとは違います」と彼はオランダのインタビュアーに語った。

「人は謙虚でなければいけません。人はよく、自分が宇宙の中心であり、自らが重要な位置を占めていると捉えがちですが……、実際は、私たちがいなくても世界は回っていきます。私たちがこの世界からいなくなっても何も変わりはしないでしょう」と彼は語る。

「私のことを〝貧しい〟という人たちこそが貧しいのです。私は、『多くを必要とする人は貧しい。なぜなら多くを必要とする人は決して満たされることがないからである』というセネカの言葉に賛同します。私はただ質素なだけで、貧しいわけではありません。質素。軽い荷物。少しの物だけで暮らす。最低限必要な物だけを持って。そして、物質的な問題にとらわれすぎないで生きることが大切です。その理由は何か？　それは、もっと時間を持つためにです。自由な時間が増えれば、より自分の好きなことをすることができます。自由とは、生きるための時間を持つことです。それが、私が実践している質素の哲学なのです。そして、私は貧しくはありません」

カタールのテレビネットワーク「アルジャジーラ」のジャーナリストのインタビュー※3に応えた際の、ムヒカのこれらの言葉は、彼のつつましい生活スタイルをおそらく最も明確に定義したものであった。

ムヒカが物質主義な生活から距離を置いており、そのことを演説やインタビューで、そして自身の行動でもたびたび明らかにしているのは、それが彼の人生の哲学そのものであるからである。

「私たちは古くからの霊的な神々を追放し、代わりにその神殿に〝市場の神〟を祀りました。市場の神は、私たちの経済、政治、習慣、生活を支配し、分割払いやカードで私たちに資金を提供し、それが幸福の象徴であるかのように見せかけます。私たちは単に消費し続けるためだけに生まれたようにさえ思われ、消費できないと欲求不満、貧困、さらには自己嫌悪に陥ってしまいます」

彼は、2013年に国連で各国の大統領に、こう呼びかけた。[※4]

「まるで物質が物事を支配し、人を操っているかのようです」と続け、近年国連総会で最も記憶に残る演説となったスピーチを締めくくった。[※5]

※3…インタビュー動画は以下のURLで視聴可能：https://www.youtube.com/watch?v=iC4eIUFSO2g、アルジャジーラの記者、ルシア・ニューマンによる2013年のインタビュー。

※4…2013年9月の国連総会でのホセ・ムヒカの演説。演説原文は以下のURLを参照：www.presidencia.gub.uy

※5…YouTubeに最初に投稿されたムヒカのスピーチ動画はこれまでに約50万回視聴され、各国言語向けに翻訳あるいは字幕付きで公開されている。

ムヒカと金。その関係

ウルグアイでは大統領の1カ月の給与は約29万ペソで、一般の従業員と同様に（地域の法律により異なるが）年間約14回の給与支払いを受ける。

これは、月額約1万2000ドル、年間約17万ドルに相当する。2014年の最低賃金が月額400ドル強、2013年末時点での平均所得が月額約588ドルのウルグアイでは高収入といえる。

ムヒカは、大統領報酬の87％を各種団体に寄付していた。

「問題は、私が大統領になってからも以前と変わらない生活スタイルを維持していることでしょう。私は、たくさんお金を持っています。他の人にまで行き渡らないかもしれませんが、お金は十分にあります。私の妻は上院議員です。だから、政治団体等に多額の寄付をしなければなりません。しかし、私たち2人が生活していくには、彼女の報酬だけで十分です。そして、万が一に備えて銀行に預金しているお金もあります。さらに、私は自分の政治団体に寄付を行い、また母子家庭向けの相互扶助型・住宅建設プログラムにも寄付していています。私にとってそれは重荷ではなく、義務なのです」と、彼はアルジャジーラに語った。

ムヒカにとって、彼が行っていた寄付のうち最も重要なのは、ウルグアイで広く展開中の相互扶助型・住宅建設プログラム「プラン・フントス」への資金提供である。

プラン・フントスは、実質的にはほぼ協同組合といってよい性質を持つスキームである。ムヒカの創案により開設されたこのプログラムは単なる住宅計画ではなく、メンバーそれぞれが自助努力と共同作業により自分の家を手に入れられるよう支援することが最終目的である。ムヒカが建設作業に参加するために燃料や物資を自分の車に積み込んでいるのを見るのは珍しいことではなかった。

2014年9月、筆者はプラン・フントスの活動の一環として住宅建設中のモンテビデオのヴィラ・イルシオン地区にムヒカが訪れたのを目撃した。

その日のムヒカの訪問理由は、住民の要請によりその場所に、プラン・フントス加盟者向けの移動式歯科クリニックが開設されたからであった。ムヒカは簡素な二階建ての歯科クリニックの建物の内部を見学する。

ムヒカの警備チームのメンバーが控え目な距離を取って見守る中、ムヒカは近隣の住民と言葉を交わし、「貧困はあなたたちのポケットの中にあるわけではない、働くことによってのみ前に進むことができる」と何度も繰り返し呼びかけていた。

ムヒカは、子どもの頃から少しのものだけで生きることを身につけていた。ムヒカの父デメトリオは早くに亡くなったため、母・ルーシーは1人で、2人の子どもたちを養わなければならなかった。当時7歳だったムヒカは、非常に質素な暮らしを強いられている。

ウルグアイのジャーナリストであるウォルター・ペルナスは、ムヒカの幼少期から青年期について最も多くの調査を行った人物であるが、ペルナスが執筆した小説スタイルのムヒカの伝記『コマンダンテ・ファクンド』によれば、実家の土地でたまたま花の販売を始めたことが、第二次世界大戦後の極度の物資不足の時代をムヒカ一家が生き抜く糧となったという。幼少期から思春期、そして青年期に至るまで、ムヒカは一家の家計を助けて働いた。彼は近隣のお祭りなどに出向いて花を売り歩き、投獄により外に出られなかった期間を除いてはその生業をずっと続けた。

ムヒカが育った環境は、我々が体験してきたような世界観とは大きく異なる。余裕がなく、欲しいものも手に入れることができない。しかしそれは、所有するものすべてが実用的な目的を持っていた時代でもある。仕事に使う道具は何度でも修理して使い続け、古くなったり、サイズの合わなくなった靴や衣類を修理したりサイズを直して使い続けた。

自家用車を持っている者でも、新車を購入しようとしてもローンを組んでくれる会社などはなかった時代なので、自分でできる限りメンテナンスして同じ車に乗り続けていた。それらは、人々が物質面での不安定さを創意工夫で乗り切っていた時代ともいえる。人は少ないもので生活し、またそれがウルグアイの文化に組み込まれた価値観であった。

「文化とは、抵抗する術（すべ）を知ることを意味します。それは、少ない材料で、特に安くて豊富に手に入るもので食事をつくったり、市場社会に振り回されずに生きる方法を知っていることなのです」と、後年、彼は語っている。[※6]

ムヒカの妻ルシアはウルグアイの上院議員として月に約4500ドルの報酬を受けている。他の各種代議員手当を除くと、これは年間約6万3000ドルに相当する。[※7]

ムヒカの2013年資産申告書（2014年に提出）には、土地に加えて、1987年製フォルクスワーゲン2台、トラクター3台、および「農具」と分類される畑での作業用各種器具を所有する旨が記載されている。彼の申告資産額は合計で30万ドル強である。

※6…2006年6月23日のラジオ・アム・リブレの記者ソニア・ブレッキアとのインタビューより。『Rodiger』より引用。
※7…財務省が実際に議員1人当たりに費やす、秘書や秘書補佐の給与、世界の自由主義諸国の新聞の購入費用、制限付きの携帯電話利用料金などを含めた経費は、代議員自身が支払いを受ける報酬よりもはるかに高い。

ムヒカの身なり

彼の家の中には新しいものは何もなく、あるものは、すべて何らかの実用的なものである。ムヒカは政治犯として14年間収監され、そのうちの何年かは牢から出ることを禁じられ幽閉されていた。ウルグアイ軍は1972年に、投獄されていたムヒカを含む何名かを「人質」グループとして扱った。これらの「人質」グループの囚人らは何度も兵舎から兵舎へと移動させられ、また外部との通信を防ぐために仲間の囚人から戦略的に分離され、組織的な拷問を受けた。「人質」であるこれらの囚人たちには何の権利も認められていなかったのだ。

ムヒカが今、最低限のものだけで生活できるのも、考えれば当然のことではある。彼は携帯電話を使うのが好きではないが、通常は日中に充電する。彼が身につけている時計は、およそ現代的とは言い難い品である。そして彼は買い物をすること自体が好きではなく、必要な服でさえなかなか買おうとしない。たとえば、ムヒカはインタビューでも、10年以上前に出版された本の表紙の写真とまったく同じ服を着ていることがよくあった。

彼は公の場で、慣習によりスーツを着なければならないときには非常に居心地が悪そうである。さらには若い頃からネクタイを締めたことがない。2010年3月1日のウルグアイ国会議事堂での大統領就任演説では、ムヒカはノーネクタイにオープンカラーシャツという装いで現れた。それでもその上には真新しい新品のジャケットを着ており、報道記者らはこれを見て何と珍しいことかと驚嘆した。

いくつかのインタビューで、ムヒカは農作業者そのものの服装をしていた。

英国「ガーディアン」紙の記者であり『10億人の中国人がジャンプするとき』[※8]の著者であある著名な作家兼ジャーナリストのジョナサン・ワッツは、2013年、ムヒカにインタビューする前に、どんな服装をして彼と会ったらよいかと私に尋ねたことがある。電話の向こうで私が笑っているのを聞いたワッツは、「大統領に対して失礼にあたるような格好をしたくないのです」と言った。確かにジャーナリストは、普通、国の大統領にインタビューするときには、きっちりした格好をするものである。

その後、ワッツは「ウルグアイのホセ・ムヒカ大統領：宮殿なし、車なし、飾り気なし」と題した記事の中で、ウルグアイ国家元首であるムヒカの身なりに構わない様子を、次のように遠慮なく事細かに記述している。[※9]

「ムヒカは、きちんとしているとは言い難い印象的ないでたちで現れた。普段着と履き古した靴で玄関から出てきた濃い眉毛の農夫は、まるで、おとぎ話の中でうるさい隣人をどなりつけるために岩屋から現れる年老いた妖精のようだった」

このインタビューを設定したのは筆者である。世界的にも権威のある新聞によるムヒカとのインタビューを手配できるまで、ほぼ8カ月の期間を要した。大統領は、古くて薄汚れた運動着と穴のあいた運動靴という装いで我々を出迎えた。時間は朝9時で、ムヒカは当時のアルゼンチン大統領、クリスティーナ・キルチネルとの確執の関連について、直前まで電話で話をしていたそうだ。ムヒカは疲れてぼんやりしているように見えたが、インタビューが始まり、現在の状況に関する質問から彼の人生哲学に関する一般的な質問に話題が移ると初めてリラックスした表情を見せた。

ワッツの記事は、彼がそのジャーナリスト人生で執筆した作品の中で、最も多くの読者に読まれることとなった。

ムヒカは、一見外見に構っていないように見えるが、実は自分が人からどう見られるかを非常に重要視している。それは多くの人が考えるような意味ではなく、彼が投影するイ

※8…『10億人の中国人がジャンプするとき：中国は世界を救うか、それとも滅ぼすか』。ジョナサン・ワッツ。スクリブナーズ出版、2010年。
※9…「ウルグアイのホセ・ムヒカ大統領：宮殿なし、車なし、飾り気なし」。ジョナサン・ワッツ。「ガーディアン」紙、英国、2013年12月16日。

メージや振る舞いは、彼が伝えようとしているメッセージの一部なのである。彼は、自分は人に何かを押し付けようとしているのではないということを、自らの挙動で示していた。つまり、アイマラ族出身で公用語であるスペイン語があまり流暢ではないボリビアのエボ・モラレス大統領が、自分の民族の伝統的な服装で現れたり、あるいは米国で教育を受けた洗練された上流階級であるエクアドルのラファエル・コレア大統領がエクアドルの先住民族の工芸品を採り入れた服装を身につけているのと同様に、ムヒカはできる限りごく普通のウルグアイ人と同じ姿で、人前に出ることを心がけていたのである。

ムヒカにとってそれは国民の信頼を得るために大切なことであり、彼はそのことについて、2014年1月のラテンアメリカ・カリブ諸国共同体(CELAC)第2回大統領サミットでの演説で遠まわしな表現で語る。

「私たちは、その振る舞いが人々にとって理解しがたいものに映れば、信頼を失い、無力な存在となってしまいます。私たちは侵略的・攻撃的な社会に生きており、そのために英国紳士のような格好をすることを強いられます。なぜならそうした服装は、世界を支配するに至った近代工業化の象徴だからです。日本人でさえ、世界で認められるために彼らの伝統的な衣装であるキモノを捨てなければなりませんでした。私たちはみなネクタイをしたサルのような格好をすることを強いられたのです」

シャツ姿のムヒカは、サミット本会議でのスピーチで、このように話した。※10

すっかり有名になってしまったとはいえ、ムヒカは公私ともに「ただの1人の国民」として振る舞うことを心がけていた。

ムヒカは、政治家としての彼の役割が、単なる政策の範囲を超えたものであることを理解している。ムヒカがそのメッセージや行動で示そうとしている模範は、政府としての政策や方針を越えて大きな影響を与える力がある。ムヒカは昔から、自らの振る舞いや行動が、指導者としての統治行為と同じくらい雄弁に自らの思想を表現しうる方法になることを知っていた。だからこそ彼は、他のどの大統領よりも、現代文明に充満する消費主義を批判する呼びかけを人々に対して行いやすい立場にあった。

最高権力の座にあり、高齢であったムヒカは、2014年がウルグアイでの次期大統領選挙の年であることから、(任期中最後の年となる)2013年の国連総会の場を利用して、自身の生涯で間違いなく最も重要で影響力を持つことになるスピーチを世界の聴衆に対して行ったのだ。

大統領任期中に承認された個人の権利を擁護するいくつかの法律により、ムヒカに集

※10…2014年1月28日、29日に開催されたCELAC第2回大統領サミット本会議でのスピーチ。キューバ、ハバナにて開催。Telesurによってテレビ放映された。スピーチ動画は以下のURLで視聴可能：https://www.youtube.com/watch?v=sRTnAH_6QAw

まった世界的な人気と、彼にインタビューしようと試みる多くの国際メディアが寄せる高い関心の中、彼はニューヨークの国連総会に集まった各国の大統領に対し、あえて自分自身を模範として、たくみに計算された糾弾の言葉を投げかけた。

「今や1つの文化として世界に広まった、この浪費の感覚を満たすことは誰にとっても不可能です。私たちの時間は常に富の蓄積と市場の動向によって支配されています」

ムヒカの日常の暮らしぶりは、そうした富の蓄積に対抗する哲学的姿勢を目に見える形で示すシンボルとなっている。

彼の生活スタイルの中でも最も人目を引き、また好感を持たれることが多い要素は、彼の自家用車であろう。国によって「フスカ」とも呼ばれる水色の1987年製フォルクスワーゲン・ビートルが、ムヒカが私用で移動するときに利用する車であった。議員時代には、議会への通勤手段として利用する小さなベスパを持っていたが、高齢になってきたムヒカ夫妻は、2004年に自家用車を購入することにした。それが、これである。

ムヒカの公用車はシンプルだがモダンなチャコールグレーのフォルクスワーゲン製セダンで、職務では、この車の後に警備員の乗った小さなシボレー車を従えて移動した。ムヒカは移動するとき、いつも車内の前席に座っていた。

ムヒカと書籍

ムヒカは大学の学位を持っていないが、深い教養のある人物である。ムヒカの書庫、正確には彼自身のバックパックには本がぎっしりと詰まっている。彼の関心の対象は、政治哲学から科学にまで幅広い。もちろん古典文学も読みこなし、折に触れそうした古典からの言い回しや格言を引用する。

彼の家の書棚には、農業や環境、植林、再生可能エネルギーに関する多くの本や論文が置かれている。また植物学や栽培に関する書籍もかなり多い。王立園芸協会発行の『植物と花』の隣には、『ブエノスアイレスの花と樹木』が置かれており、さらにその隣には、彼が子どもの頃に母親と一緒に読んだであろう『カーネーションとグラジオラス』というタイトルの小冊子が見える。

妻・ルシアがモンテビデオの「エル・パイス」紙のインタビューで語ったように、ムヒカにとって最も個人的に思い入れがあるのはこうした花に関する書籍であり、獄中での数年間も、花に関する本を読んで過ごしたという。※11

ムヒカはまた、ボリビアのモラレス大統領から、アルゼンチン出身のキューバのゲリラ指導者エルネスト・チェ・ゲバラの蔵書であった本を贈られたことがあり、その本は、ムヒカが率いる政治団体で妻・ルシアもメンバーである人民参加運動（MPP）所蔵のコレクションの一部となっていると語った。

フィデル・カストロの統治するキューバを含めて、若い頃から各地を旅してきたムヒカは、チリ、ブラジリア、およびウルグアイ各地に関する旅行本をいくつか所有している。筆者は彼の書斎で、フアン・ドミンゴ・ペロンの生涯に関する本と、白人指導者ルイス・アルベルト・デ・エレラに関する本、2冊のハードカバー書籍を目にした。ジャーナリストのウォルター・ペルナスによれば、この2人は、ムヒカの母方の祖父であるアントニオ・コルダノが崇拝していた人物である。

ムヒカの祖父、アントニオ・コルダノはイタリアのリグーリア州出身で、ウルグアイ移住後はカルメロ近郊に居を構えた。カルメロはアルゼンチン国境に近く、一時期アルゼンチンの政治ニュースで話題にされることの多かった街である。アントニオは、当時農村地域で勢力の強かった国民党のリーダーを務めた。[※12]

そしてアントニオは、ムヒカが読んできた本と同じくらい大きな影響を彼に与えている。アントニオの傍らで育ったムヒカは、田園生活に魅了され、やがて農村での暮らしはムヒカにとって、政治に次いで2番目に大きな情熱の対象となった（ムヒカはそうではないと言うが）。

ムヒカは祖父から「土地に投機をするのではなくそこで働くこと。土地に働きかけ、植え付けをし、どのような作物を、どこでどの季節に栽培できるのかを知ること」の価値を学んだのだと、ペルナスは私に教えてくれた。

「ムヒカは祖父から、仕事のための自己犠牲の精神、頑固さ、どんな犠牲を払っても前進すること、永続的に知性を持つこと、先見の明を持つことの価値を学んだのです」とペルナスは、ムヒカの人生全体にわたって見ることのできる人格的要素のいくつかをあげながら説明した。

それらは、政治指導者としても、大統領としても、またはゲリラ、あるいは若い労働者だった頃にも変わらずムヒカの本質であり続けた。

祖父・アントニオは、ムヒカに共同で働くことの大切さを教えた。イタリアからの移民であったアントニオは、ウルグアイに移住した他の多くの移民と同様に、農村での労働や

※11…「大統領の全ての本」。トマー・ウルウィッツ。モンテビデオの「エル・パイス」紙、2013年11月17日。
※12…「大ブエノスアイレスの裏庭」。アルレギ、ミゲル、2014年3月23日。

取引手法だけでなく、後に協同組合として具現した人々の連合体などのコンセプトをムヒカに授けた。

アントニオ・コルダノは協同組合のメンバーであり、そのことは思春期のムヒカと彼の仕事に対する概念に大きな影響を与えた。

「ムヒカにとって協同組合活動は、非常に重要な取り組みなのです。彼にとってそれは、永続的価値を持っています。今日私たちが享受するさまざまなプロジェクトを考えてみてください。あらゆることに対する協同組合の存在。つまり、労働者たちが共同で取り組むことはすべて、ムヒカにとって正しいことなのです。勤勉な労働者が率先して取り組むプロジェクト……(中略)、それは彼が子ども時代に学んだことの具現化です。後戻りはできません。そして、彼が本から学んだものも、決して失われることはありません。人による人からの搾取があってはならない。それこそが、トゥパマロスが描いていた理想なのです」と、ペルナスは語った。

この国の多くの農業活動は、前世紀の中頃にイスラエルで発生したキブツと同様に、農業機械の使用や資材の購入、収穫物の販売を共同で行う小規模生産者の組合組織に基づいて発展した。

ムヒカ夫妻の料理

ムヒカの暮らしぶりは、ありふれた普通のものである。「農民兼政治家」の装いがごく自然になじんで見えることから、彼の立場からはかえって場違いに映る。それは、他の大統領を取り巻く贅沢な生活とはあまりにもかけ離れている。ムヒカの生活スタイルは、西洋文明における支配的な価値観とは相反するものといえる。

このためにムヒカは、世界中のジャーナリストの注目の的となり、国際メディアからこれまで何十回となくインタビューを受けている。国際メディアは、「大統領になっても、少しのものだけで生活をすることを選んだ男」について報じるためにウルグアイにやってきた。そして、次々と同じ記事を書く。

米国の権威ある「ニューヨーク・タイムズ」紙から韓国のテレビ局まで、あるいは中国やロシアのマスコミ、さらにはCNNやブラジルのTVグローボが、ムヒカについて報道する。そして、全世界が彼の質素な暮らしぶりを知ることとなった。

ムヒカは、自宅の居間のテーブルで記者を迎えることに慣れている。その小さなテーブルは、ときにより刺繍されたテーブルクロスで覆われている。テーブルの上にはカタツムリや貝殻、さらにいくつかの陶器製の調度品が置かれており、それらの目立たないオブジェクトは、ムヒカが昔を思い出しながらゆっくりと紡ぐ言葉の妨げになることはない。そしてムヒカは、数分間かけて記者に家の中を案内する。居室と台所、バスルームが彼の自宅のすべてである。

彼とのインタビューは、いつも新しい経験となる。会話の方向がどこに進んでいくかは決して予想できない。数分間かけて前置きを述べたかと思うと、突然結論を主張することもあり、その口調はトピックによって強い調子であったり親しみを込めたものであったりとさまざまである。

「1度あなたもやってみてください。トマトをたくさん入れなければならなくて、もうほとんど使ってしまった」と、ムヒカはかつてオランダのテレビジャーナリストに語った。

「これは、祖母から受け継いだレシピなのだ」

この番組は、オランダでその年に最も多くの国民に視聴されただけでなく、世界中に配信された。小さいながらも設備の整ったキッチンで、ムヒカは記者にトマトソースのつくり方を説明し始めた。

「これは加熱していない。発酵させたものです。見てください。わかりますか？　もう15日間も発酵させている」と、彼は床に置かれた大きな容器を見せて記者に言った。

「これは、古くからのレシピです。あちらの白っぽいほうはピザに乗せて食べる。これは生で食べる。発酵させてあるんですよ。とても大変な作業です。最初にボトル10本分あっても、最後は1本に減ってしまう。これ以上発酵しなくなるまで、毎日混ぜ続ける。完全に発酵しきったら瓶に詰めて、みじん切りにしたニンニクと、刻んでいないニンニク4～5片、コショウ20粒、月桂樹の葉2～3枚を加える」

その後、フタをしたらトマトソースは完成となる。

そしてムヒカは、記者にそのソースをぬったパンを勧めながら、大麻の規制のもとでの合法化や、麻薬密売、治安の維持について話をする。

ムヒカの語る言葉は、麻薬密売組織との武力闘争を支持する一部の勢力の神経を逆なでし、国連国際麻薬統制委員会の官僚と真っ向から対立することになった、大麻取引の規制のもとでの合法化などの措置も、自家製トマトソースのつくり方も、ほぼ同じレベルの重要さを持つようである。

ムヒカは以前から自宅を訪れる他のジャーナリストもこのようにもてなしており、あるときは記者をトラクターに乗せて農園を回り、またあるときは自分の古いフォルクスワーゲンで近所をドライブしたこともある。

「ちょっと試してみませんか?」とムヒカは、2012年、彼にインタビューしたラテンアメリカ版「ニューヨーク・タイムズ」紙の主任特派員であるサイモン・ロメロと彼の取材チーム[※13]に対して、質疑応答を終えて自宅の中を案内した後に尋ねた。

それから、ムヒカは屋外のテーブルで、20年物のウルグアイ産エスピニヤール・ラムを注いだグラスを1人ひとりに勧めた。[※14]こうしてムヒカは取材チーム全員とウルグアイ産の酒で乾杯した。

またムヒカは、2013年にインタビューに訪れたアルジャジーラ特派員のルシア・ノイマンに対しては、マテ茶の入れ方を説明してみせている。

ムヒカは、自宅での時間の多くを台所で過ごす。ムヒカ夫妻は料理人も使用人も雇っていない。

小さな家だがそれで十分である。古い石造りのカウンター、シンク、ガスオーブンに加えて、いくつかの棚にはオイル、塩、ビネガーのジャー、ワインのボトル、水が入った即席の容器が置かれているほか、香りの良い新鮮なハーブの葉も保管されている。この場所には思い出が詰まっているのだ。

「このラム酒はフィデル（カストロ）から贈られたものだ」と、ムヒカは何人かのジャーナリストに、いつも飲むお気に入りの酒を見せながら話し、「もしかしたらこんな貴重な価値のある物は取っておいたほうがいいのかもしれんな」と付け加えたという。

古い鍋やフライパンが棚にかかっており、そのうちのいくつかは持ち手を修繕した跡がある。ムヒカは、まだ使えるものを買い換えることは絶対にしないようである。

ムヒカは、ジャムを自分でつくる。そして、農園での事故で前足を一本失った愛犬・マヌエラの食事も彼が自分でつくる。マヌエラは、カラフルなリボンで編まれたカバーで覆われた2つのクッションにはさまれて家の中で寝る。

※13…「何年も孤独に質素に暮らしたウルグアイ大統領として」。サイモン・ロメロ。「ニューヨーク・タイムズ」紙、2013年1月4日。著者とファビアン・ヴェルナーの共同プロデュースによる記事。記事全文はこちらのURLを参照：http://www.nytimes. com/2013/01/05/world/americas/after-years-in-solitary-an-austere-life-as-uruguays-president.html?pagewanted=all&action=click&module=Search®ion=searchResults%230&version=&url= http%3A%2F%2Fqu ery.nytimes.com%2Fsearch%2Fsitesearch%2F%3Faction%3Dclick%26reg ion%3DMasthead%26pgtype%3DHomepage%26module%3DSearchSubm it%26contentCollection%3DHomepage%26t%3Dqry700%23%2Fsimon+ro grouper+mujica&_r=0

※14…エスピニャール・グラン・レセルバ・ラムは、ウルグアイ国営石油会社ANCAPのグループ企業により製造されている。

リーダーシップと簡素さ

ムヒカの自宅での暮らしと訪問者のもてなしぶりは、まるで簡素さのカルトそのものである。

現代世界において、ごく当たり前に自らの使命を引き受ける平静さと、人を親しく近づけ人間性を際立たせる些細なジェスチャーが、統治の成否を分け得ることを理解している政治指導者はムヒカ1人ではない。

後にローマ法王フランシスコとなるアルゼンチン・ブエノスアイレスの大司教ホルヘ・ベルゴリオは、常に質素さを大切にする姿勢で信者から高く評価されていた一方で、独裁政権時代の司祭としての活動がジャーナリズムの批判を浴び、その人格や信頼性が問われたこともあった人物である。

ベルゴリオは一般の人と同じく、バスや地下鉄で移動するのを常とし、その様子はインターネットで人々の目に触れることとなった。

2013年3月13日に教皇の座に就き、法王フランシスコとなったベルゴリオは、ひかえ目でいささかカリスマ性には欠けていた前任者のベネディクト16世とはまったく異なる行動スタイルで、カトリック教会のイメージを一変させた。

フランシスコは、公の場に登場するときはいつも積極的に群衆と触れ合った。彼は教皇宮殿から豪勢な内装を取り払い、質素な自室の様子を世界中に公開した。イエズス会士であり、一部の同僚の世俗的な暮らしぶりからは距離を置くベルゴリオこと法王フランシスコは、最初の大規模な外国訪問として世界最大数のカトリック教徒を擁する国、ブラジルを訪問した。

空港から宿泊先となる司祭館[※15]に向かう途中で、ごく普通の市販車で移動していた彼の車は、リオデジャネイロの街頭で熱狂する群衆に取り囲まれ立ち往生した。その光景は誰も予想していなかった、まったく想定外のものである。そしてそれは、世界に向けての歩み寄りのメッセージとなった。街に出る、「聖なる父」法王。

簡素さは、真実のものであってもあるいはうわべだけのものであっても、常に政治的に評価され歓迎されるのである。

※15…法王は、自分はホテルには宿泊しないと宣言した。

自由な時間と自由

国連総会では、これまで多くの歴史的な演説が行われてきた。

そのほとんどは、パレスチナの指導者ヤセル・アラファトが1974年の国連総会で行った「オリーブの枝」スピーチなど、二国間の緊張の時代における厳しい批判を含んだものだった。あるいは、チェ・ゲバラがキューバ共産主義政権と米国間の対立の最中の1964年に行ったスピーチもそうである。

2006年に当時のベネズエラ大統領ウゴ・チャベスが、自らの演説で「悪魔」と表現したジョージ・W・ブッシュが、次の日に国連総会で行ったスピーチで口にした「ここは硫黄の匂いがする」というユーモアを交えたコメントでさえ、結果的には歴史に残る名言となった。

国家元首1人当たりの発言時間は数分とされている。しかしどの元首も制限時間を超えて話し続けるため、スピーチを早めに切り上げるよう国連総会議長から注意を受けることが多い。

しかし、スピーチのテーマ、もしくは聴衆の関心の度合いによっては、議長の判断により制限時間を超えたスピーチの続行を認める場合がある。

2013年の国連総会のスピーチで、ムヒカはノンストップでほぼ45分間話し続けた。ムヒカは現代社会のライフスタイルと、それが人間、環境、家族生活に与える影響についての深い考察を述べるとともに、人生の晩年に差し掛かった自分が、今、舵を切って進路を変えない限り、人類の未来がどんなものになると想像しているかをドラマチックな視点から詳述した。

「私たちには、無駄と浪費に満ちた未来が待っています。基本的に、それは自然と人間性が迎える終末へのカウントダウンとなるでしょう。シンプルさ、質素さ、そしてあらゆる自然のサイクルと相反する文明、そしてもっと悪いことには、愛、友情、冒険、連帯、家族などの唯一無二の価値を持つ人間関係を生きるために必要な時間を持つ自由にさえ否定する文明。お金で手に入れるのではない、自然のあり方をじっくりと見つめるための自由な時間をも否定する文明。そんな文明が世に満ちるでしょう」とムヒカは語りかけた。[※16]

ムヒカは、それぞれの人間の活動内容に応じて労働時間を制限するという考え方を支持

※16…国連総会でのスピーチ、2013年9月。

している。彼は、大統領就任後は政治以外の好きなことをするための時間がほとんどないと、しばしば愚痴をこぼしている。

消費主義を否定し、彼の意見によれば「物質的なつながりを持たない」ことの自由を支持する彼の言葉は、その後何年にもわたって彼のスピーチの中心的テーマとなった。

ムヒカは、人類の進んでいる方向性について心底懸念している。

「私たちは、一般的に、このように発展するためだけにこの星に生まれるのではありません。私たちは幸せになるために生まれてくるのです。人生は短く、すぐ終わってしまいます。そして、生命ほど価値のあるものはなく、命こそがすべての基本です」と、環境に関する地球規模の合意形成を目指す会議「リオ＋20」環境サミットの場で語った。[※17]

そして、「私たちは働いて〝使っては捨てる〟文明を維持することを強いられる、という悪循環に陥っています。これは政治的問題であり、別の文化の構築に向けて戦い始めるときがきたことを私たちに示しています」と彼は締めくくっている。

ムヒカにとって、人生においても政治においても、すべては個人の自由を尊重することに集約される。

※17…「リオ＋20」サミット本会議でのスピーチ。2012年6月20日、ブラジル・リオデジャネイロ。

メッセージの力

ムヒカが伝えようとしているメッセージは、「質素で、シンプルで、つつましくあれば幸せになれる」ということである。

そして人々の現実の反応を見る限り、この思想がこの歴史的な転換期において、極めて消費主義的な世界に生きる多くの人々に歓迎されるメッセージであることを示している。

「非常に強いインスピレーションを受けました。あなたのキッチンの写真を見ました。あなたの生き方を見て、とても刺激を受けました。私もすでに老人です。私は、第二次世界大戦後に、家族が何も持たずに生活していたことを思い出します。すべてにおいて、私たちは人生をゼロからやり直さなければなりませんでした。私たちはオーストラリアにやってきた移民で、到着したとき、着ていた服以外は何も持っていませんでした。ムヒカの生き方と、彼がこうして幸せに暮らしているという事実は、私たち家族が何も持っていなかった自分の子ども時代を思い出させます。（何も持っていなくても）私たちは幸せでした。今、人々は大きな家に住んで大きな車を持ち、ファッショナブルな服を着て、ファストフードを食べています。でも、ムヒカや私自身のように、子どもの頃、何も持っていなかった人たちも、今、幸せになる方法を忘れてしまっているのではないでしょうか。そうした幸せは重要な要素です」

これは、カレ・ラースンの言葉である。

彼は、カナダに住んでおり、消費主義に反する生き方を促進するウェブサイト「adbusters.com」の創設者である。ラースンは、「ウォール街を占拠せよ」運動を主導した政治評論家としても世界的に有名である。

そして前述の言葉は、「ムヒカが行き過ぎた消費主義を批判するスピーチを行ったとき、なぜこれほどメディアで高い評価を受けたと思いますか」と、尋ねた筆者の問いに対するラースンの回答であった。※18

「消費文化の弊害に魂を失った人々、〝アメリカンドリーム〟のために魂を失った人々がいます。これらの人々を何らかの方法で目覚めさせる必要があります。誰かが、彼らの頭を殴ってでも目を覚まさせなければなりません。そして、そうして彼らを目覚めさせているのは、ムヒカのような人々です。ムヒカがしているのは非常に重要なことです」と、彼は締めくくっている。

ラースンの思想は、彼と同じようにムヒカの生き方を模範とする多くの人々の考えをまとめたものであり、政界での彼の成功に関するいくつかの解釈と逆説的に一致している。

米州機構のホセ・ミゲル・インスルサ事務総長は、次のように総括している。

「ムヒカ大統領は、政治家であると同時に、優れた道徳感を持つ人物として位置付けられるようになりました。彼の提唱することすべてが実行可能なわけではありませんが、それらは、みなが社会で実現することを望む理想です。現代社会の多くの価値観と生き方に対する彼の絶え間ない批判は、多くの人々の共感を呼んでいます。一夜にしてすべてを変えることはできないかもしれませんが、他の多くの国よりもはるかに質素な文化を持つ国において、ムヒカは高い道徳的地位を獲得しました。ウルグアイ国外で多くの人々が彼を称賛するのはそのためで、彼らはムヒカを見習うべき模範と見なしています。実際には多くの人が明日彼の模範に従わないとしても」[※19]

※18…カレ・ラースンのインタビュー全文は本書Chapter 6を参照。
※19…筆者によるインタビュー。

ムヒカの逸話①

２０１２年９月、ムヒカは鼻にひどい傷を負った姿でメディアの前に現れた。そのときのムヒカと、彼の独特な振る舞いが新聞の一面を飾った。

ムヒカは嵐の真っただ中に家を出て、家の屋根を飛ばされそうになっていた隣人を助けようとしたのだ。ムヒカは、トタン屋根が吹き飛ばされるのを何とか防ごうとして顔を切ったのだという。

「近所の人たちと一緒に、屋根が飛ばないよう押さえ付けようとしたんだ。屋根を押さえて縛り付けようとしたんだが、結局うまくいかなくてね。でもたいしたことはない。ほんのかすり傷だ」

一体、何が起こったのか尋ねたジャーナリストに、ムヒカは答えた。

いずれにせよ、彼の主な関心事は、歴代ウルグアイ大統領のお気に入りの保養地であったアンチョレナの旧大統領別邸で、時速１５０キロ以上の強風を伴う嵐のために、２００本以上の大きな木が倒れ、修復不可能になったことであった。

ホセ・ムヒカの2014年資産申告書とは？

ホセ・ムヒカは2013年分の資産申告書で、自宅と3つの畑を含む資産のリストを公開した。

1987年製フォルクスワーゲン車2台、農具や設備、ベネズエラ・バンデス銀行を含む地元銀行の普通預金。管轄当局によって承認された申告内容によると、彼の総資産額は30万ドル強であった。

またウルグアイでは宣誓供述書に相当する文書の中で、ムヒカは相互扶助型・住宅建設プログラム「プラン・フントス」に対して約25万ドルの現金と6万ドル相当の建設機械を寄付したと報告している。

報告された寄付総額は、申告書に記載されたムヒカの総資産額とほぼ同じである。在任中、彼は自らの政党である拡大戦線にも約8万5000ドルを寄付している。

「これ以上無理というときには、
死んでしまうか
木の下で寝るだろう」

ホセ・ムヒカ
アルゼンチンの「パヒナ12」紙にて

Chapter 3

ゲリラと革命

「親愛なる同胞諸君のおかげで、大変名誉なことに、このたび、私は国会議員として当選することができた。国会では、私たちの革命の行く末を左右する重大な決定をしなければならない。しかし、私は国家評議会議長および軍最高司令官の地位を望むこともなければ、引き受けることもない。繰り返すが、私はその地位を望まないし、引き受けもしない」

このメッセージは世界に衝撃を与えた。「キューバ共産党中央委員会の公式機関」である「グランマ」紙の1面に、武器を掲げたフィデル・カストロの半世紀前の白黒写真と並んで掲載されていたニュースを信じられる人はわずかで、ほとんどの人にとっては信じがたいニュースだった。[※1]

カストロが書面で「健康上不安定な状態」を理由に指導者の地位から引退すると発表したのは、2008年2月19日のことであった。

※1…「最高司令官のメッセージ」。キューバ「グランマ」紙、第44年42号表紙、2008年2月19日発行。筆者所蔵。

これは、1つの時代の終わりなのか。

この文章は新聞の1面全体を占め、4段分の赤い四角形の中に掲載された。そのすぐ上にある手書き風の独特の赤い文字は、カストロ兄弟が自分たちの決定や革命の方針についてキューバ国民に広く知らしめるために選んだ最高のメディアの名前として、表紙を毎日飾っている文字だった。


その革命は、フルヘンシオ・バティスタの独裁によって抑圧された人々の支持を受け、1959年に始まった。当時のキューバは多国籍企業が権益をほしいままにし、裕福なアメリカ人の売春宿とでも呼ぶべき状態だった。

バティスタは追放され、この運動の指導者であったフィデル・カストロは権力の座についたが、その後、長期にわたりその権力を手放そうとはしなかった。やがて、この革命では一党独裁、学校での思想教化、報道の検閲などの政策が導入されるようになり、当初の理念を支持していた人々の多くがカストロの思想から離れていくことになった。社会運動に対する抑圧は、それがどれほど小規模で無害であったとしても、非常に明白なものであり、民主主義の価値を少しでも信じていた人に対して弁解の余地はなかった。

ピューリッツァー賞を共同受賞しているアルゼンチンのジャーナリスト、アンドレス・オッペンハイマーは、1992年に出版した著書『カストロ最期の時』[※2]の中で、社会主義的理想に根ざした夢を抱き、1960年代に大陸を席巻した数多くの武装運動で手本とされてきた革命指導者が、ソビエト連邦の崩壊後に自分の計画を捨て去るまでの過程を記している。

何十年にもわたりキューバへの経済支援を続けてきたソ連が解体されたことにより、カストロは壊滅的な経済という現実に直面することになる。キューバの経済が長年生きながらえてきたのはソ連という「兄貴分」がいたからなのだ。キューバで米国の産業施設が国有化されたことを受けて、1960年に米国のドワイト・アイゼンハワー大統領の政権によって過酷な禁輸措置が決定されたが、これを乗り切ったのもソ連の支援があってのことだった。この禁輸措置はジョン・F・ケネディによって強化され、キューバでは「封鎖(bloqueo)」と呼ばれているが、現在でもまだ続いている。そのため、もともと収奪的であり、また観光と医療サービスの提供に依存しているキューバ経済には深刻な影響が生じている。

オッペンハイマーによれば、カストロは、自身への崇拝を中心とした思想体系への固執を深め、ソ連への依存から自律的な経済生活への移行を容易にするための改革については一顧だにしなかった。

※2…『カストロ最期の時　キューバで共産主義が徐々に崩壊するまでの秘められた歴史』。アンドレス・オッペンハイマー。ハビエル・ベルガラ出版、1992年。

しかし、２００８年までにフィデルは病気になり、キューバ革命の「顔」としての活動は続けられなくなってしまう。

引退を宣言する書面ではその自己中心的な性格を貫き、「準備」が整わないうちに自分の健康について国民に語るつもりはなかったと説明している。

「自分がいなくなった後のことについて準備を進めることは、心理的にも政治的にも、何年にもわたる闘争を終えた後の私の最初の義務である」

「私は諸君に別れを告げているのではない。理想を追求する戦士として戦いたいだけだ。これからも〝同志フィデルの意見〟という題名で自分の意見を伝えていく。これは我々が頼りにすべき新たな武器となるだろう。私の声はきっと諸君の耳に届くだろう。くれぐれも注意する。ありがとう」※3

２００８年2月18日、午後5時30分付のメッセージは、間違いなくフィデル・カストロ・ルス本人の署名で締めくくられていた。

その当時、私はワシントンでＡＦＰ通信の特派員として働いていたが、世界政治の首都ともいえるこの街に、このニュースは爆弾のような衝撃をもたらした。「フィデルは死んだのだ」と考えた者もいる。フィデルの弟・ラウルは当時国防大臣で、フィデルは暫定的に権力をラウルに委ねていたが、49年前に始まった革命プロジェクトを今後主導するのがラウルであることは疑いようがなかった。ラウルは、フィデルよりも実用主義者だ。そしてフィデルほど知的ではないが、「聴く力」は間違いなくフィデルより高い。

ワシントンでは何カ月もの間、フィデル・カストロが不治の病に苦しんでいるといわれていた。このキューバの問題についてはさまざまな報道や専門家の意見が飛び交い、突発性膵臓がんや結腸腫瘍、さらには膀胱の問題にまで言及するものもあったが、どれも証拠や根拠はなかった。

疲れ知らずのフィデル・カストロを苦しめた病気は今でも不明であるが、ウィキリークスによる最も信頼できる情報によれば、治療が不十分だった穿孔を伴う腸憩室炎の可能性があり、原因の一端はカストロの協力が得られなかったことにあるという[※4]。

ラウル・カストロは、独裁者となった年老いた革命指導者が別れの手紙を書いてから6日後に、兄からキューバ政府の長の座を引き継いだ。迅速でクリーンなプロセスを周到に用意し、体制の安定を確実なものにしたのだ。それ以来、ラウルは兄よりは穏健であったものの、革命的な方針を崩すことなく、より開放主義的な姿勢を示してきた。

※3…「グランマ」紙に掲載。キューバ、ハバナ。2008年2月19日。
※4…「ウィキリークスが暴露。カストロ、飛行機内での最初の出血後に手術を拒否」マドリッド「エル・パイス」紙、2010年12月15日。ファン・ヘスス・アスナレスによる記事。

経済改革によりキューバでの自営業の展開が可能になり、また2014年に推進された新しい外国投資法により、外国の民間資本によるキューバ進出が可能になった。このため、国外のキューバ人がキューバに投資することはできたが、革命をずっと支えてきたはずの国内在住のキューバ人にはこの権利が認められていない。

ラウル・カストロは、その年の6月に83歳の誕生日を迎えた。兄フィデルが病に倒れた年齢より1歳下である。そのラウルの指導の下で、キューバは周辺地域の国々といくつかの政治的および経済的同盟を結び、その結果経済的にも政治的にも発展が可能になった。ベネズエラのウゴ・チャベス大統領は、がんとの闘病の末2013年に死去したが、治療は専らキューバで行っていた。

チャベスは、キューバの医師がベネズエラで医療活動を行うことを条件に、安価な石油をキューバに輸出することに同意し、エネルギーの安定供給を確約した。チャベスの後継者であるニコラス・マドゥロも、この合意を継続している。

2008年12月、キューバは、ブラジル大統領ルイス・イナシオ・ルーラ・ダ・シルヴァの提案により、米国やカナダが参加しない南北アメリカの首脳会議に初めて招待された。ルーラは当時、誰もが一度は一緒に写真を撮りたいと思うほどの、国際政治の舞台における一大スターであった。

この会議が、後のラテンアメリカ・カリブ諸国共同体（CELAC）の起源となる。この共同体は、この地域の主導権を握りたいというルーラの意欲が結実したものであり、チャベス政権のベネズエラ、モラレス政権のボリビア、コレア政権のエクアドルなど、米国に対して最も批判的である国々の支持を集めた。

そして、この会議はブラジル北東部の壮大なビーチに面したコスタ・ド・サウイペ市の高級リゾートで開催され、キューバがリオ・グループに加盟するきっかけとなった。このグループはラテンアメリカ諸国のみで構成された協議機構で、1980年代半ばに設立され、意思決定組織を持たない協議の場として運営されている。※5

首脳会議の最終宣言が発表されたとき、バイーア州のホテルにいたジャーナリストは、左派系首脳が大勢を占めるラテンアメリカの一体化にキューバも加わったのだと理解した。これらの左派系首脳の多くは、ウルグアイのバスケス元大統領のように、中道左派であったのだ。

会議の最後に発表された声明は次のようなものだった。

※5…筆者による注釈。2008年12月16日、AFP通信を通じてコスタ・ド・サウイペより発表。

「米国政府に対し、国連総会で承認された17の一連の決議を遵守し、キューバに対して継続している経済、貿易、金融の封鎖を終了するよう要請する」

米国による禁輸措置は国連総会で何年も前から、そして現在でも一貫して非難されているが、この禁輸措置について今回の声明ではキューバ政府が用いた「封鎖(bloqueo)」という語を明確に用いて表現している。

ブラジル外務省がこのタイミングを選んだのは決して偶然ではない。2009年1月20日にはバラク・オバマがアメリカ合衆国大統領に就任することが決まっていた。「タイム」誌は表紙にオバマの笑顔を掲載し、その下には「44」という数字を載せた。[※6] これは、オバマが第44代米国大統領であることを示している。

共和党のジョージ・W・ブッシュが大統領だった8年間、ブッシュはラテンアメリカとの関係をあまり重視せず、やったことといえば麻薬組織との泥沼のような武力抗争に、チャベスとのどうでもよい口論ぐらいである。

その後には民主党で穏健派のオバマ大統領が就任し、大きな変革を約束する演説をしたが、これは米国政府にとってキューバの問題がどれだけ重要であるかをラテンアメリカの首脳陣が認識する好機となった。

ルーラはかつて冶金組合のリーダーであり、「反帝国主義者」という大層な呼び名でも呼ばれていたが、そのルーラにとってこれは地域におけるリーダーシップを発揮し、結果的に労働者党の最も伝統主義的な派閥を率いて勢力を伸ばす絶好の機会となった。

ルーラの考えを支持した首脳の中には、キューバの現実について幻想的な見方をする者も多くいた。他ならぬチャベスもそうであったし、ボリビアで搾取されてきた貧困層の指示を受けて権力の座についたモラレスもその1人であった。

また、1970年代にニカラグアのサンディニスタ戦線に参加してソモサ独裁政権と戦いこれを打ち負かした元ゲリラのダニエル・オルテガもその1人である。

オルテガは大統領就任後の2014年に、議論を巻き起こした憲法改正を承認し、自身の終身権力への道を開いた。[※7] 他にあげられるのは、アルゼンチンのクリスティーナ・キルチネル大統領とエクアドルのコレア大統領である。

当時の会議では、コロンビアのアルバロ・ウリベ大統領やペルーのアラン・ガルシア大統領など、米国と親密な同盟国が参加していないことが注目されたが、一方でキューバの存在が、正確には禁輸措置に反対するキューバの主張が中心となってラテンアメリカ諸国

※6…筆者所蔵。
※7…「ダニエル・オルテガ大統領、無期限の再選が決定」。カルロス・サリナス・マルドナド。マドリッド「エル・パイス」紙、2014年1月29日。

が集まったといえる。

ラウル・カストロは２０１３年に、地域の首脳たちとの新たな結びつきを果たした。この年は、１９５９年のキューバ革命の最も重要な前兆ともいえる、フィデル・カストロによるモンカダ兵営襲撃から60周年にあたる。

２０１３年7月26日、キューバはラテンアメリカ・カリブ諸国の首脳を迎えた。その中には、若い頃にゲリラとして戦ったことがある老政治家もいた。彼の演説はその日の主役となった。その名はホセ・ムヒカ。１９７０年以来、１発の銃声も鳴らすことはなく、大統領任期が5年間の国で民主的に選出された大統領である。

ムヒカはキューバ革命についての自分の見解を語った。

彼がキューバを初めて訪れたのはその53年前の１９６０年である。当時ムヒカは、歴史の中で革命的な指導者によって創立され、今日では政治的に右派であると考えられている農村政党のメンバーであった。ウルグアイでは歴史的な政党であり、彼に加入を促したのは母親であったが、「革命」の概念を若きムヒカがどのくらい真剣に理解しているかは考えもしていなかった。

当然、平坦ではなく、先行きが見えず、苦難が多く、危険な道を今後たどることになろうとは想像もしていなかったのである。

ハバナでのムヒカ

ムヒカが初めてハバナを訪れたのは1960年、25歳になったばかりの頃だった。このキューバの首都に到着したムヒカは、当時「革命」に熱中していた。意識していたわけではないが、これには母親の存在が強く関係している。

ジャーナリストのウォルター・ペルナスによれば、母親のルーシー・コルダノはホセ・ムヒカを理解するにあたって「非常に重要」な人物である。ペルナスはルーシーのことを、若き闘士の陰で支える「偉大な母」と表現している。[※8] しかし男性優位の社会では女性の出る幕はなく、それでも彼女は自分の天職をあきらめなかったとペルナスは語っている。彼女は「ブランコ党」(国民党)を支持し、息子もそうなってほしいと願っていた。モンテビデオの西部郊外のパソ・デ・ラ・アレナで影響力のある住民となった彼女が支持したのは、

※8…ムヒカの母親は国民党(通称「ブランコ党」)の支持者である。国民党と対立するコロラド党は都市部を基盤とし、農村部での支持率は低かった。ここではブランコは白、コロラドは赤を指すが、この色は内戦時に両党が相手方と区別するために用いた旗印の色に由来する。両党は約200年にわたりウルグアイ政治史の中核をなし、ヨーロッパ発祥の右派と左派の概念が導入されるよりも前に政権交代を繰り返していた。

厳格で勤勉な政治家であるエンリケ・エーロだった。

1959年にブランコ党が複数行政制度下で権力を掌握すると、エーロは産業労働大臣に就任した。当時は産業界のさまざまな部門で労働組合が活動を強化しているという、困難で緊張が高まっている状況だった。ルーシー・コルダノが意図した通り、労働者の抗議に強い関心を示した息子は、エーロの弁舌にも興味を持った。そこでルーシーは、この1912年生まれのベテラン政治家と、彼に感銘を受け、進むべき道を探しているこの若者とを引き合わせた。そのときから、ムヒカはエーロと行動をともにするようになり、エーロはムヒカにとって真の師となった。1959年、勝利を収めたフィデル・カストロがウルグアイを訪れた後、エーロはムヒカがカストロの偉業に魅了されたことを知り、人生の分岐点となるチャンスをムヒカに与えることにした。1960年、ハバナで開催された第1回ラテンアメリカ青年会議に、ムヒカをウルグアイ代表として派遣したのだ。[※9]

ムヒカは初めて投票したときは社会党を支持していたが、後に国民党に転向して、党内での「進歩派」の立ち上げに加わった。[※10] これにはエーロの影響が非常に大きい。

当時のウルグアイは社会階級の差別化が進んでいた。上流階級は地方の大地主と実業家で構成されていた。中流階級は主にモンテビデオの都市部に集中し、大型公共事業が収入源になっていた。また一部の商人もこの階級に含まれる。下層中流階級はムヒカの家庭のように、ぎりぎりの生活を送っていた。そして人口の大半は最下層の貧困層で、低収入の労働者や、権利を抑圧された貧農層で構成されていた。

若きムヒカにとっては、この現状は変えなければいけないものであり、政治こそがそのための手段であった。しかし政治体制はそれを実現できるものではなく、労働者が日々直面していた問題を解決するための方策が打ち出されることはほとんどなかった。

ペルナスによれば、ムヒカはウルグアイで「革命の基盤」となる政党の一員となっていたが、キューバに到着したとき、キューバの国民が反乱によって始めたプロセスの硬直化が進んでいると感じた、という。「ペペは革命の虫に取りつかれて帰国し、その後自分と同じ思想を持つ仲間を探し始めた」[※11]。ムヒカ自身の言葉によれば、1960年代の初めに、キューバ革命の「限界が決まった」という。この見解は、ウルグアイで左派の議席数が少ないこともあり、ムヒカをはじめとする多くの人々にとって、「これ以上の進展はない」ことを意味していた。[※12] こうして、母親の後押しにより政治活動に身を投じ、老練の指導者によって知らないうちに革命の理想へと導かれたムヒカは、フィデル・カストロのキューバで進められていた伝統的な政治と袂を分かつことになった。

※9…『雄弁なる司令官、革命家ペペ・ムヒカ』。伝記小説。ウォルター・ペルナス。ウルグアイ、アギラール。2013年。
※10…『左派政権人名事典』。ネルソン・フェルナンデス。ウルグアイ、フィン・デ・シグロ出版、2004年、91ページ。
※11…筆者によるインタビュー。
※12…『ムヒカ』。ミゲル・アンヘル・カンポドニコ。ウルグアイ、レポート集、フィン・デ・シグロ出版、1999年、52ページ。

ロマンチシズムと冷戦～トゥパマロスの起源

ムヒカは、キューバ革命を政治的な視点、さらには方法論的な視点から見ていたが、彼はキューバ革命の影響を明らかに受けている。しかし、彼が参加した武装組織「トゥパマロス民族解放運動(MLN)」は、その政治的および労働組合主義的な思想や体制について、それぞれ異なるさまざまなものを寄せ集めてできていた。

その歴史は土地分配の闘争と深く結びついており、これについては何十冊もの書籍がつくられている。

このような書籍を読み進めていくと、ウルグアイのような国でこの武装運動がどのように出現したのかについて、少なくとも2つの方法があるという結論が得られる。ウルグアイでは、民主主義を追求することは、既存の体制に暴力的に対抗するという思想とは直感的に相反するもののようである。

1番目の可能性は、この都市ゲリラの出現を、1960年代特有の理想主義的かつロマン主義的な観点から説明することである。この観点は、今でもラテンアメリカの多くの地域で議論の中で用いられる。2番目は、感覚的な要素を一切排除して、厳密に分析的な観点から説明することである。

この2つの方法はトゥパマロスの起源とおよそ半世紀にわたる歴史を理解するための助けになる。トゥパマロスの歴史は、武器に始まり投票箱で終わる。これはトゥパマロスの創立者の1人であり、中心的なメンバーでもあったエレウテリオ・フェルナンデス・ウイドブロが著書『武器から投票箱へ』の題名で用いた比喩である。[※13]

ムヒカという人物を形成した組織は、間違いなくトゥパマロスである。仮にムヒカに他のメンバーと違って保守系組織にいた過去があったとしても、同じであっただろう。

1960年代のウルグアイの政治状況は、「民主主義の正統性の危機と主要政党の信用失墜の深刻化」と「権威主義の拡大」が顕著であった。[※14]

それは冷戦の最盛期で、米国とソ連圏の対立、すなわち資本主義と共産主義の対立が最も激化した時代でもあった。これらの要素が組み合わさり、トゥパマロスというゲリラ組織が誕生する歴史的背景ができあがったといえる。

※13…フェルナンデス・ウイドブロ。『武器から投票箱へ』。ヘラルド・タグリアフェロ。ウルグアイ、フィン・デ・シグロ出版。改訂版、2011年。

※14…『火がついた場所―MLNトゥパマロス、合法化と選挙戦参加への変容の過程』。1985〜2004年。アドルフォ・ガルセ。ウルグアイ、フィン・デ・シグロ出版、2006年。

ウルグアイの政治学者アドルフォ・ガルセは、スペインのエドゥアルド・レイ・トリスタンの研究を取り上げ[※15]、トゥパマロスの形成を3つの観点から要約している。

最初に、政治体制に幻滅した社会党の活動家たち。その中には、この運動の代表的な存在であり創立者でもあるラウル・センディックも含まれる。

2つ目は指導的役割を果たした農民たち。多くはサトウキビ生産に携わり、下層階級の出身であるが、ウルグアイ北部でセンディックの主導により組織をつくり上げた。

そして最後に、ムヒカとフェルナンデス・ウイドブロが所属していたグループ。基本的には首都モンテビデオの中流階級と下層中流階級の若者で構成されており、さまざまなイデオロギーの理念について議論を重ねていた。関心の対象となったのは社会主義、マルクス主義、無政府主義、さらにはムヒカの場合のように毛沢東主義も対象となった。

ガルセによれば、この最後にあげたグループは、労働組合や貧農層による闘争に共感し、1962年に「カニエロス」(サトウキビ農家)、あるいは「ペルードス」(アルマジロ)と呼ばれた人々[※16]が、ウルグアイ北部からモンテビデオまでの歴史的な行進を実現した際には、その後方支援を担った。そしてウルグアイの労働者階級の状況に不満を持っていた多くの大学生にとって、形成途上だったMLNへの玄関口となった。

ラウル・センディックはこのさまざまな人間が入り混じった集団の、最初の悪名高い構成員であるが、ゲリラ運動として本格的な行動を組織した後、地下に潜り、行動する。それは、コロニア県の大都市ヌエバ・エルベシア[※17]にあるスイス発祥の組織「スイス射撃協会」の銃器の強奪である。襲撃犯はいくつかの長い武器を奪っていったが、すべて持ち去ったわけではなく、特に発射に必要な部品を欠いていたため、ほとんどが役に立たなかった。また、銃を運んでいたトラックの1台が故障したことから、この犯行が発覚した。

この強奪事件の後もセンディックは警察に出頭しようとはしなかった。センディックが地下活動に入ったことは、センディックの信奉者たちにとっては法治国家に対する反抗と批判の意思を明確に示す政治的なメッセージとなった。これは、後にゲリラ運動となる反体制的政治運動の形成において1つの転機となった。

※15…『すぐ目の前に―ウルグアイの左翼革命家』。1955～1973年。エドゥアルド・レイ・トリスタン。ウルグアイ、フィン・デ・シグロ出版、2001年。

※16…「〝ペルードス〟という呼び名は、その地域（ウルグアイ北部）に生息するげっ歯類の名前になぞらえた用語である。サトウキビの刈り入れ作業従事者だけでなく、以前その業務に従事していた人、その家族、まだサトウキビ刈り入れに従事していない人も指している。彼らがこのように自称していたのは、社会人口学的には刈り入れ作業者と同じ階層に属していたからとも、業種が異なるとはいえ〝同じ大地で働く人間〟であるからとも考えられる」。『アルティガスの製糖労働者組合の行進。言説形成の儀礼的産物』。シルヴィナ・メレンソン。アルゼンチン、IDEAS/UNSAM-CONICET、2009年。

※17…ウルグアイの南西部に位置する。

「それ以降、好むと好まざるとにかかわらず、サトウキビ農家の闘争を支援していた人々は、自分たちにとって共通の遺産と責任があることを知った。地下活動を進めるセンディックだ。（中略）その後、実際の行動が重視されるようになると、言葉はもはや無用になり、地下活動中のセンディックの人生を理解するには寝る場所や移動手段などの行動を見るしかなかった」とムヒカは語っている。

この言葉は、ジャーナリスト・作家のミゲル・アンヘル・カンポドニコが、ムヒカの名を冠して発行した書籍に収録されている。同書は、彼の政治人生を知るうえで最も重要なドキュメンタリーである。[※18]

ラウル・センディックは、反体制組織を形成するうえで重要な役割を果たした。そしてまた、専制政治が終わりを告げ、自由が回復されたときに、トゥパマロスが暴力行為をやめて合法政治活動に移行することを発表すると決定する際にも、重要な役割を果たした。

その後センディックは、1989年に死去している。

彼は首都の郊外で生まれ、農場労働者の労働条件が非常に不安定である様を目の当たりにしてきた。20世紀中頃、ウルグアイの農民は低収入で恵まれない階層であったが、センディックはこの農民たちも組織行動をとれば労働に関する権利を主張できるだけの力を得られるはずだと考えた。

作家のマウリシオ・ロセンコフがよく覚えていることがある。

それは1954年のことであった。

彼は、トレインタ・イ・トレス県のラ・チャルケアダ[※19]という米作が主産業の小さな町に移り住んだばかりであった。そこでは、オロスミン・レギサモンの指導により労働組合の結成が進められていた。レギサモンは、近くのセロ・ラルゴ県生まれの旋盤工で、モンテビデオで労働組合主義運動に参加していたが、ウルグアイ社会党はレギサモンを「農村部における新しい労働組合主義運動の最初の組織者」として認識していた。[※20]

農村部の労働者がストライキに突入したことにより、この労働者たちを組織化して労働組合を結成するという目的のための舞台が整った。

ロセンコフは、左派系出版物に掲載するための米農家による新しい労働組合の物語を書こうとしていた。この労働組合は、その時代において、新しい形の組織であった。

「オロスミンの家に行くとそこには牛の鈴のようなカメラを持った人物が取材にきていた。それがラウル(・センディック)だった。ラウルは『バンガルディア・ソシアリスタ』紙から派遣されていた」と、ロセンコフは本書のためのインタビューで述べている。

※18…カンポドニコ。77ページより引用。
※19…ウルグアイ東部に位置する。
※20…オロスミン・レギサモンの略歴より。ウルグアイ社会党の公式サイトで公開。

私たちはこのインタビューの中で、「一部の左派闘士にとって武装運動が選択肢の1つ、あるいは決定事項であることが明確になった厳密な瞬間はあるか」と尋ねた。彼の返事は長かったが、明瞭であった。

ロセンコフの話によれば、彼はセンディックと一緒にセボジャティ川とその周辺、近隣地域を巡り、ウルグアイで最も辺鄙で、そしておそらくはウルグアイで最も美しいと思われる地域を見つけた。この地域の交通手段は、米農家が所有しているいかだしかない。

2人もいかだで移動し、何度もキャンプをした。彼らは昼も夜も一緒に過ごしたという。2人の若者は、自分たちを取り巻く貧困と搾取の現実を分析していたが、ある日の夜明けに驚くべき光景を目の当たりにした。

「我々はマルマラハ（ラバジェハ県）[※21]の伐採林でキャンプをしていた。そして突然乳白色の夜明けが訪れたそのとき、（センディックは）農民たちがつばの大きな帽子を後ろに倒し、怠け者に発破をかけていたのを見た。私はベベ[※22]に『おい見ろよ、まるで軍隊みたいじゃないか』と言ったが、それまでずっと口数が少なく言うことも簡潔なセンディックはこう答えた。『あれは軍隊だ』これ以上の説明は無用だろう」[※23]

※21…ウルグアイ南東部に位置する。
※22…「ベベ」は、ラウル・センディックについて最もよく知られた呼び名である。
※23…筆者によるインタビュー。

トゥパマロス～「せっかちなカメレオンたち」

政治学者のガルセは、初期のトゥパマロス民族解放運動（MLN）には目的が異なる2つの流れが存在していたと主張している。1つは労働者を資本主義の搾取から救うための闘争を重視するグループ、もう1つは帝国主義から祖国を救うための闘争を主張するグループである。

1950年代半ばの米農家のストライキ、そして1960年代初頭のモンテビデオへのサトウキビ労働者の行進については、モンテビデオの労働組合員の間で起こった勢力争いの存在が明らかになった。彼らの関心は労働者の賃金問題にあり、また彼らはセンディックと同様に、ウルグアイの建国以来未解決であった農地改革と土地分配の理念を達成することが最終目標であるものと理解していた。

当時のウルグアイには大農園があり、そこでは大規模な、収奪的とも言うべき農業が行われていた。このような大農園では、「エスタンシエロ」と呼ばれる牧場主が、贅沢とはいえないまでも快適な生活を送っていた。

サトウキビ農家のモンテビデオへの行進により「最も貧しい人々が、ついに表舞台に現れた。もはや彼らにとって失いうるものといえば、彼らを縛る鎖だけだった」とロセンコフはまとめた。その言葉には彼の詩的な一面や、彼が若き日に抱いていたユートピアの甘い夢がはっきりと見てとれた。

「理念と現実の一致が始まった。それこそが組織（トゥパマロス民族解放運動）が誕生し、進化を始めた瞬間だ」

当時、ラテンアメリカ諸国では民主主義が衰退していた国も多く、ウルグアイも同じ道を歩みつつあると考え、そして権威主義は不可避のものであると考え始めた人々が集い、活動が規定された時代でもあった。

ブラジルでは、土地改革について言及したジョアン・グラールが、1964年に軍部によって打倒された。ウルグアイでの前述したサトウキビ農家の一件は、雇用者に対する労働者の示威行動のうち最も目立った一例であったにすぎない。経済情勢も急速に悪化していた。インフレは急速に進み、賃金はますます低くなった。

1960年代の半ばになると、さまざまなグループの左翼武装組織の集会に多くの若者が積極的に参加したが、ムヒカもその中の1人だった。彼らは国の進む方向に不満を持っていて、特に変化に対する展望がないことに幻滅していた。ラテンアメリカで独裁政権が増加したことも、彼の信念を強める要因となった。

そして1964年、ムヒカは初めて武装行動に参加した。

投獄されているサトウキビ労働者の「救出」活動に使う資金を得るために、繊維会社へ強盗に押し入ったが、失敗した。逮捕されたムヒカは、警察の前では農場購入の資金繰りに来た農民を装い、強盗未遂の罪で一般犯罪者として投獄された。[※24] それは奇しくも、脱獄を助けるつもりだったサトウキビ労働者が投獄されたのと同じ刑務所だったとロセンコフは述べている。

ムヒカは「しがない泥棒」という犯罪者としての烙印を押され、初めて投獄されることになったが、投獄中に熟慮を重ねたムヒカは、出所後に、武器こそが自分の味方だと確信するようになった。[※25] キューバから戻った時点では頭に浮かぶこともまずなかった考えだが、それが、確固たる信念となったのだ。

外国の読者には理解しがたいかもしれないが、ウルグアイでは、1950年代、1960年代、1970年代の歴史と、1973年のクーデターの結末についての分析が何千ページ分も執筆されているにもかかわらず、「トゥパマロスは選挙により確立された政権を打倒しようとしている激情的な若者たちである」と考える人もいれば、「トゥパマロスの行動は、ウルグアイの、ひいてはラテンアメリカの歴史的背景を考えれば正当で

※24…ペルナスより引用。筆者によるインタビュー。
※25…ウォルター・ペルナスとの筆者インタビューより。

あるといえる」と唱える人もいて、統一された見解は未だに見られない。

これまで、ウルグアイの現代史における各時代の重要人物たちと対話をしてきた。いずれかの派閥に属する者やその賛同者や、そうでない者、あるいは中立を保つ者や、党派を組む者、さまざまな人物が対象となったが、その対話からは、個別の事実の理由や原因について一致した意見が存在しないことが明らかとなった。

確かなことは、20世紀初頭にバジェ・イ・オルドニェス大統領がつくり上げた平等主義の理念が浸透した社会において、社会正義を説く政治組織が出現したことはそれほど不思議なことではなく、むしろ武力による目標達成を決定したことのほうが驚きに値するということである。

政治学者のガルセはこれについて次のように説明している。

「MLNトゥパマロスは革命による変化を50年も待っていられない人々を集結させた」[※26]

ロセンコフはこの考え方を支持している。米国の政治雑誌「ニュー・リパブリック」のためのインタビューで、ロセンコフは「いつまでも待ち続けるのは不可能なことだった」と語っている。[※27]

「この切迫感が生じたことにより、革命による変化の〝近道〟の形成が促進された（そして今でもそうである）。MLNはゲリラ組織として生まれたが、創設者たちが求めていたのはこの選択肢だった。彼らはこのような状況ではこれこそが最も近道なのだと理解していた」

とガルセは述べている。[※28]

「ゲリラとして発足したのは、当時の状況ではそれ以外の方法は実現不可能であり、無益であり、非効率的であったからだ」

つまりトゥパマロスは、「忍耐力のなさ」の産物であるとガルセは結論付けている。

一方、ムヒカは、このゲリラの出現を、綿密に計画された戦略ではなく、自然な過程であると主張している。

「(1960年代は)自分の政治的将来がどうなるかはわからなかった。それで、いろいろと行動していた。しかし何にせよ、同じことを考え、同じテーマについて思考を巡らす人が、示し合わせたわけでもないのに、さまざまな場所に存在していたということは明らかだ。たとえば『ここでは何も進まない、これでは到達できない』とか、キューバ革命とそれによって生じた課題、あるいは中国とソ連の間のイデオロギー的対立、何も得られない選挙制度などだ。そしてその後数年間で、こういった人々が集結することになる」[※29]

※26…ガルセ。43ページより引用。
※27…筆者によるインタビュー。
※28…ガルセのこの主張に対して、本書のためにインタビューしたMLNトゥパマロスの一部のメンバーから「権力を手にするためにゲリラを組織したのではない」と異議が出ている。
※29…カンポドニコ。64ページより引用。

ムヒカがこのインタビューで述べたように、トゥパマロスが明確な組織となる前であったにもかかわらず、後にメンバーとなる者たちは共通の目的のもとに集まり、当時のウルグアイの選挙制度と政党政治の現実的な可能性について、「何も得られない選挙制度」だと、悲観的な見通しを共有していた。

理論についての議論を重ねてきた者の多くが、今では行動を起こすべきだと考え、現行の立憲体制について問題を提起する方法、そして民衆の指示を得るための方法として、「武力によるプロパガンダ」を選んだ。[※30]

この戦略は功を奏した。その結果、ガルセが定義するように、「骨格を持たない、突然変異の、カメレオンのようなゲリラ」が、「驚異的な政治的コミュニケーション能力」を持って出現した。[※31] そのシンボルとして最もよく知られているのは、5つの頂点を持つ星の中に「T」の文字が入ったものである。

この組織は、その創始者たちが繰り返し主張するように「武器を用いた政治運動」であり、現在に至るまで何らかの形でウルグアイの政治にその痕跡を残そうとしてきた。

歴史家も、政治学者も、そしてＭＬＮトゥパマロスの創始者も、組織の名前が決まったのは１９６６年であることを認めているが、実際に名前が知られるようになったのは

1967年のことだ。

「トゥパマロ（tupamaro）」という単語は、スペイン王立アカデミーのスペイン語辞書に収録されていて、「ウルグアイのゲリラ組織トゥパク・アマルに属する、または関連する」という意味の形容詞であるとされている。だが、ゲリラ組織の名前は「トゥパク・アマル」ではないため、これは誤りである。

この名前は、ペルーにおけるインカの伝説的な反乱指導者の名前である。しかし、王立アカデミーの最大級の辞書にこの単語が収録されたことは注目に値する。

カンポドニコはこの名前の由来について、ホセ・ムヒカと彼の忠実な側近であるフェルナンデス・ウイドブロの2人に質問したが、2人ともその由来はウルグアイの作家による人気小説からきていると答えた。

この小説の中では「トゥパマロ」という単語は独自の使い方がされていて、トゥパク・アマルのようにヨーロッパ人に抵抗した南米生まれの住民を指す。これまでのところ、カンポドニコが唱えた説が最も一般的で受け入れられている。

※30…ガルセ。39ページより引用。
※31…同上、31ページ。

武力闘争と地下活動

1963年に、ヌエバ・エルベシアのスイス射撃協会が襲撃された後、ラウル・センディックは地下活動に入ることを決めた。これは、当局の手を逃れて活動を継続するための条件が満たされたと、このトゥパマロスの歴史的リーダーが確信したことによる。

年月が経過し、運動が強化されていくにつれ、通常の日常生活を続ける一方で、同時に何らかの形でゲリラの結成や活動に協力するという二重生活を始めるメンバーが増えた。

フリオ・リストレはこの状況について、「センディックが身を守れるようになり、闘争についての見通しが明るくなった」と述べている。

リストレは1967年、つまりMLNの誕生とほぼ同じ頃から組織のメンバーであった。ただ、ウルグアイの民主化後に、武闘派との政治的目的の相違により、活動を離れることになった。

リストレは15年以上刑務所に投獄されていたことがある。リストレとホセ・ムヒカはMLNで同じ部隊にいた。ホセ・ムヒカとの関係が始まったのは、その投獄中のことで、

ＭＬＮ加入より前である。

最初期の活動化たちがゲリラの結成に加わったのは、「不公平感」を大きく感じていたこと、そして、農園労働者の深刻な状況に対して、国家や政治体制が何も対応していなかったことが影響している。

そんな活動家たちの中で、リストレは最も早く地下に潜ったメンバーの１人である。

そして彼は、１９６８年に銀行員としての生活に終わりを告げた。

それまでも彼は、法の外に生きる者たちと手を組んできた。「地下活動家には居場所が必要だった」と彼は語っている。彼は、刑務所から釈放されたときには社会心理学の学位を持ち、自分の理念に従い、ムヒカのように極めて質素な生活を送った。


リストレは、本書のために取材に協力してくれることになった。彼がトゥパマロスとしての過去についてジャーナリストに公に話すのは、これが初めてのことである。そして、武器を取るという決断からほぼ50年がたち、彼は、その理由を詳細に説明しようとした。


ＭＬＮの武装プロパガンダ、すなわち自分たちの大義を推進するためには、暴力的な行動が必要という考え方が、このグループに参加した決定的な要因であった。

「それによって、武力闘争の古典的な原理が叩き込まれた」

「武装行動は、意識と組織を生み出した」

リストレは、ラウル・センディックの基本理念の1つを取り上げて、こう述べた。

「他に、(選択肢は)なかった。何度聞かれても、他には選択肢はないと言うしかないだろう」

この70歳の長身の男性は、落ち着いた話し方で、マテ茶を飲みながら微笑んでそう答えた。一方で彼は、この選択が正しかったと言えるのは、当時の歴史的背景があればこそで、現在は、自分が夢見たことが実現しているわけではないが、ウルグアイの民主主義の発展水準を見れば、同じ選択をすることはないだろうと考えている。

1960年代、武力に訴えるという選択肢は「その当時続いていた状況によるものであり、また当時流布していた文書の影響も受けていた」とリストレは強調した。

リストレは活動家としての二重生活を送った。MLNがターゲット層としている社会階層のプロパガンダに貢献し、また、すでに地下活動を進めている仲間たちの支援もしていた。しかし1968年の終わり頃、MLNは彼に、「表の仕事を辞めて、給与を受ける専任の党員になる」ように求めた。

「これに応じなければ、主張に一貫性がなくなる」と、彼は述べている。

リストレはトゥパマロスの多くのメンバーと同様に、「秩序のある生活」に別れを告げた。そして、偽名を使い、「完全に地下に潜伏した活動家の隠れ家」として使われていたアパートで、パートナーと一緒に暮らすようになった。そしてこの2人と一緒に、パートナーの叔母を装った若い女性が住んでいた。それがマリア・エリア・トポランスキーで、ルシア・トポランスキー（ホセ・ムヒカの妻、ウルグアイの上院議員、ファーストレディ）とは双子の姉妹にあたる。

リストレは「第十縦隊」の隊員、つまり政治担当も務めた。これはMLNへの加入を希望する集団との調整を進め、MLNの政治的な「方針」を伝えるのが活動内容である。

リストレは、自分が参加した武装行動の詳細は話そうとしなかったが、1960年代半ばのMLNの日常的な活動の詳細については語ってくれた。そして、誘拐した人と身代金の交換場所として利用した家を放棄する際の後始末など、いくつかの任務についても言及してくれた。しかし、死傷者を伴う銃撃については、決して話さなかった。これは本書のために取材した他のメンバーも同様だった。

リストレは、1969年に投獄される。だが、1971年には脱獄計画に加担し、その結果、当時モンテビデオの住宅区域にあったプンタ・カレタス刑務所から111人の囚人が脱走した。そのうち105人が、トゥパマロスのメンバーで、6人は一般の囚人だった。この事件は本や映画の題材にもなっているが、詳しくはChapter 4で取り上げる。

ゲリラによる戦争

トゥパマロスが実行してきた武装行動は数多くある。いくつかは目を引くものだった。その中で最も有名なのは、1969年10月8日のパンド市の占領だろう。それはアルゼンチン出身のキューバのゲリラ戦士、エルネスト・チェ・ゲバラがボリビアで死亡してからちょうど2年後のことである。そして、MLNにとって模範であり影響力の強かったゲバラに敬意を評しての企てだった。

この侵略は、トゥパマロスの兵站力と組織力を示すことを目的としている。その準備に先立って、モンテビデオの中心部から30キロ離れた、幹線道路のそばに位置するこの都市を複数回にわたって偵察している。

ムヒカは、ラウル・ガジナレスが運転するバイクでモンテビデオに移動している最中に、ガジナレスに「マルティン、今こそ準備しておくべきことがある」と語りかけた（「マルティン」とはガジナレスがMLNで名乗っていた仮名である）。

「それは、何だ？」

「パンド市を占領する」

「そいつはすごいな！」

ガジナレスは思わずバイクを加速させた。大きな転機が訪れたのだ。1969年にMLNに加わり、ムヒカの第十縦隊の武装組織に直接入隊したガジナレスにとって、それまでに関与してきた中で最も大規模な行動である。

勢力誇示のため都市全体を占領し、銀行を強盗して金を手に入れ、警察署に押し入って武器を強奪する。これは、マルティンがホセ・ムヒカの指揮の下でこれまで参加した作戦を、はるかに超える規模のものとなる。

2人は同じバイクに乗ってパンドへ向かった。

ムヒカとガジナレスは作戦の前に、この地域を探索した偵察チームの一員だった。彼らの部隊は現地の通信施設を占拠する任務を負っていた。これが成功すれば、ゲリラが作戦を成功させるために重要となる地点を支配できる。そして、市内の銀行に向かった襲撃部隊が、金を手に入れるための時間を稼ぐ。このためには、電話通報が1件たりともないようにしなければならないのだ。

2人が市内の探索を終えて、パンドの出口に向かうと、交通警察隊が配置されているのを見つけた。ムヒカは、ガジナレスに向かって「これはまずいな」と声をかけた。ムヒカは警察の注意をそらすため、そして必要があれば妨害するために「タイヤが壊れた車でも前に置いておこうか」と考えた。その少し前には、作戦終了後に第十縦隊のメンバーたちを逃がすための脱出ルートが選定されていた。

この大規模な侵攻に参加するメンバーの多くは、当局の捜査の対象になっている。だからこそ、市内に侵入するにあたっては、逮捕されないようにする必要があった。当時、ウルグアイの治安体制は厳しく、少しでも疑われれば、計画は頓挫しかねない。自分たちの存在に気づかれないようにする必要があった。さらに、警察官の目を引く行動は避けなければならない。この状況を解決するための奇策として、空の棺を運ぶ葬列を組むという方法が考えられた（運ぶものは骨董だったという人もいる）。

このために、彼らはアルゼンチンにいるウルグアイ人の遺体を「本国送還」すると偽って、有名な地元の会社と契約し、遺体の移送と、パンドの近くにあるソカの墓地での葬儀と埋葬を手配した。この場所に行くには、目的地のパンドを経由する必要がある。そこで運転手を降ろし、各隊員は各自の目標に向かって進む。行列を先導する霊柩車には、遺体は入れず、密閉した棺を積んだ。重さをチェックされる場合に備えて、棺の中にはジャガイモを詰めた。棺を覆っていた花冠には、亡くなったことになっている人の名前を記す。選ばれた目的地にも、トゥパマロスから花冠を送った。

ウルグアイは、表向きは世俗主義の国である。

しかし、現地の交通状態はほぼ無秩序であるにもかかわらず、葬列に対しては、運転手も歩行者も崇拝に近い敬意を払う。途中、葬列はモンテビデオの東、マルドナド通りにある兵舎の前を通った。そこでは、この春の日に暇をもてあましていた警備員が、トゥパマロスによる偽の葬列に敬礼をした。この葬列に、当局が全力で捜索している逃走犯が混じっているとはまったく気づいていなかったのだ。

こうして、遺族に変装したトゥパマロスはパンドに到着し、輸送手段を確保し、5人の隊員がそれぞれの目的地に向かった。ムヒカとその部下は計画通り、作戦の最初の段階として市の電話交換局を占拠した。ムヒカは、買っておいたハサミでケーブルの類いをすべて切断する。たとえ接続されていないケーブルも、念のため切っておいた。

第十縦隊は任務の完了後に、他の隊員に連絡する必要があった。ガジナレスは、行列の車両の1台に乗り込んでライトを照らし、あらかじめ決めていたように、各チームの前を通過していった。このライトが、銀行と警察署を占拠して強奪を始めるための合図である。

電話が使えなくなってしまった妊婦が、電話交換局にやってきた。優しく声をかけられたこの妊婦が中に入ると、第十縦隊のメンバーたちが現状を説明し、椅子に座らせた。若くて頼りなさそうな警官が、不運にもそこに通りかかった。「あいつを拘束しろ」と、ムヒカは見張りのため入り口にいた仲間に指示した。「いいか、放っておいたらどうなると思う？　拘束しろ」。隊のリーダーの命令はすぐに実行に移された。隊員たちはこの警官を壁に叩きつけ、交換局の中に乱暴に連れ込んだ。正面の建物から、その光景を眺める学生もいた。時間はだんだんなくなってきている。ムヒカは、「この妊婦がやってきたのが、これだけ早かったのだから、『何かが、おかしい』と気付いた人が、他にもいるだろう」と懸念した。実は彼らは、それぞれの場所での強奪にかかる時間について、あまり考えていなかった。即興で解決すべき問題が1つ増えることになったうえに、ムヒカは即興が得意ではなかった。そして事態は、さらに複雑になる。

パンドの占領により、襲撃した銀行から多額の現金を手に入れることができた。

しかし、作戦は完全に失敗だった。警察の各拠点は占拠したものの、ムヒカの予言が的中したのだ。通信を遮断した結果、トゥパマロスの隊員たちは孤立することになってしまった。さらに、近隣住民が無線で警察に通報した。最終的には銃撃戦となってこの作戦は終わりを告げた。

これにより、トゥパマロスのメンバー3名と警官1名が死亡した。さらに、一般市民1名が銃撃に巻き込まれて死亡している。その原因が警察側とトゥパマロス側のどちらの銃撃であったかは不明であるが、いずれにせよ、一連の行動のきっかけをつくったのはあくまでゲリラ側であり、この一般市民の死について責任を負うべき立場にある。

隊員の1人が銀行から脱出するにあたっては、地下室に残って人質を見張っていたメンバーを置き去りにしてしまった。許されない見落としである。置き去りにされたメンバーは駅まで歩いたが、見つかって逮捕された。

当局に拘束されたゲリラのメンバーは全部で20人である。逃走計画は大混乱に陥って終わる。連絡を取り合うことができなかった各隊は、警察が到着した後はそれぞれの判断で動かなければならなかった。

逃走のためには2台のトラックが用意されており、それぞれの運転手には、この作戦の参加者を危険地帯から脱出させるための待ち合わせ場所が指示されていた。騒動が市内の広い範囲に及んだことにより、一部の車両はその場所から離れてしまい、トラックのうち少なくとも1台は行き先を見失って迷走を始めた。

参加したすべての隊の中で、最も順調に脱出できたのはホセ・ムヒカが率いる隊である。ムヒカは、仲間のガジナレスとともにパンドを入念に探索していたため、逃走経路を誰よりもよく把握していた。さらに、細心の注意を払って作戦に臨んだ結果、ムヒカの隊では死傷者も逮捕者も出なかった。他のトゥパマロスのメンバーは、警官隊が大挙して押し寄せてきたのとは反対の方向に逃げ、何とか脱出に成功した。

この作戦は、トゥパマロスの中でもさまざまに評価されている。本書のために取材したメンバーの一部は、トゥパマロスにとって大失敗であったはずのこの作戦に一種のロマンチシズムを感じ取っている。しかも、その日に警察との衝突で命を落としたMLNトゥパマロスのメンバーを称賛さえしている。

一方、MLNにとって成功とされた他の作戦を経験しているメンバーは、この作戦について批判的であり、パンドの占領は計画が不十分で、トゥパマロスにとっての損害が大きすぎたと考えている。特に、逮捕されたメンバーの数が非常に多く、その中に重要なメンバーも含まれていたことを問題視している。

まさに総崩れだったといえる。

「とにかく一斉に逃げる必要があった。自分の身を守るので精一杯だった」と語るのは、ゲリラの元メンバーで、現在は組織から離れている人物で、名前を明かさないことを条件に取材に応じてくれた。

トゥパマロスは、さまざまな観点から武力闘争を正当化した。しかし、それを支持するウルグアイ人は多くない。このような状況で、トゥパマロスは資金を得るための銀行襲撃や、権力者との不正な取引を明らかにする文書を入手するための金融機関襲撃を積極的に進めた。さらにトゥパマロスは「処刑」も実行していた。対象者には、居酒屋「ラ・ビア」にムヒカがいたことを通報した警察官のように、トゥパマロスが「密告者」と見なした人々や、アメリカ人のダン・ミトリオーネのような拷問者たちがいる。また、農村労働者パスカシオ・バエスのように、罪もないのに殺された人もいる。バエスは働いていた畑でトゥパマロスのメンバーの隠れ場所を見つけてしまったために、麻酔薬のペントタールを注射された。バエスの暗殺は、トゥパマロスでは重大な過ち、「非道」、あるいは「戦争犯罪」とさえ認識されている。[※32]

ウルグアイが民主化してから30年にわたり何千回も尋ねられてきた質問として、「トゥパマロスは、武力で権力を掌握することを望んでいたか」ということがある。

ゲリラの元メンバーたちによる多数の証言で、彼らの目標は、民衆とともに権力を握ることであったことがわかっている。逆に言えば、民衆は、当然の権利としてあるはずの権力を奪われていたということになる。そしてこれは明らかに、1960年代のウルグアイにおいて理論的最高指導者であったラウル・センディックによる政治的闘争の考え方からきている。これが、決断を正当化する理由の最大のものであった。

この見解は、社会が根本的に持てる者と持たざる者に二分されていることを前提としている。センディックとその信奉者たち（ホセ・ムヒカもその1人である）にとって、それは物理的な対立にまで至った階級闘争の純粋な定義であった。

※32…トゥパマロスのリーダー、ホルヘ・サバルザに対するインタビュー（1999年11月）。

このゲリラ集団にとって、このような議論を社会全体に伝えることは簡単ではなかった。民主主義の到来後は、より詳細な定義が広く知られるようになったが、独裁政権前の数年間、トゥパマロスが外国の外交官や高官の誘拐を多く行っていた時代でも、彼らは自分たちの考え方を明確にしたいと考えていた。

「我々が武力闘争の道を選んだのは、被支配階級に権力の座が脅かされていると考え、武力を使ってでも権力の座にしがみつこうとする連中を、その座から排除するために有効な方法はそれしかないと考えたからだ。（中略）言い換えれば、武力闘争の道を取るということは、その方法でなら、自分は労せずに利益や特権、特典が得られるために権力に執着する者たちを権力の座から排除できるという確信が得られたということだ」

この考えは、選挙で選ばれた政府に対して、武装蜂起するという決定をトゥパマロスが下した理由として最も正当性の高いものだろう。この言葉は、１９７０年10月にキューバの国営通信社プレンサ・ラティーナが発表した「よく推敲された」レポートに記載されていたものだが、このレポートは、作家のマウリシオ・ロセンコフが、キューバでフィデル・カストロと会った後に仮名で寄稿したものである。[※33]

ムヒカは、それより前に銃撃を受け、この時点では投獄されていた。

トゥパマロスは、「キューバのような」革命を起こしたかったのだろうか？

この質問の答えの一部は、管理体制と組織構造を強化した後にトゥパマロスが取った行動を分析すれば見えてくる。「(1960～1970年代において)トゥパマロスがそれ以外の左派と異なる大きな点は、政治的な目的ではなく手段が重要であったという点だ。トゥパマロスはまさに、方法の問題を原点として組織化され、差別化を果たしたのだ」とガルセは断言した。[※34] つまり、武力闘争を選んだということだ。

トゥパマロスは、当時のラテンアメリカ諸国の政府は米国の利益と地元のブルジョアジーの利益のために動いていたと考えていた。「この問題に対するラテンアメリカの関心は(中略)明らかだ」とロセンコフは語り、[※35] さらに「我々が達成したのは(中略)ある方法の強制。具体的には、革命的変化を促進または強制するための武力闘争の方法だ」と付け加えた。[※36]

MLNは、転覆の標的となる政府の拠点に対して自分の勢力下にある地域から攻撃を仕掛けるという地方型ゲリラはウルグアイでは不可能であると悟っていた。このようなゲリラの方式はコロンビアのFARCが数年前まで取っていたものである。

※33…プレンサ・ラティーナが発表。『プント・フィナル』第116号の増補より引用。サンティアゴ(チリ)、1970年10月27日、67～70ページ参照。
※34…ガルセ。30ページより引用。
※35…「トゥパマロスと政府、衝突する二つの勢力」。プレンサ・ラティーナが発表。『プント・フィナル』第116号の増補より引用。サンティアゴ(チリ)、1970年10月27日、3ページ。
※36…同上。

トゥパマロスは都市型ゲリラで、敵対する政府の勢力圏内で活動していたラテンアメリカでも稀有な存在である。

「この運動の路線は、政権に対して組織的に嫌がらせをするというものだ」とロセンコフは説明した。[※37]

また、フィデル・カストロが進めてきたプロセスでは、当然のこととして、この革命指導者が政府の長の座についたが、トゥパマロスは（少なくとも表向きには）メンバーのいずれかを政府の長にするつもりはなく、必要であり、ほぼ不可避ともいえる「変革」の推進者として行動することにしていた。

彼らは、不満を持った人々の「武装した先兵」を自認し、その行動によって、当時の政府と同等の権力が確立されたと考えるようになった。そのためには、ウルグアイ人の間での支持が今まで以上に必要であった。

「最終的な目標（中略）は、あくまで人々とともに権力を握ることだった」[※38]

しかし、その目標は達成されなかった。モンテビデオを主要拠点として情報発信、支援、連携の体制を拡充してきたにもかかわらず、自分たちの過ちや疲弊、敵の攻勢、さらにグループ内で離反があった結果として、トゥパマロスは敗北した。

※37…同上、2ページ。
※38…同上、3ページ。

暴力の過激化

1970年代初頭までに、MLNトゥパマロスの主だった指導者はみな刑務所に入れられていた。トゥパマロスのロビン・フッド的な行動は、一部のウルグアイ人から一定の共感を得ていたが、これで、意思決定をすることが難しくなっていた。そしてゲリラの上層部が刑務所にいるため、刑務所にいないメンバーが自立して行動するようになる。その多くは経験が乏しいメンバーたちである。

MLNトゥパマロスの所属員たちから見れば、そのようなメンバーによる決定のせいで、これまで社会の一定の層にある程度受け入れられていたトゥパマロスの主張や支持を失うことになり、組織を壊滅状態に追い込むことになった。刑務所で、エレウテリオ・フェルナンデス・ウイドブロは、他の囚人たちに「組織はあの〝苦労知らず〟の世代に奪われた」と話している。[※39]

実際、MLNはこの時期に最も暴力的な行動を実行に移し、政府に圧力をかけるために

※39…フェルナンデス・ウイドブロと同時期に刑務所にいた囚人の証言。

誘拐にも手を染め、ホルヘ・パチェコ・アレコ政権の転覆さえ企てた。

ウルグアイで、公式には米国国際開発庁（USAID）公安局員とされていたダン・ミトリオーネを誘拐して殺害したことで、トゥパマロスの状況は悪化する。ジョージ・ワシントン大学の国家安全保障公文書館のデータによると、ミトリオーネは「ウルグアイ警察における米国からの最高のコンサルタント」だったという。

最初は警官、次にFBI捜査官の職務を務め、最後は対ゲリラおよび拷問の手法に関するコンサルタントとしてCIAで勤務していた。彼が誘拐されたのは1970年7月31日で、10日間監禁される。MLNは、政府に対して交渉期限を設け、投獄されているトゥパマロスのメンバーの釈放を政府に求めた。そして政府がこれに応じない場合は、ミトリオーネを殺害すると通告する。しかし、フェルナンデス・ウイドブロをはじめ、投獄された指導者の一部はこれが間違いであると考えた。その見解は、与野党や米国からミトリオーネの解放のため圧力がかかっても「パチェコ政権は、自分のソースで料理する（他者の指図は受けない）」ということ。[※40] また、「（投獄されたトゥパマロスのメンバーとの）交換の交渉中で、ミトリオーネが殺されていないと知ったとき、我々は『何と馬鹿なことを』と口にした」という。[※41]

米国政府は、ミトリオーネの命を救うための圧力をかける方法として、「センディックおよび、その他のMLNの主要囚人」であるトゥパマロスの囚人を「殺害すると脅迫する」

よう指示した。[※42]

当時の新聞は、トゥパマロスが指定した期限の直前の数時間について、映画のような緊張感が漂う記事を掲載している。１９７０年8月11日の早朝、ミトリオーネの遺体が米国製コンバーチブルカーの中で発見された。遺体は目隠しがなされ、銃弾による傷も複数見られた。[※43] 政府は、全国的に哀悼の意を表するよう命じる。そしてトゥパマロスは、自分たちの理念に積極的には賛同しないものの、彼らを支援したり、少なくとも彼らの行動理由を理解しようとしたりする人々の支持を失った。左派活動家に対する、いわゆる「死の部隊」の活動は倍増した。[※44]

リストレによれば、この時代は「ポレンタ（力）」のある「若者の大量採用」が行われ、その未熟さゆえに「不用意に」行動してしまうこともあったという。つまり、「政治的指導者は刑務所の中にいて、刑務所の外にいる人間が実行者となった」のだ。

※40…フェルナンデス・ウイドブロ。『武器から投票箱へ』。ヘラルド・タグリアフェロ。１１３ページより引用。
※41…同上、１１４ページ。
※42…「ダン・ミトリオーネを救うため、ニクソン政権がウルグアイの囚人に対する殺害の脅迫を要求」。国家安全保障公文書館。電子書籍３２４番。２０１０年8月11日に発表。著者：カルロス・オソリオ、マリアンナ・エナモネタ。クララ・アルドリギの協力による。<http://www2.gwu.edu/~nsarchiv/NSAEBB/ NSAEBB324/>に掲載。
※43…この事件についての詳細な報告は数年後に新聞記者のセサル・ディ・カンディアによってなされている。その内容は<http://historico.elpais.com.uy/Especiales/golpe/9.asp>に掲載されている。
※44…43と同様。

ムヒカは、「この時期は、ゲリラ運動が目的を見失い、転落のきっかけとなる一連の行動を起こした」と考えている。

「かつて、MLNの武装プロパガンダが共感を集めていた時期があった。その後、言動に劇的な要素が増えてくると、人々の間で恐怖感や拒否感が生じるようになった。(中略)もはや戦略なんてものはない」[※45]

1973年、ウルグアイで最後のクーデターが発生した。トゥパマロスの公式発表によれば、メンバー数はさまざまなレベルの協力により約1万人に達していたとされているが、創設者の1人であり、トゥパマロスについて書かれた文書の大半を執筆したエレウテリオ・フェルナンデス・ウイドブロが述べているように、このゲリラ組織は完全な敗北を喫した。[※46]そのメンバーの多くは刑務所に入れられ、他のメンバーは追放された。完全な敗北である。

しかし彼らは15年後に再び政治の世界に姿を表して、人民参加運動を結成する。この組織は、新しい時代に適応し、武器も銃も使わず、2010年にホセ・ムヒカが大統領になるための基盤を築いたのだ。

※45…カンポドニコ。136ページより引用。
※46…1998年制作の大学ドキュメンタリーでの作者インタビュー。

ムヒカは人を殺したか

実際ムヒカは、ゲリラ活動の中で、人を殺したことがあるのだろうか？　この疑問は当然である。ウルグアイ大統領としての融和的なメッセージと平和主義的な主張で、国際的な名声を得た状況では注目すべきだろう。本書の調査では、大統領が人々の死に直接関わったと明確に判断できるデータは見つからなかった。[※47]　しかし、MLNの歴史を振り返り、組織におけるムヒカ個人の経歴をたどってみると、この質問には意味がないことは明らかだ。ムヒカは、このゲリラ組織において武力闘争の指導者の1人だった。この組織は

※47…ウルグアイでは、選挙の時期になると、ムヒカが処刑命令を出したかどうかについての議論が持ち上がる。野党コロラド党の下位組織フォロ・バジスタが発行する「コレオ・デ・ロス・ビエルネス」誌は、ムヒカが勝利した選挙における選挙運動期間中にあたる2009年9月25日金曜日の号で、ムヒカを「破廉恥」「嘘つき」「人殺し」と評している。以下は同号において、ムヒカがバー「ラ・ビア」にいたと告発したホセ・レアンドロ・ビジャルバの処刑命令を出したことを指摘する記事の原文の一部を以下に示す。「MLNトゥパマロスの指導者であるムヒカはビジャルバの〝処刑〟を命じ、1971年1月10日には6人のテロリストによる部隊がビジャルバを殺害した。その遺体の上には『告発の報い』と記された紙が置かれていた。ムヒカは、この殺人について完全な民主主義の裁判官によって裁かれ、後に有罪判決を受けた、唯一の被告人である。したがってムヒカは、拡大戦線による共和国の大統領を目指しているが、破廉恥なだけでなく嘘つきであり人殺しだ」。記事「迷走するムヒカ、殺人罪で有罪判決」。「コレオ・デ・ロス・ビエルネス」誌。第8年第2期、324号。<http://www.correodelosviernes.com.uy/insumos/correoviernes324.pdf>に掲載。

集団として行った武装行動の中で、罪のない人々の命を奪う道をたどり、そして実行している。MLNの運動によって死者が出たことについて、作戦に参加したムヒカの責任を問わないことは不条理であるが、直接死に至らしめた銃弾が、ムヒカ本人の銃によるものかどうかを特定しようとするのも無意味なことだ。それはウルグアイが戦時下にあったこと、戦争とは死が上演される舞台であることを忘れていることを意味する。

ムヒカは、殺していない。それ以上でもそれ以下でもない。だがムヒカが無罪になるわけでもない。ムヒカは、MLNトゥパマロスの中心的なメンバーであったのだ。ムヒカ自身、ジャーナリストのミゲル・アンヘル・カンポドニコと、マルドナド県の農業施設での農村労働者パスカシオ・バエスの処刑という複雑な出来事について話したときには、こうした態度をとった。バエスの遺体は腐敗した状態で発見されている。この遺体の発掘の写真は散発的に世に出たが、特に選挙運動期間中に多く出回った。

ムヒカはその処刑について「情状酌量の余地はない」と述べたが、一方で直接的な責任は回避している。彼は、「どのように決められたのかはわからない」と説明しているが、一方で、「暗殺を実行した部隊に、本部からの代理人がいたため、決定は本部によってなされたのだろう」とも述べている。「責任は同じ。この労働者を死なせたことは、正当な理由のない愚行だった」と、彼は結論付けている。※48

ムヒカはさらに、バエスの処刑が「MLNにとっての政治的な誤り」といえる点について分析した。労働者を殺害したこと、それが素朴で極めて温厚な人物であったこと、一般民衆であったこと。つまりバエスは、本来、トゥパマロスが守るべき層の人間であったということだ。矛盾は否定しようがなく、バエスの死は正当化できないものだった。

このインタビューで、ムヒカは、国家に対する戦争を繰り広げていた組織として、MLNが間違いだったと認めていない他の処刑について、自分にも共同責任があると認めた。「我々が意図的に行った処刑は、確かにあった。たとえば、ダン・ミトリオーネの場合や（警察署長のヘクター・）モラン・チャルケーロの場合などだ」

この2人は、拷問を実行した責任があると考えられていたという。[※49]

本書のために私がインタビューした元ゲリラは、このような処刑についての決定は、常に組織の上層部が行うものだと説明した。

※48…カンポドニコ。139ページより引用。
※49…同上、140ページ。

武装活動～今も残る意見の対立

議員のセバスティアン・サビーニは、歴史の教師である。彼は34歳のとき、モンテビデオ近郊のラス・ピエドラス市に住んでいた。彼の政治的キャリアは、ウルグアイの大統領が率いるグループである人民参加運動（ＭＰＰ）内でも群を抜いている。

学生の抗議行進に参加し始めたのは、１９９０年代半ばのことだった。左派系の家庭の出身である彼がＭＰＰに接近し始めたのは、ＭＰＰの政治のやり方が他の政治勢力よりも積極的で、包括的であり、民衆に近いことに親近感を感じたからだった。

私は、マリファナ規制法案の共同作成者であるサビーニにインタビューしたことがある。しかし、トゥパマロスが始めた政治運動に関して私が興味を持ったいくつかの問題について、彼と話す機会は一度もなかった。その問題の1つとして、ＭＰＰの活動家であるムヒカが率いる政治組織のメンバーは、自分たちのことをどう見ているのかが挙げられる。

サビーニによれば、ＭＰＰの活動家というものは、次のようになる。

「路上でも、市場でも、家屋でも、広場でも、組織のために任務を遂行する覚悟をしなければならない。その目的は個人のレベルを超えるもので、自分たちが組織内で今いる場所よりはるか先に集団を生み出すことを目指すものだ」

ＭＰＰはムヒカの影響下にあり、街頭集会を積極的に開催し、主要な指導者や熱心な活動家が自分たちの考えを説明し、政府による行政に批判的な人物を非難している。

つまり、党派のリーダーが公衆の前に姿を見せるという従来型の政治活動とは違う形式をとっている。このような形での有権者との関係構築は、政治家は市民であり、状況次第で市民も権力の座につけるという前提の下でトゥパマロスの躍進に貢献し、最終的にはウルグアイの政治にこの方式が浸透することになった。

サビーニは、ＭＰＰの典型例ともいえる人物だ。服装はジーンズ、スポーツシューズ、Ｔシャツといつも同じで、その服装で議員として国会に出席する。持っている衣服も少なく、ズボン2着とシャツ数着だけで、従来のようなスーツとネクタイを着用した政治家のイメージとは正反対である。

これについてサビーニは、次のように説明している。

「ＭＰＰの大部分は一般民衆だ。我々は労働者であるか、労働者の子だ。我々は金持ちではなく、名家の出身でもなく、社長でもない。政治に興味がある一般市民だ。それが現在いちばん重要なことで、ペペが伝えてきたことだ。政治に携わる人々は、奉仕の使命を持たなければならない。政治が個人に奉仕するのではなく、個人が政治に奉仕するのだ。それも非営利の政治のために。そしてこれは『しなければならない』だけではなく、『していることを見せなければならない』」

議会にある彼のオフィスに行くと、MPPやその歴代の闘士たちとの政治的なつながりがはっきりと見てとれた。彼のオフィスのドアの廊下側に、センディックが描かれたポスターが貼られていたのだ。その隣にも似たような白黒のポスターがあった。こちらにはチェ・ゲバラが描かれている。

この若い議員は、ムヒカを「ご老体」と呼び、「神話的」人物であると評した。当時、大統領であったムヒカを惜しみなく称賛し、ムヒカが、現在のサビーニの年齢の頃に武器を取ろうと決断したことについても高く評価した。彼がMPPに接触した頃、彼が見たのは、自分の信念と、連帯と革命の目的のために命を賭けた人々で、何年も刑務所に入れられ、拷問を受け、それでも戦い続けることを選んでいる。

「人々の中にペペもいた。彼らは刑務所からなかなか出られず、家に帰り着いたときには不平を漏らし、何もかもが間違いだったと口にするようになった」

「活動家にとって重要なことは、忍耐力、犠牲の精神、そして目的達成のため働き続ける覚悟を持つこと。それはぺぺにとっても重要なことの1つだった。彼は常に闘士であり、旗を降ろしたことは1度もなかった」

このように、サビーニは語った。

私は彼に、政治的大義を擁護、または推進する手段としての暴力の使用について、意見を求めた。すると彼は、こう主張した。

「これを議論すると、アパリシオ・サラビア[※50]が武器を取ったこと、ホセ・バジェ・イ・オルドニェス[※51]が武器を取ったこと、そしてこの国が武力闘争によって築かれたことが忘れられてしまう。19世紀全体が血に染まった世紀だったのだ。ウルグアイの武力闘争は、トゥパマロスとともに現れたと思われることが多い。また、ウルグアイでは武力を伴う権力闘争が伝統的に続けられてきた」

1960年代と1970年代には、経済的および政治的危機の中で、学生が殺され[※52]、

※50…アパリシオ・サラビア(1856～1904)。ブランコ党の革命指導者。1904年の戦闘で負傷し、10日後に死去。
※51…ホセ・バジェ・イ・オルドニェス(1856～1929)。コロラド党党首。1903年から1907年、および1911年から1915年まで大統領を務めた。
※52…1968年に獣医学生のリベル・アルセが警察による銃撃を受けて死亡したことを指す。

労働者が殺された。さらに、体制に対する不信感も大きかった。

「当時、このような状況にあって（武装闘争は）有効でわかりやすい選択肢だった。（中略）今日、アメリカ大陸は別の方向に進んでいる。我々は暴力のために暴力を振るっているのではない。我々は平和主義者だ。しかし、攻撃を受けた村も存在するのだ」

ウルグアイの若きムヒカ信奉者たちは、彼がしたことをこのように見ている。

その見方は、他の政党のメンバーである他の多くの若者とは対照的である。そして、当時における政治の中心人物たちの一部とは間違いなく正反対である。

彼らは、MLNが民主国家や立憲体制を揺るがした集団であると見なし、撲滅しなければならないと考えていた。

MLNトゥパマロスの創始者であるセンディックが逮捕されたとき、ホルヘ・バジェ[※53]が社長で、フリオ・マリア・サンギネッティ[※54]が副社長であった新聞「アクシオン」紙は、軍の行動を称賛する社説を掲載した。

この社説は、トゥパマロスとその存在意義に関する当時のウルグアイ社会の見解の相違を示すもので、現在でも大きな関心を集めている。

「軍は実に有能であり、その専門性と規律を繰り返し実証してきた。そのことは知っておくべきだ。ウルグアイ軍はその名誉ある伝統を維持しながら戦争の重荷に耐えてきたのだ

から。軍には貴重な支援があった。民衆が静かに、しかし何にも縛られることなく、自分たちのやり方で協力したのだ」[※55]

このコロラド党の新聞の社説は、フアン・マリーア・ボルダベリーが率いる当時の政府を称賛した。

ボルダベリーは1973年にクーデターを実行し、民主主義体制は消滅した。

「アクシオン」紙の社説では、トゥパマロスが明らかにした問題の一部について、その存在を認めている。

「繰り返すが、このウルグアイの流血の過程は、対処が必要な問題と関係している」と語り、「不正、破廉恥」といった表現もしている。[※56]

ウルグアイの社会、そして、少なくとも各派閥は、基本的には同意しているように見えた。しかしその方法について、同意は得られなかった。多くの人がトゥパマロスと戦ったことを支持し、それ以外の人がトゥパマロスそのものを支持したのだ。

※53…ホルヘ・バジェ。2000年から2005年まで大統領。コロラド党所属。
※54…フリオ・マリア・サンギネッティ。大統領として1985年から1990年にかけて民主化を主導し、1994年に再選されて1995年から2000年まで統治。
※55…「センディックの転落」。「アクシオン」紙。第22年、8114号、1972年9月1日(金曜日)。
※56…同上。

政治～トゥパマロスが民主主義に復帰

1980年、ウルグアイの独裁政権は国民投票を呼びかけた。国民は、現行の体制の継続を認めるかどうかを投票により選択することになった。軍は武力で打ち立てた政治体制を正当化するため、体制の改革を行ったが、それはウルグアイ国民の自由にほとんど貢献しないものだった。多くの国民がこの投票に参加した。メディアでの宣伝については不公平が見られたものの(軍による憲法改正案に反対する可能性がある政党指導者には、メディアで使えるスペースが最小限しか認められていなかった)、この投票で独裁政権は敗北を喫した。投票者のほぼ60%が「NO」と書かれた投票用紙を封筒に入れ、軍による政府の計画の継続と進展に反対の意を示した。

それが、独裁政権の終わりの始まりとなった。検閲と弾圧は何年も続いてきたが、それにもかかわらず、ウルグアイ国民は軍に対して、民主主義の自由を何よりも優先する意思を示したのだ。1980年代の初頭は、国の経済を崩壊に導いた独裁政権に対して独自の形の抗議活動が目立った。その後、ウルグアイはインフレ率の急上昇、失業、人手不足に直面する。ウルグアイ国民は、匿名での抗議を続けた。私は今でも、日没とともに闇夜に紛れて行われた初期の「カセロラソ」のことを覚えている。親も子も、家族全員が家の明かりを消して、鍋を叩いて独裁者への軽蔑を表現した。恐怖は間違いなくあった。しかし、「カセロラソ」をしなかった人でも、隣人の行動が明るみに出ないよう明かりは消していた。それは、終わりが近づいていた独裁政権に対する平和的な抵抗の形だった。

トゥパマロスのメンバーやその他の政治犯は、まだ刑務所に収監されていた。亡命者はまだ帰国できず、ウルグアイ国民の大多数は、1973年以降に実施された弾圧の規模を知ることができなかった。女性も男性も嫌がらせや屈辱、暴行を受け、拷問されて死んだ。処刑された者もいる。ウルグアイ国内や周辺諸国で姿を消した者もいる。

当時、ウルグアイは「コンドル計画」として知られる協力体制に参加していた。この戦略は、コーノ・スール（南米大陸の南部）諸国の独裁政権によって構築されたもので、情報共有により、この地域で脅威と見なされる左派活動家や政治家を逮捕あるいは排除できるようにすることを目的としていた。この枠組みでは、ある参加国で拘束された人は、秘密裏に別の参加国に移送され、移送先の軍当局が自由に取り調べることが可能になる。この作戦により、有力な政治家の排除や投獄が組織的に行われた。その結果、拘束された母親から生まれた乳児の誘拐も発生し、その多くは今でも行方不明である。

ウルグアイは、1984年11月に行われた選挙で、独裁体制からの脱却を始めた。ただ、この選挙への立候補が可能だったはずの人の中には、独裁政権により追放された人もいたため、その全員が参加できたわけではなかった。

政治犯は、1985年3月に恩赦法に従って釈放される。この法律には、犯罪を起こしたゲリラメンバーや活動家の罪を免除するという条文が含まれている。[※57]

ウルグアイに民主主義が戻ると、トゥパマロスが政治活動に復帰できるかどうかは、たった1つの決定、すなわち武器を放棄できるかどうかにかかっていた。

1960年代と1970年代初頭の政治闘争に参加した人でもそうでない人でも、ウルグアイ国民として戦争状態に戻りたくないことは明らかだった。隣国のブラジルとアルゼンチンで民主的な開放が実現したことで、政治に武器を伴わない民主主義に回帰するという考えが大きく前進した。そしてトゥパマロスもそのことは知っていた。それも、刑務所を出るより前から……。

ほぼ9年間、居場所を転々と変えながらひっそりと生きてきた後、解体された自由解放運動の指導者たちは「人質」のように、モンテビデオ近くのサンホセ県のリベルターにあるリベルター刑務所に移送された。このトゥパマロスの指導者たちは「自由な囚人」と呼ばれ、警備員と緩い接触を持ち始めた。警備員は数年間、外界のニュースを届けてくれた。彼らは外界と交流することもできたのだ。

独裁政権の弱体化のニュースや報道を見て、刑務所での生活が終わる可能性が出てくると、釈放された後はどうするかという問題を考えるようになる。

刑務所に入る前、何年もの間、彼らは隠れて暮らしていた。彼らは「武装プロパガンダ」時代に危険な行為を犯し、一定の人気を博したが、暴力行為で血を見る結果が生じ、罪もない人が命を落としたことが、彼らにとっての逆境を招くことになった。活動家の数は数千人にも達していたが、１９６６年の創立から約20年たった今、そのうち何人が「オルガ」※58の理念に忠実であるのかはわからなくなっていた。

※57…１９８５年3月の法律第１５７３７号の第1条により、「１９６２年1月1日以降に発生した、それらに関連するすべての政治的、一般的、および軍事的犯罪の恩赦」が布告されている。この条文は、これまでの歴史にいったん幕を引き、非人道的な行為を行った活動家を無罪とする構想の基礎を築くことを目的としている。この構想は１９８６年に「国家の懲罰的請求の失効」として知られる法律第１５８４８号が承認されたことにより完成した。この条文は「１９８５年3月1日までに発生した犯罪に関する国家の懲罰的請求の行使が失効したことを認めている」。この法律を無効にするための国民投票が2回実施されているが、どちらの投票でも反対票が賛成票を上回った。２０１１年、与党の拡大戦線は、失効法の「解釈的」法律第１８８３１号を議会で承認させた。この法律は、その最初の条項から「１９８５年3月1日以降に、国家的テロリズムが適用された犯罪に対する国家の懲罰的請求」を復活させた。以前、米州人権委員会（ＩＡＣＨＲ、米州機構内の組織）は、失効法は「人間の権利と義務に関するアメリカ宣言」に組み込まれた「司法の権利」の概念と「相容れない」と結論付けていた。ウルグアイは米州機構の参加国としてこの宣言を順守している。米州機構はウルグアイに対し、失効法の対象となる期間（１９６２年から１９８５年まで）に発生した出来事を「明らかに」し、「実際にこの期間中に発生した人権侵害の責任者を特定する」よう求めた。この勧告は、１９９２年のＩＡＣＨＲ年次報告第29号に掲載されている。２０１３年2月、ウルグアイ最高裁判所は、「失効法の解釈法」を違憲と宣言し、実際にこの期間中に人道に対する罪を犯した者の裁判を行うことを可能にする法的枠組みを再確立しようとする最後の試みに終止符が打たれた。

※58…「オルガ（orga）」は「組織（organización）」の略称であり、かつてのゲリラメンバーがＭＬＮを武装集団として呼ぶときの最も親しみを込めた呼び名である。

政党の結成、少なくとも1971年創立の左派連合「拡大戦線」に参加するための政治グループの結成は、選択肢としてありうるだろうか。[※59]武器を捨てることは、ゲリラとしてのアイデンティティを放棄し、創立時の理想を裏切ることにならないだろうか。政党の結成は、選択肢から排除される。「我々が〝党派〟であったことはない。我々は常に〝運動〟だった。(中略)我々は武装した政治組織なのだ」とロセンコフは語っている。そして「我々は武器を持った政治家」であり、「武力闘争か議会主義かの二者択一で考えたことは一度もない」と強調した。彼らは武器を持たない政治家になれるだろうか。

1984年、独裁政権の最後の数カ月間で、刑務所内ではMLNの指導者とグループの他のメンバーとの間の交流が進んだが、同時に、釈放が決定したらその後はどうすればよいのかという疑問の声も高まった。

決定は刑務所内で下された。それはトゥパマロスの最高指導者、ラウル・センディックの提案によるものだった。

センディックは独房に移されたが、移送中に彼は警備員のすきを突いて、小さく丸められた紙(刑務所の隠語で「錠剤」)を運動の創設者の1人であるフリオ・マレナレスに渡すことに成功した。書かれた文章は、他の「人質」にも配布されることになっていた。

これを3番目に読んだのがロセンコフだったが、その内容を私に伝える前に、センディックがきれいな筆跡で手書きした単語の1つ1つをロセンコフがよく覚えていること、そしてこの言葉が後にウルグアイ人の間でよく知られるようになったことを教えてくれた。「我々は、制度に則(のっと)った民主的な闘争に参加しなければならない。不正な手段を用いてはならない」

MLNの中心的な理論的指導者であったセンディックは、そう指示した。

こうして、MLNの武力闘争は終わりを告げた。

「それは本質的な提案であり、変化の引き金だった」と、ロセンコフはまとめた。

1985年3月にフリオ・マリア・サンギネッティが大統領に就任した後、トゥパマロスのメンバーたちが釈放されたが、センディックのメッセージはそれよりも前に世間に広まっていた。トゥパマロスの主な指導者たちは、ウルグアイの民主主義を、独裁政権以前の「枯れた民主主義」に対して「春を迎えた民主主義」と表現し、急進的なメンバーたちもいる中で、武力闘争は行わないとする方針の維持に努めた。[※60]

※59…MLNは、3月26日に無党派運動との連携に加わり、1971年の拡大戦線の創設に貢献した。
※60…エレウテリオ・フェルナンデス・ウイドブロ。ガルセが『火がついた場所－MLNトゥパマロス、合法化と選挙戦参加への変容の過程』の55ページで引用。1985年～2004年。週刊誌『アサンブレア』、1985年3月18日。アドルフォ・ガルセ。ウルグアイ、フィン・デ・シグロ出版、2006年。

ムヒカ〜武器との完全決別

政治運動としてのMLNの特徴は、変異する能力、歴史的な状況に適応して影響を及ぼし、さらに変化を主導する能力があげられる。

この能力は、トゥパマロスがゲリラ活動を行っていた時代に、目標達成のための戦略を変えてきたことで明らかである。

しかし、主な指導者たちが刑務所から釈放されたときに、武装集団としての過去と完全に決別することで、その能力がさらに明白となった。

センディックが採用し、グループの指導者たちが承認した決定は、組織のすべてを満足させるものではなかったが、ウルグアイの社会を変革していくプロジェクトを存続させるための必要条件として理解された。

しかし選択される方法が、立憲政府に対する正面からの直接攻撃であった場合、独裁政権後の民主主義が「春を迎えた」としても、ウルグアイ国民は、これまでにも非常な暴力を目撃してきたため、道は別のものになるだろう、とトゥパマロスは考えていた。

ムヒカは歴史的な演説の中で、そのような意識、特にトゥパマロスが刑務所からもたらした決定を、簡単な言葉と明確なアイデアで伝える責任を負っていた。

その最たるものが、武器との決別である。

ムヒカは50歳を迎えるにあたって、次のように述べている。

「人ができないことをその人に求めないという分別が必要だ。人ができる以上のことを無理にその人に求めようとすれば、自分自身が失敗することになり、その人も破滅に追い込まれてしまう」※61

ムヒカは、ゆっくりとした演説の中で、政治行動のスタイルから、環境の保護、そして14年間投獄された後の民主主義の評価まで、あらゆる分野での彼の考えをまとめた。このような演説は、ムヒカのそれまでの人生であまり例がない。ムヒカはこの演説でウルグアイ国民に、「トゥパマロスは、もはや武装組織ではない」と訴えた。

そして彼らが社会に復帰するにあたっては、「復讐のための斧を手にしているわけではない」と説明した。

※61…「同志ムヒカかく語りき」。1985年3月、プラテンセ・パティン・クラブでのホセ・ムヒカの演説の全文。ウルグアイの3月26日無党派運動から発行されている「リベラシオン・ナシオナル」に掲載。1985年3月。

さらに、何年にもわたる刑務所生活で目に見えてやせ衰えたムヒカは、こう語った。

「私は憎しみの道をたどるのではない。我々を見下していた人々を標的にするつもりもない。憎しみは何も生まない」

メンバーたちが刑務所にいる間に、組織には亀裂が生じていたが、ゲリラの時代が終わりを告げたことは深刻な分裂を引き起こした。

ムヒカとその補佐役であるフェルナンデス・ウイドブロは、何年にもわたって指揮を取り、活動家たちに対する強い求心力の維持に努めてきた。

これにより、ＭＬＮを非武装の政治的組織として再構築し、政治勢力「人民参加運動」を組織することが可能になった。人民参加運動は、１９８９年以来選挙において左派勢力の議席獲得に貢献している。しかしＭＬＮでは数多くのメンバーが脱退し、苦痛を伴う結果となった。

ただムヒカは、組織の政治的未来を信じていた。

「敗北のときは、遅れてやってきた。ただ組織を破壊するだけなら十分早かったが、政治的に我々を消滅させるには遅い」

ムヒカは、マリオ・マッセオに語った。

マッセオは、ＭＬＮの元メンバーであり、このときのムヒカとの長い会話をもとに本を出版している。[※62]

ラウル・センディックが刑務所から出所したとき、方眼紙に手書きした憲法改正案を持っていた。私は2014年4月に、その原文の一部を閲覧することができた。

これによって、武力放棄の決定に加えて、憲法改正計画の作成により、MLNの中心的な創立者で最高指導者であるセンディックが、組織全体ではないにしても、将来的に、組織の代表者として合法的な活動ができる可能性を開いたことになった。

何年もの間トゥパマロスは、選挙にあたっては独自の立候補者を立てないことを決めていたが、最終的には、団結を保っていたこの闘士たちは、自ら選挙戦に身を投じることを決める。

センディックは、1989年に死去した。

これに加え、スペイン・バスク地方のテロ組織「ETA」のメンバーがモンテビデオで起こした事件の影響もあり、ムヒカとフェルナンデス・ウイドブロは、最終的な選挙の立候補者についての考え方、さらに、自分たちが従来の伝統を引き継ぐ有力政治家であるという考え方を変えることになる。

※62…『ペペ・ムヒカとの対話。地に足をつけて…』マリオ・マッセオ。ウルグアイ、トリルセ出版、2002年、59ページ。

選挙戦～テロ組織「ETA」、そして立候補者ムヒカの登場

ムヒカが率いるトゥパマロスとバスク地方のテロ組織ETAとの関係は、ジャーナリストのフェデリコ・レイチの著書『ゼロから左翼へ。ホルへ・サバルサの伝記』で、ウルグアイの歴史的なゲリラ指導者の1人であるホルへ・サバルサが明らかにしている。[※63]

後に、「スデスターダ」誌のインタビューでサバルサが語ったところによると、MLNはETAから受け取った資金でAMラジオ局を運営し、政治色の強い番組を放送していた。このラジオ局は、歴史の長いゲリラが運営していた報道機関の1つである。[※64] トゥパマロスの元メンバーで、ムヒカと親密であるエドゥアルド・レオン・ドゥテルによれば、ETAとトゥパマロスとの「結束」は、トゥパマロスの複数のメンバーがウルグアイからスペインに亡命していた時期に構築された関係がもとになっているという。

1994年11月、ウルグアイで大統領選挙が行われた。最も有力な立候補者の1人は、モンテビデオ市長であり、さらに、ウルグアイで最も人気のある左派の人物であったタバレ・バスケスがいた。

この年の8月、ウルグアイに偽装書類を使って滞在していた複数のETAのメンバーが

警察に逮捕されたが、ルイス・アルベルト・ラカジェ[※65]政権は、ミケル・イバニェス・オテイサ、ルイス・マリア・リサラルデ、ヘスス・マリア・ゴイティアの3人を引き渡すことを決めた。投獄されたETAのメンバーは、ハンガーストライキを始めたため、引き渡し手続きが行われている間、政府の決定によりモンテビデオのフィルトロ病院に入院させられることになった。予定日は1994年8月24日である。MLNの大部分は、このバスク人たちの国外退去に反対する。そして、ETAが設立を支援したアメリカ大陸全土を対象とするラジオ局「CX 44」から、ラカジェ政権の決定を拒否し、3人のETAメンバーの政治亡命を認めるよう要求するためのデモを病院前で行うよう呼びかけた。

その夜、私はフィルトロ病院から目と鼻の先にいた。抗議する人々が大挙して押し寄せ、パトカーや救急車のサイレンが鳴っているのがよく見えた。当時はまだジャーナリストではなかったので、あくまで見物人としてその様子を眺めていた。しかし、国外退去が決定していたETAのメンバーたちを擁護するための熱弁、そして警察に対抗するよう呼びかける声がラジオから聞こえていたことはよく覚えている。警察とデモ参加者の衝突により、

※63…『ゼロから左翼へ。ホルヘ・サバルサの伝記』。フェデリコ・レイチ。ウルグアイ、レトラエニェ出版、2007年。第6版。
※64…「トゥパマロス、武器から投票箱へ」。「スデスターダ」誌67号。アルゼンチン、2008年。
※65…ルイス・アルベルト・ラカジェ・エレーラ（モンテビデオ、1941年生まれ）。ブランコ党の政治家。1990年から1995年までウルグアイ大統領。

民間人2人が射殺され、数十人が負傷した。そしてETAのメンバーたちはスペインに引き渡された。多くのウルグアイ人は、トゥパマロスが大きな役割を果たしたこの事件から、もう終わったはずと信じていた時代を連想する。数年後、サバルサは、彼をはじめとする抗議活動の首謀者が、ETAのメンバーたちを護送する車両を止めるために火炎瓶と「ミゲリート」[※66]をバスに積んでいたことを認めた。[※67]

暴力的手段についての議論は、トゥパマロスのメンバーたちが刑務所を出てからずっと続けていたもので、ウルグアイ国民の大部分はもう終わったと信じていたが、ここにきて再燃する。「反乱の可能性」、つまり政権を奪取する、あるいは少なくとも現行の政権を脅かす可能性を維持すべきと考えている人にとっては、ETAのメンバーの国外退去は自分たちの理論を主張する絶好の機会となる。トゥパマロスのあるメンバーは、「一部のメンバーは、試してみる条件が揃ったと判断した」と私に語った。このメンバーはいくつかのデモに関わってはいるが、そのデモの参加者の大部分は武力衝突の経験がないか、あってもごくわずかである。これはトゥパマロスにおける理論と実践の衝突である。そして、このやり方に同意しない組織のメンバーの懸念は現実となった。

デモに参加したレオン・ドゥテル（通称「マンソ」）に、その後の結果について尋ねたところ、「フィルトロ病院の一件の後で流れが分かれ、古くからのゲリラメンバーがさらに離れることになった」と話した。

タバレ・バスケスは、1994年の選挙で数千票という僅差で敗れた。トゥパマロスは人民参加運動（MPP）を通じて拡大戦線に合流していたが、左派の一部にはこの敗北の原因はトゥパマロスがETAのテロリストを支援したことにあると考える者もいた。

私は、本書のためにホルヘ・サバルサに取材を申し込んだ。サバルサはMLNを離れたが、ムヒカの指揮下で一緒に武装行動に参加した仲間の一部と同じ考え方の評論家として、最も硬派なことで知られる。だがサバルサは仲介者を通じて、ムヒカに関する本へのコメントを断ってきた。

ガルセによると、ETAのメンバーをめぐる街頭での衝突が起こり、ETAのメンバーの国外退去に関してトゥパマロスがとった対応について、ウルグアイ社会の大半が非難した。そして、その直後から、団結を続けていたトゥパマロスのメンバーたち、特にムヒカとフェルナンデス・ウイドブロは、「政治活動を続けるならば、将来のために重大な決断をしなければいけない」と考えるようになった。それが選挙戦である。[※68]

レオン・ドゥテルは、「フィルトロ病院の事件の代償は非常に高い」と認めている。た

※66…車輪に穴を開けて車両の走行を阻止するために使用される、複数の突起を持つ撒菱。リオ・デ・ラプラタ地域でこう呼ばれる。
※67…レイチ。183ページより引用。
※68…筆者によるインタビュー。

だ一方で、政治闘争の方法に関する議論は、1985年に刑務所から釈放されて以来、準備されており、進化の道をたどっていたと指摘している。彼にとって、それはセンディックが釈放される前、自身の態度を鮮明にしたときから始まる、長いプロセスであった。いずれにせよ、フィルトロ病院での衝突は、「組織内での2つのビジョンの共存」に終止符を打つことになった、と彼は語っている。

パワーバランスの面でいえば、反乱の可能性を残しておきたいと考える人は少数派になった。MLNから離れるメンバーも増えた。

残された組織にとって、選挙によりウルグアイの既存政党に取って代わり、政権の座につくことを可能にする左翼の政治プロジェクトを全面的に支持することは、武力闘争の記憶を捨て、選挙戦を支援することを意味していた。そのためには、主な指導者を選挙の立候補者にし、その力とカリスマ性を利用することが必要となる。

その中でも、ホセ・ムヒカが群を抜いていた。ムヒカは独裁政権が終わるより前に、MLNの指導的立場になったことはなく、刑務所から釈放された後に組織内で対立していた2つの勢力の「調整役」を担っていた。そのムヒカにとって、これは自然な選択肢であった。レオン・ドゥテルによれば、それは「センディックの構想を実現する」こと、すなわち、一切の「不正な手段を用いずに」行動することである。

元ゲリラのムヒカが伝統的な政治の路線を歩み始め、リーダーシップも確立されたが、それはトゥパマロスの内部で新たな摩擦を引き起こし、メンバーの離反も招いた。

しかし、ムヒカは前進を続けた。1994年には下院議員に選出され、1999年の選挙の結果を受けて2000年には上院議員に就任する。そして国会議員として、自分なりの方法で支持層の基盤を固める。政治的な方向を問わずさまざまな国民と対話を重ねたが、特に拡大戦線の支持者を重視した。ここでもムヒカは、ウルグアイの左派における急進派と穏健派を結びつける役を担ったのだ。

ムヒカは2004年に再選されたが、すべての立候補者の中で得票数が最も多かった。その結果、ウルグアイ史上初めて左派政権が誕生する（少なくとも現在、一般的な「左派」の定義に照らし合わせれば、そう解釈される）[※69]。

2005年3月から2008年3月までの間、彼は農牧水産大臣を務めたが、混乱を招き、当時のバスケス大統領と対立。そして彼は、上院議員に戻る。ムヒカは、この当時はもちろん、その1年以上前から、大統領の座を望めるような世論の支持を得ていた。ムヒカの政治人生は、明確なイデオロギーのない活動家として始まったが、社会正義と富の再分配を実現するための天職となった。

そして、その政治人生の頂点となるのが、大統領の地位であった。

※69…ウルグアイ大統領府のウェブサイトに掲載されているホセ・ムヒカの公式プロフィールによると、2004年の選挙でムヒカは「ウルグアイの政治史上、それまでになかった多数の票を獲得」して当選している。

「私はどこにでもいる
今どきの人間だ。
道行く人々と何も変わらない。
世の中には大統領に対する
固定観念があり、
こういう人に違いないと
考えている人が多いが、
それは私には当てはまらない」

ホセ・ムヒカ
リカルド・カンペナのインタビュー。
アルゼンチン「ラ・ナシオン」紙にて
2009年9月13日

Chapter 4

ゲリラから大統領へ

ホセ・ムヒカが、モンテビデオ市内にあるプンタ・カレタス刑務所に収容されていたときのこと。彼は、壁を貫通すべく、より合わせた針金の一端を握っていた。壁の向こう側では、ゲリラのリーダーには見えないような男であるフリオ・リストレが、同じことをしていた。ムヒカは自分の側を引っ張り、リストレはもう一方の側をしっかりと握り締めた。お互いの姿が見えないまま、2人はリズムを探っていた。チームで作業をする。レンガとセメントで仕切られた監房の両側にそれぞれ3人の男がいて、2人ずつ作業にあたった。グループの未来はこの作戦の成功にかかっている。刑務所の寝台ラックから取り出してより合わせた針金が、レンガの間の湿ったセメント接合部を出入りした。

自家製のこぎりは、うまく機能しているようだ。彼らは壁を貫通させて針金を差し込むための、心もとないドリルをつくっていたのだ。成功は、数週間の忍耐強い作業が報われる。灰色の監房の中、その小さな成果が、中セキュリティレベルのプンタ・カレタス刑務所に収監されているトゥパマロスに希望の光をもたらした。

「囚人は、常に脱走する方法を想像している」と、MLNの古参メンバーが私に言った。

プンタ・カレタスに収監されていたトゥパマロスは、ゲリラの一員に再び加わるべく、刑務所を脱出することにした。いつものように、力を合わせて解決する。形式、方法、タイミング。それぞれに役割がある。彼らは軍隊のように働く。

細心の注意が必要だ。最初の脱出の試みは、刑務所の外側から内側へトンネルを掘るという計画だった。その計画は、思いも寄らぬ事態で頓挫する。トゥパマロスが自由の身だったときに、刑務所近くの下水道や排水溝に置いておいた道具類を、大雨が竜巻を引き起こし、リオ・デ・ラ・プラタとモンテビデオの海岸へ押し流したのだ。土砂を取り除き、川に投げ入れるための手押し車をつくってあったが、それすら残っていない。手押し車とともに、計画は崩壊した。最悪なのは、資材を見つけた当局が警戒を強めたことである。

「それで内側からトンネルを掘るという案が生まれた」と、本書のために実施したインタビューで、フリオ・リストレは当時を思い起こして言った。

その計画は、ウルグアイ・ゲリラの想像力豊かなメンバーにとっても至難の業だ。

「まずは、政治犯が収監される２階の片翼に並ぶ、25の監房をつなぐ。そして、突き当たりの監房から真下の１階の監房につなぎ、そこからトンネルを掘るという計画だった」

トゥパマロスは、すべての監房をつなぐ通路を建設し、刑務所内から掘ったトンネルを通って脱出する。トンネルは、周辺の２軒の家に続く。ゲリラのコマンド部隊がその家に侵入し、そこからＭＬＮの現役メンバーや組織のシンパの強力を得て、逃亡者たちを車で安全な避難所に移送し、活動を再開させるという手はずだった。

まず、リストレとムヒカ、そしてそれぞれの監房仲間が、コミュニケーションを取るために壁を切断しようとした。脱出計画の重要な局面である。ぶ厚く、古びたレンガの壁を貫通させるという最初の試みは失敗した。受刑者たちには、リハーサルする時間はいくらでもあった。しかし何よりも、一般犯罪者たちと居住を共有する刑務所では、壁の穴開けに通じた者もいて、優れた師匠から教えを乞うことができたのだ。

針金を使用し、レンガの間の接合部に沿って切断するというアイデアは、そうした受刑者の1人から生まれたものだ。その案がうまくいった。

ムヒカとリストレの監房は隣り合っていて、それぞれ同室の2人のゲリラメンバーと共有していた。ムヒカたちは、厚さ30センチの壁を切断した後、その断片を崩さずに移動させる仕組みを見つけ出した。成果を上げた最初のチームである。壁を貫通して両側に突き出した数本の鉄棒を、ブロックを取り外す際に支えとして使う。古くて湿ったセメントと剥がれかかった監房の壁が、ムヒカたちの大きな味方となった。2つの監房がつながったとき、リストレは、「よし！　いけるぞ」と思った。

レンガの間の切断部は、受刑者の親類たちが小麦粉と偽って刑務所に差し入れた石膏で隠した。警備の目に止まりそうな痕跡は、張り紙やポスターですべて覆い隠した。

看守に金を払い、見回り間隔を延ばしてもらって貴重な時間を稼ぐ。そうすることで、

25の監房をつなぐ通路だけでなく、100人以上が脱出するトンネルの工事も進めることができた。トンネル工事には、刑務所でいちばん騒がしい時間帯を利用したり、休み時間にサッカーの試合を企画し、ゴールやファウルなどありもしないことを叫んだりして、トンネルから聞こえてくる音をカモフラージュした。掘り出した土砂はベッドの下に隠す。

トゥパマロスの指導部は、誰が解放されるべきかを決定していた。1969年から収監されているリストレと、1970年から収監され、警察の銃撃で負傷し、未だに傷が癒えないムヒカは、リストに名前が載っていた。ムヒカは、組織の軍事リーダーの1人だった。刑期が残り数カ月のリストレは、運動の重要幹部を守るために潜伏生活を送るなど、献身的に活動した1人であり、重要な作戦にも参加していた。[※1]

1971年9月5日の夜、プンタ・カレタス刑務所の268号室と269号室の囚人たちは、念願の自由を手に入れる前に、最後の夕食を一緒に取ることにした。

監房には、食べ物や水を加熱できる最小限の調理器具しかない。それでメニューは、ホセ・ムヒカ・コルダノのようなイタリア系ウルグアイ人が喜ぶ手の込んだ料理、カネロニのソースがけになった。カネロニ[※2]の生地と詰め物を壁の片側へ運ぶ。反対側では、食べないで取っておいた夕食の残りで、肉ベースのソースを準備した。かぐわしい香りとともに、刑務所の外での生活を手に入れるためのゲリラの計画が、監房から監房へと伝わる。

間近に迫った脱出の準備は整った。その夜、納得できない国家に宣戦布告して撃たれた手と、活動への復帰を目指す自由を求めて刑務所で働いてきた腕が、壁の穴を通して絡み合い、成功を確信する。

夜の10時から、プンタ・カレタス刑務所の2階はアリの通路と化した。トゥパマロスは、壁の穴を通って監房から監房へ移動する。計画は予定どおりに進んでいたが、トンネルから何の知らせもなかったため、彼らは6時間、2つの監房に集まって階下に降りる合図を待たなければならなかった。

指示が届くと、突き当たりの監房から1階に降り、そこからこの日のためにつくられた60×80センチの筒状の構造物に入る。6人の一般犯罪者も、この脱出計画に参加した。また、脱出経路の一部として、他の階の監房を使用できるようにする必要もあった。行列が進んでいく。次から次へと。ほとんどの者がトンネルを見たことがなかった。狭いとは想像していても、寸法までは知らなかった。突き当たりの監房からトンネルの入り口まで降りるために、縄ばしごをつくった。一連の作業は暗闇の中で行われる。「私の足を握って縄ばしごの段に置いてくれた、同志の手の力強さを覚えている」と、リストレは語った。

※1…この逃走劇に参加した1人が、筆者との対話で、ムヒカが休憩時間に何人かの仲間に、グループで出歩くことを控えるように伝える役割を担っていたと語った。
※2…カネロニは、メキシコの「タコス」に似ているが、トウモロコシの粉ではなく小麦粉からつくられる。

トンネル工事の責任者たちは全員に、ゆっくりと移動して、筒の直径に体を合わせるようにと警告する。トンネルがふさがれたり崩壊したりすれば、命取りになりかねないからだ。トンネルに到達したとき、自分の前に誰がいるのかはわかるが、誰が後ろにいるのかはわからない。不安をコントロールするのは困難だった。頭が前方の人物の足や尻にぶつかる。一行はゆっくりと均等に前進した。「そのときのことは、うまく思い出せない。機械のように振る舞ったんだ」と、リストレは語っている。

刑務所の外では、脱走者を保護する家が最終的に選ばれていた。特殊部隊は、脱出の瞬間、外科医さながらの精度で床に穴を開け、トンネルの終端とつなげなければならない。脱出者たちは垂直となった場所で両腕を上げて、家の中で待機していた人々によって引き上げられる。まるで、捕獲者から逃げる戦争捕虜のような気分だったろう。

この脱出劇の主要人物の何人かによると、最初に現れたのは、MLNの指導部の1人であるフリオ・マレナレスだった。

ラウル・ガジナレスは、「ラ・トロンカ」の愛称で呼ばれるルシア・トポランスキーとともに、刑務所外での作戦を担当した1人である。ガジナレス（マルティン）は、脱走者を輸送するトラックを手配する責任を担っていた。さらに、グループのリーダー陣を乗せるために、コンビのワゴン車[※3]を調達した。車は、家の正面にバックさせて停めてある。脱走作戦の実行中、ガジナレスはバイクを走らせ、脱走者たちをトラックから車に移す担当者に遅れが生じていることを知らせた。脱走者は大勢いて、脱出には時間がかかり、苦労した。ガジナレスが戻ってくると、ゲリラの指導部はすでに避難していた。家の中のざわめきが耐えがたかった。ガジナレスは心配になって近くの建物の窓に目をやった。

「声を落として、静かに！　外へ出るときはゆっくりとだ。でなけりゃ、見つかるぞ」[※4]。

ＭＬＮの指導部には属さないムヒカが、背後から近づいてきた。

「相棒！」

２人は、固い抱擁を交わした。彼らはいくつかの冒険をともにしてきた仲だ。ガジナレスは、ムヒカのワイン好きを知っていたので、逃亡後に一緒に飲むつもりでチリ産のワインを買っておいた。

家の出入口は混沌としていた。床に倒れている人、ドアの前に横たわっている人、必死に車に乗ろうとする人。それでも、大事には至らなかった。

その朝、ホセ・ムヒカを含む１１１人が、２台のトラックと1台のコンビでプンタ・カレタス刑務所を去った。ガジナレスは50人を、カネロネス県シャングリラ[※5]の海辺にある

※3…コンビは１９６０年代から非常に人気のある、フォルクスワーゲンブランドのバン。
※4…発見される、密告される。
※5…モンテビデオの東。

自宅に連れて行った。手違いがあり、救出に割り当てた車が見つからなかったからだ。「あの小さな農場に50人も……」

しばらく思い出話にふけった後、ガジナレスは、若々しい感情を浮かべた目で私を見た。夜明けが迫り、モンテビデオ警察の半分が逃亡者を探しまわっていたとき、ガジナレスは彼らを2台の車に分乗させたという。[※6]

ムヒカはプンタ・カレタス刑務所から2度脱走しているが、2度目は、前述したものほど派手ではなかった。1972年、ウルグアイを独裁政権に陥れたクーデターの前年、MLNに大きな影響力を持っていたムヒカは投獄され、1985年まで収監された。ゲリラ戦に明け暮れた日々、その動きから見て取れる体の傷、隠そうとしている心の傷が、ムヒカをサバイバーにした。現実的であること、そして変化に順応してシナリオに自らを適応させて行動すること、この2つが、カリスマ性ある大統領としての彼を特徴づけている。

ムヒカは、ガジナレスが用意していたチリ産のワインを飲むことができなかった。警察がガジナレスを逮捕したときに、彼の家からワインを押収したからだ。

※6…ラウル・ガジナレスは、モンテビデオでケアセンターを運営しており、トゥパマロスゲリラの元メンバーや、独裁政権時代に亡命生活を送り、自力で生活できない人々に家と食事を提供していた。

狂気との抱擁

ウルグアイ軍が、当時絶滅したゲリラの指導部から、ムヒカ、ロセンコフ、フェルナンデス・ウイドブロを分離し、数カ月ごとに兵舎から兵舎に移すことにしてから2年余りが経過していた。

この措置は、刑務所内や街角で彼らが事態を複雑にしかねない策略を練るのを回避しようという試みである。

兵舎にはそれぞれ特色があった。

絶え間なく殴打されるときもあれば、水を与えられないときもあった。ムヒカと仲間たちは、ラバレハ県の歩兵兵舎で11カ月過ごしている。

その間、ほとんどの時間を、老朽化した木製のベンチに座ったまま、壁と向き合い、まっすぐ立ち上がることができない部屋で過ごさなければならなかった。そこで屈辱を受けながら丸くなって寝る。決まった時間にしかトイレに行けず、独房での排尿や排便は罰則のもと禁止されていた。

「あんた。そう、あんただよ。いいか、話があるんだ。話をしたい、それと1人部屋にしてもらいたい。あと、このダンジョンから装置を撤去してくれ」

ウーゴ・メディナ将軍は、鉄柵越しにホセ・ムヒカを好奇の目で見つめた。鉄柵は、ムヒカたちが想像で「ダンジョン」と呼ぶ、悪臭を放つ穴の扉を兼ねている。メディナ将軍は理解していなかった。囚人の健康状態を確認するために視察に同行していたもう1人の将軍、イグナシオ・ボニファシオも理解していなかった。

ただ、ウルグアイ北部の刑務所で不運に見舞われたムヒカの仲間であるロセンコフとフェルナンデス・ウイドブロは、何が起こっているか感じとっていた。

「信じられないのか？」

ムヒカは、言葉を発しないメディナ将軍にいら立ちを募らせて尋ねた。

「ここに私と犬を一緒に入れてみてくれ。犬は嘘をつかない……」

ムヒカは、正気を失っていた。

これまで、合計9人のゲリラ指導部が、小さなグループに分けられ、「人質」として常に一緒に移送され、外部との連絡を断たれたまま、国土の南から北へ、東から西へと移動させられた。「人質」という言葉はトゥパマロス自身が使ったものだ。「受刑者」や「政治犯」という言葉だと、看守による規則や規範、人道的な慣習が尊重されていることを示す。しかしながら「人質」は、権利がまったくない状態にあることを意味するのだ。

さらに、ムヒカ、ロセンコフ、フェルナンデス・ウイドブロには、特例が適用されている。この3人には、周囲の人々を説得する能力があると軍隊が考えたためである。結果、トイレに行く許可をもらう以外、看守と会話することも許されなかった。

ムヒカ、ロセンコフ、フェルナンデス・ウイドブロの移送は47回に及ぶ。ほぼ夜で、ジープの床やトラックの荷台に乗せられるか、荒れ果てた道を徒歩で、互いに手を縛られ、常にフードを被り、常に沈黙に包まれて移動した。移送されるたびに、体をぶつけ合って互いの無事を確認したという。兵士たちから手がかりを引き出そうとしたことも、行き先を突き止めようとしたこともあったそうだ。

兵士が「これから射殺する」とほのめかすこともあったようだ。

ウルグアイ大統領は、このエピソードについて語ろうとしない。プライベートでも。ムヒカは、14年間の獄中生活と拷問に苦しみ、パートナーであり妻であるルシア・トポランスキーの努力と絶え間ない支援により、どうにか人生を立て直すことができたのだ。

マウリシオ・ロセンコフは、80歳を超えても執筆作業を続けていた。本書のために話を聞いているときに、ロセンコフは、ムヒカが正気を失い、モンテビデオ軍事病院に精神科患者として入院した当時のエピソードをいくつか語ってくれた。

「どうやって〝心を吹き飛ばされる〟[※7]ことを防いだのですか?」

「吹き飛ばされなかったなんて、誰が言った? 私たちは皆おかしくなっていたよ。[※8]食料は半分しか与えられず、飢えと、絶え間ない虐待が続いていたからね」

「ムヒカは、いかがでした?」

「ぺぺは、打ちのめされていたよ。私たちは、そこにいたから知っている。ぺぺは、あいつらが盗聴器を仕掛けたと思っていた。あいつらは、欲しい情報を寝言で言っていると思っていたんだ。どれも根拠のないことだよ」


ムヒカは、独り言を口にしたときや、熱を出したり、食べ物が足りずに錯乱したときに、自分から情報を得るために、軍が監房に装置を仕掛けたと思いこんでいた。ムヒカを見ていると、その「隠し装置」の音量は、軍が彼を虐待するときに大きくなるようだった。

「鋭い音が耳をつんざき、ムヒカは悲鳴を上げる。するとあいつらは、ムヒカを罰した。悲鳴が上がると、ムヒカの口に小石か何かを入れて叫ばないようにしていた」

「あなたたちはどうでした?」

「ムヒカは、私たちとコミュニケーションを取らなくなった。2年、3年とたつと、ぺぺは口をきかなくなった。ニャート(フェルナンデス・ウイドブロ)とは、毎年、拳で対話していた。[※9] ペペは、すべてを記録する盗聴器があると思いこんでいたので、私たちを遮断した……。それに、あの地下の穴蔵では、幻覚も見えていたようだ。房の隅のほうで何かが……、色付きの何かができている……とペペが言っているのが聞こえた」

それまで聞き手の私に固定されていたロセンコフの視線が力を失った。わずかに頭を振り、窓から差し込む光に目をやる。右手の人差し指を顎に沿え、ロセンコフはこんなふうに言った。

「ペペは、もともと1人だったのに、1人になりたがったのだ……」

ムヒカは、精神に障害のある患者向けの施設に1週間ほど入院した。医者が与えた錠剤はトイレに流した。戻ってきたとき、ムヒカは何が起こったのか仲間には一言も話さなかった。自分なりに、できる限りのことをして、監禁された条件下でも正常な状態に戻ったのである。

※7…正気を失う。
※8…正気ではない。
※9…マウリシオ・ロセンコフとエレウテリオ・フェルナンデス・ウイドブロは、1973年、トレインタ・イ・トレス県サンタ・クララ・デル・オリマールの兵舎で、同年9月に到着して以来、地下牢の壁を叩いて意思の疎通を図るようになった。そのやり取りの原点を語るストーリーが、『ダンジョンの記憶』に記されている。ロセンコフ、マウリシオ、フェルナンデス・ウイドブロ・エレウテリオ、チャラパルタ出版、スペイン、1993年、31ページ。

ホセ・ムヒカ大統領

２００９年11月29日、日曜日、ウルグアイ大統領選挙の決選投票で、ホセ・アルベルト・ムヒカ・コルダノが勝利した。だが、ゲリラ活動をしていた過去、服装や話し方に対する非難がされた、厳しい選挙戦の末の勝利だった。公式データによると、ムヒカはライバルのルイス・アルベルト・ラカジェ・エレーラ前大統領に対して、52・59％の票を獲得した。私は、選挙でホセ・ムヒカが勝利したことを、ウルグアイ国民のおおらかさと寛容の表れだと考えてきた。疑問は、右派であれ左派であれ、前任者のタバレ・バスケスのようにスーツにネクタイ姿の高学歴な大統領に慣れたこの国で、ムヒカが偏見を打ち消し、自分こそが政権担当者にふさわしいと浸透させることができたかということだ。

ムヒカが権力を握ったのには、いくつかの理由と複数の要因がある。ウルグアイ人の特殊性やウルグアイの政治史に関係するものもあるが、私が明白だと思うのは、自分の考えをシンプルに伝え、その考えを守るために誰にでも理解できる平易な言葉で議論する、ムヒカの並外れた能力である。自らの過ちを認識する能力は、ムヒカが支配者として示し続けている資質であり、メッセージの浸透度を高めている。

平等主義の国

ウルグアイでは、国家の起源を定義するために一般的に使用されるフレーズがある。それは、「我々は皆、船の子孫である」というものだ。この概念に正確な作者がいるかどうかは判別がつかない。確かにいえることは、ムヒカがこれを世界中に広めたということだ。[※10]だが、この概念は完全な事実とはいえない。ウルグアイには先住民の子孫がいるのだ。とはいえ、その領土を起源とする先住民族や民族の代表者が見あたらない。子どもたちは学校で、不屈の闘争心を持つチャルーア族が、国の英雄の1人であるフルクトゥオソ・リベラの決定によって滅ぼされたことを教わる。歴史的観点から見ると、何という矛盾だろう。[※11]

実際のところ、ウルグアイの最も重要なアイデンティティは、ある時代に、何もかもが

※10…本書が刊行される前にムヒカがこのフレーズを口にしたのは、2014年にバラク・オバマ大統領との会談のために訪米した際、ワシントンのアメリカン大学で言ったのが最後である。

※11…当地の集団的想像力は、ウルグアイのサッカー選手の粘り強さを表現するために、「チャルーアの爪」を持つといわれるチャルーア族の姿を用いている。

未完成だった場所に移住してきて生活を営んできた「移民の国」だということだろう。

ウルグアイにはヨーロッパ的な貴族はいない。今日に至るまで、政界には由緒ある家系がいくつか残っているが、公選職へのアクセスは万人に開かれている。排他的なクラブは、互いを疑いの目で見る。また、レストランやホテルの客が、接客態度が従順だと感じることも珍しい。この国では、客が常に正しいとは限らない。ウルグアイ共和国大学社会科学部政治学者のフェデリコ・トラベルサは、次のように説明する。

「良くも悪くも、私たちは皆、出身国で非常に厳しい社会経済環境に何度も苦しんで、無人の土地に身1つでやって来た人たちの混合物です。だから、対等に感じやすい単純な国民なのです」

国家としてのウルグアイの概念は、次の言葉に集約されている。

「Aqu? naides es más que naides（ここでは誰もが誰よりも優れている）」

「Naides」は、「nadie（誰でもない）」の方言である。この言葉は明らかに、ウルグアイ国民間の平等を指している。

これは、歴史学者のヘラルド・カエタノが、ホセ・ムヒカの大統領就任後に発表したものだ。彼は「この概念が、どのように生まれたのかを正確に知ることは難しい」と明言しながら、次のような文献があったことを示し、関連づけている。

「19世紀後半の移民ラッシュの真っただ中に、モンテビデオ湾に到着したばかりの船から降りた外国人訪問者が、同郷の人々との会話に加わる。なぜこの国にとどまるべきなのかと尋ねると、相手はためらうことなくこう答えた。『ここでは誰もが誰よりも優れているからですよ』」[※12]

さらにカエタノは、ムヒカがまだ党の単独立候補を目指していた頃、ジャーナリストとムヒカのやり取りも引用している。それは、次のようなものだ。

「あなたにとって選挙で勝つとはどういう意味があるか」

「ここでは誰もが誰よりも優れているという事実が、最終的に真実だということだ」

そして、そのとおりになった。カエタノは、1985年から1990年にかけて民主化への移行を主導し、1995年から2000年にかけて再び政権を担当したサンギネッティ元大統領が、2009年11月6日(ムヒカが最終的に勝利した大統領選の決選投票の数週間前)に、アルゼンチンの「ラ・ナシオン」紙に「紳士とゲリラ」というタイトルで発表した痛烈なコラムを引用して、次のようにまとめた。[※13]

※12…「新しいウルグアイ大統領、ホセ・ムヒカ」。ヘラルド・カエタノ、「ウンブラレス・デ・アメリカ・デル・スール」誌、10号、2010年5月〜7月。アルゼンチン、55〜62ページ。

※13…「紳士とゲリラ」。フリオ・マリア・サンギネッティ。コラム。アルゼンチン「ラ・ナシオン」紙、2009年11月6日発行。

「フリオ・マリア・サンギネッティ前大統領が、残酷なほど正直に語ったように、今日のウルグアイでは、〝八百屋のような風貌で下品な言葉を使う元ゲリラの老人〟(ムヒカのこと)が、〝紳士〟(ラカジェのこと)を打ち負かすことができる」

正確には、サンギネッティがムヒカを外見から風刺した「八百屋」という言葉は——元大統領がコラムで正しく指摘しているように——ムヒカ自身が発した言葉である。ムヒカは、2008年にアルゼンチンのテレビ局との対談で、これとまったく同一の表現を使って自己紹介した。[※14] サンギネッティは、保守派であれ進歩派であれ、ウルグアイの知的エリートが2009年の選挙前に抱いていた、ムヒカに対する見方を要約したのだ(ウルグアイでは、「進歩的」という用語を、当地の非常に保守的な左派だけに関連づけるのは困難である)。それに加えて、トゥパマロスの全盛期を生きた人々が、当時の上院議員であった事実に対する不信感も表明した。さらに、サンギネッティは記事の中で持論を展開し、ムヒカ政権が引き起こしうる暗い兆候を指摘し、対立候補のルイス・アルベルト・ラカジェに投票するよう呼びかけている。

「合理的に考えれば、国家の民主的かつ制度的な継続性を保証する人物を選ぶべきだ」

サンギネッティは記事の書き出しで、ムヒカのゲリラの過去は「立派」であると語っているが、内心、左翼候補の民主主義に疑問を持っていた。

ムヒカは変化し、政治を行うために民主主義の道と選挙戦に身を投じることを決心したが、過去からは逃れがたかった。

ウルグアイの人々も大きく変化した。サンギネッティ、ラカジェ、ホルヘ・バジェ（1999年に選出）のような弁護士や、タバレ・バスケスのような医師といった国の知識人や政治エリートの政治家に投票する代わりに、国民は卒業証書を持たないムヒカのような男が国を率いることを選んだ。この点において、ブラジルのルイス・イナシオ・ルーラ・ダ・シルヴァの選挙を大いに彷彿させる。ルーラは、旋盤工から労働組合の指導者となり、2003年から2011年にかけてラテンアメリカ最大の経済国を統治している。

私はジャーナリストとして、ルーラの二面性をこの目で見る機会にも恵まれている。工場を訪問したときは、声を限りに熱弁をふるい、国民から圧倒的な支持を得た労働者の一面と、世界各地を飛び回り、非の打ちどころがないスーツ姿で国際政治のスターとなった政治家の一面である。ルーラもまた、ムヒカ同様、カメレオンのような人物だった。

ムヒカが当選しただけで、ウルグアイはより平等な国になったのだろうか。そんなことはない。とはいえ、この国に根強く存在する平等や対等の概念は、ムヒカが権力を握ったことを説明する、基本的で避けられない要因である。多くのウルグアイ人は、元ゲリラの中に普通の人を見て、自分もその1人であることを示しながら統治を望んだのだ。

※14…http://www.montevideo.com.uy/notnoticias_63608_1.html、TNチャンネルの番組「ア・ドス・ボセス」より。

「社会経済的構造のおかげで、導入された民主主義は遅かれ早かれ、平等になる傾向があった」と、政治学者のトラベルサは説明する。そして、ウルグアイの歴史を見れば、この国において平等が最高の価値である理由が説明できる。「平等にする」という意志は、ウルグアイ国家誕生の黎明期にすでに見られた。1815年、崇拝される国民的英雄、ホセ・ヘルバシオ・アルティガスが、「最も不幸な者が最も特権を得る」という考えのもと、広大な領地の収用と、貧困層への配分を決定。ウルグアイは、1830年に最初の憲法が制定されてから数年後に、同じ精神を持つもう1人の偉大な人物、ホセ・ペドロ・バレラの影響を受けて、1876年に承認された教育改革を採択。1877年から公教育を非宗教的、無料、義務化する。その前提は、権利を平等にして均質化することにある。そのため、裕福でも貧しくても学生の制服がつくられた。誰もが他者より多く持っているようには見えず、誰もが誰よりも優れている。[※15] この平等化を達成するために、連帯が基本となる。その思想が、この国の統治者らのビジョンに不可欠なものとなり、ウルグアイの人々によって共有されたことから、最終的に国家がその主要な保証者となったといえる。

※15…カエタノは、1920年代にバジスモの代議士が、死の瞬間にも市民間に差が生じないように、すべての棺を同じにすることを提案したと語っている。この提案は採用されなかった。1911年から1915年にかけて、モンテビデオの歩道と一部のファサードの色が標準化された。19世紀末の住宅ローン銀行の設立は、国家による民衆住宅の供給と資金の提供を目的としており、住宅は、ほとんどの場合、均等化のパターンに従って建設された。住宅はシンプルで華美なものではないが、機能的で平等主義の思想をもとに設計された。

社会民主主義、連帯、ウルグアイの政治アイデンティティの形成

「ウルグアイでは、利益に対する欲求は嫌われ、純粋な市場論理は不信感を生みます。ウルグアイでは、ビジネスパーソン、特に成功したビジネスパーソンの考えは疑わしいとされます」と、本書のためのインタビューでカエタノは語り、さらに次のように付け足した。「ウルグアイでは、連帯が個人主義の主張よりもはるかに優れた美徳なのです」

このような概念の積み重ねが、ウルグアイ社会の基本的な特徴を良い意味で要約している。他の国と同様に、ウルグアイ社会もアイデンティティに関する独自の要素を持っている。とりわけ興味深いのは、この国民的アイデンティティの構築に国家と政治が果たした役割で、ムヒカはそれを如実に表している。[※16]

ウルグアイの政治を語るには、20世紀初頭に統治した、ホセ・バジェ・イ・オルドニェス大統領（偶然にも「ドン・ペペ」と呼ばれていた）にちなんだ思想を持つ、社会民主主義（バジ

※16…ムヒカは2013年9月の国連総会で、「社会民主主義はウルグアイで発明された」と語り、バジスモの基本原則のいくつかに明確に触れた。カエタノは、「不十分」を示す定義において、バジスモを「社会民主主義の早熟な先取り」とも表現している。

スモ）に注目することが不可欠である。

「ホセ・バジェ・イ・オルドニェスは信念の人であり、どこにいようと、平地であろうと公職であろうと、思ったことを口にし、そのうえ有言実行を常としていた」

伝記『ホセ・バジェ・イ・オルドニェスという男』[※17]の中で、政治家としてのムヒカの特徴のいくつかが明確に述べられている。

しかし、バジェとは異なり、ムヒカは生まれつきの国家主義者ではない。資本主義社会において国家が規制の役割を果たさなければならないことは理解しているが、官僚に対して強い疑念を持っていた。だが、大統領として官僚と戦う方法も、官僚を減らす方法も知らなかった。

バジスモを総合的に扱うのは難しい。カエタノは、バジスモを「リベラルな共和主義」と定義している。フランス革命における共和党の原則――自由、平等、友愛、そして最終的には連帯――と、自由主義によって具体化された市民の自由を尊重する精神との一種の結合である、と。

実際、バジェ・イ・オルドニェスは、極めて現実主義的な政治家であり、経済分野からも個人の権利の観点からも、近代的で進歩的な国家という理想に近づける改革の実現に、協定を結ぶことができる人物であった。

こうした改革は常に、民主的な権力の行使と、公共サービス事業の管理や新しい法律の

提案など、公的生活の中で強い存在感を持つ国家の創設を通じて達成される。[※18]

1904年から1919年までのバジスモ時代は、「社会的均衡と中流階級による政府を生み出すことを目的とした、経済活動への国家介入の拡大によって特徴づけられる」と、歴史学者のリンコン・マイステギ・カサスが、著書『オリエンタルズ：ウルグアイの政治史』で説明している。[※19]

バジスモは、現在のウルグアイの創設において決定的な役割を果たしている。その時期に、「中流階級の優勢を特徴とする近代社会」が形成され、それがこの国を大陸のその他の地域と差別化することになったと、マイステギは指摘する。

バジェとコロラド党の影響だけでなく、野党国民党の提案に基づいて、社会的保護の分野が大きく進歩した時期である。ウルグアイは、政治と国家レベルで団結し、平等化という概念に向けて歩みを進めていた。[※20]

※17…『ホセ・バジェ・イ・オルドニェスという男』。ダニエル・ペルーアス。ウルグアイ、フィン・デ・シグロ出版、2001年、6ページ。

※18…1903年から1907年まで、そして1911年から1915年までは、バジェ・イ・オルドニェスは男性の直接投票によって大統領に選出された。その政権は、強力な改革派の使命で特徴づけられ、今日まで存続する公社や公庫の創設につながった。

※19…『オリエンタルズ：ウルグアイの政治史』第2巻。1865年から1938年まで。リンコン・マイステギ・カサス。ウルグアイ、プラネタ出版、150ページ。

※20…同上、153ページ。

マイステギは、農業改革の欠如という問題を強調している。それにより、「ラティフンディオ（広大な農地）と大規模な牛の飼育を特徴とする一般的な農村生産システムが維持されることとなり、その状況が、強力な社会インフラが脆弱な基盤の上に成り立つ」ことを決定づけた」。※21

まさに、ラティフンディオ、大規模な牛の放牧、農村労働者に対する効率的な社会保護構造の欠如が、トゥパマロスの要求と出現の原点であった。

こうした弱点はあるものの、「この時期にウルグアイでは、政治文化のマトリックス、市民権のモデルが確立され、それがウルグアイの民主主義の概念であり、協定によって実現された」とカエタノは説明する。

国家の役割が確立され、優勢になった。それは、弱者の盾となる国家というものである。「国家の役割は、社会秩序の構築のための偉大な道具であり、世俗主義の擁護や女性の権利など、多くの活動分野で大きな影響力を持つ」と、カエタノは総括している。

バジスモの理想は、可能な限り単純化して平等にすることだった。

「バジスモは平等主義であり、ウルグアイの（社会的および政治的）マトリックスは、〝誰もが誰よりも優れている〟という平等主義です。平等の上に成り立つ自由です。バジスモには、共通の利益と公共の幸福という、とても強い概念がありました」

このように、それは「法改正」によって達成されるとカエタノは指摘する。

「そして、道徳問題に直面した際には中立ではありませんでした」

そのため、たとえば、売春は現実であり、撲滅すべき悪ではないと認識したうえで売春を規制しようとした。言い換えれば、バジスモは究極の実用主義だった。

「バジスモとは異なり、ムヒカは国家を信じません。しかし、ムヒカには公共の利益という観念があり、国家による強制を設定して、より高い利益を守ろうとします。それが必要であれば」と、カエタノは言い、例としてムヒカの統治下でウルグアイが大麻の生産と流通に果たした役割を挙げた。

「ムヒカは、リベラルの枠に収まりません。リバタリアン（自由至上主義）であり、不干渉の自由という意味においては、無政府主義と言ってもいいくらいです。誰も彼に観念を押しつけてはならないのです」

ウルグアイの歴史学者のこの最後の発言は、ムヒカを説明する際の必須事項のようなものだ。ゲリラ時代の後のムヒカにとって、自由は何よりも優先される。ムヒカは、拒否することさえも自由を主張する。

※21…同上、151ページ。

束縛されないように、心配しないように、自分の時間を制限されないように、より多く手に入れるためにたくさん働くようなことをして、自らを消耗させたりしない。

私はかつて、ムヒカに「自由」とは何を意味するのか尋ねたことがある。

ムヒカはこう答えた。

「時間があること。それもできるだけ多く。物質的なしがらみではなく、自分のモチベーションを上げるようなことをするための時間があることだ」

カエタノは、ムヒカのことを「複数の相続人」または「イデオロギーのマグマ」と定義している。

そして、バジスモの重要な価値を含む、ウルグアイのアイデンティティの本質的な価値を融合した産物であると評する。

「ムヒカは、不平等を受け入れて自由になることはできず、自由を抑圧することで平等を強要することもできない人物です。1960年代、ムヒカは武力革命を通じて解決できると信じていました。そして今日、ムヒカは民主主義への鍵を見いだしている。その中でも『自由と平等の間の緊張』について注目し、平等と自由の間の緊張を処理（解決）するための優れた手段は『連帯』だということを認識している」

「熾烈な競争で成り立つ経済で、連帯について、〝皆で一緒に〟など議論できるのでしょうか？　私たちは本当に仲間なのですか？」

2012年6月に開催された気候変動に関する「リオ＋20」サミットで、ムヒカはこのように問いかけた。これは、彼の世界的知名度を飛躍的に高めた2つのスピーチのうち、最初の国際スピーチであることに疑いない。

ムヒカの個人的な行動の多くには、たとえば、給料の大部分を寄付している共済住宅や、労働者の1人として頻繁に出入りしている建築現場への協力など、個人レベルから行使される連帯の概念が浸透している。政府からは、富の再分配の仕組みとして広大な土地の所有者に対する増税や、超低所得者への公的資金支給額を増やすことを目指したが、後者は受益者に求められる対応策の不備（未成年者の医療フォローアップや年間最低就学日数の順守）が指摘され、議論を呼ぶことになった。

後で見るように、ムヒカは支配者として、社会に平等な条件を生み出すための重要な分野で失敗した。

それは、ウルグアイ人家族の大部分、特に低所得者が使用する公教育の質の改善である。この失敗は、強力で頑強な当地の教職員組合とも共有することとなり、結果として、ウルグアイの富める者と持たざる者との間にある、将来の機会の格差を広げたにすぎなかった。

カウディージョ（政治・軍事指導者）

すべての政治指導者と同様に、ホセ・ムヒカは自身が生きた歴史的な時代の息子であり、自らが下した決定の産物である。ゲリラ運動MLNトゥパマロスの中で生きてきた過程は、ムヒカの人生を（しばしば傷痕つきで）特徴づけるものだが、この独学の男は幼い頃から、ラテンアメリカの歴史の中心であり、ウルグアイでは特に重要なカウディージョ（政治・軍事指導者）の姿を自分の世界観に取り込んでいた。

政治学者のアドルフォ・ガルセに筆者がインタビューしたとき、「ウルグアイの政治は、カウディージョを中心に構築された政策です」と説明した。そして「政党はカウディージョによって築かれ、国家は政党によって築かれた」と、ガルセはまとめていた。「ムヒカは、カウディージョの国のカウディージョです」とガルセは言い、さらに、自らをそう定義する特徴も備えていると付け加えた。

「コミュニケーション能力、自分の意見を何千通りもの方法で説明して伝える能力、聞く能力などは、人気のあるカウディージョに典型的なものです。カウディージョとは、人の話を聞き、どこに行くべきか、どう支払うべきかを知っている人物……、ムヒカはそんな人です。政治家の中で、ムヒカはおそらく最も耳を傾ける人物でしょう」

ガルセは、ウルグアイの歴史において、現地の政党の想像力と特定の神秘性をつくり上げるのに貢献した、さまざまな指導者の名を挙げた。「彼らは、とても単純な人々であり、エリートやインテリ層とのつながりがなく、反知性と反博士の流儀を持っていた」とガルセは言う。

ムヒカは、その政治的な側面と、よく知られた人間的な側面の両方において、ウルグアイ特有の価値観の中心——簡素、平等、謙虚、小さなことでの連帯の称揚——を総合的に表現している。しかも、自身を巧みなプレーヤーや「博士」として紹介するどころか、実に幅広いその文化的背景を、素晴らしい誇大表現とともに、最小限の説明にとどめている。

ムヒカは、独裁政権の終焉後に大統領に就任した伝統的カウディージョの特徴を備えた最初の政治家であり、おそらく最後の人種だろう。彼によって政治へのアプローチが、生涯同一政党に投票するといった有権者の独断主義から、綱領や提案、あるいは候補者に基づいて選択する実用主義へと、徐々に変化しつつある。

このようなウルグアイ社会の特性、そしてムヒカ自身の特性が、ムヒカの成功の中心的かつ重要な側面であるコミュニケーションを支えている。

就任演説

ウルグアイの伝統に従い、ホセ・ムヒカは2010年3月1日に議会で就任演説を行った。内容の詰まったメッセージだった。政治的な意味が濃厚で、言ったことも、言えなかったこともある。

演説の中で、私が不可欠だと考える部分が2つある。1つは、ムヒカの政権がどのようなものになるかを定義したもので、もう1つには、ゲリラの過去を許さず、民主的な職務につくことに疑いを持つウルグアイの人々との和解を求める明確なメッセージである。

「私のごく限られた法律知識では、私がいつ次期大統領ではなくなり、大統領になるのか、正確な瞬間はわかりません。それは今なのでしょうか、それとももう少しして前任者から指揮権を受け取るときなのでしょうか。私としては、選挙で選ばれた大統領という肩書きが、ある日突然、人生から消えてしまわないようにと願うばかりです。その肩書きには、私が投票者の意思のみによって選ばれた大統領であることを、ことあるごとに思い起こさせてくれるありがたみがあります。『選ばれた』という事実が、気を抜くな、命じられた任務を果たすことを忘れるなと警告するのです。大統領のニックネームに、マンダタリオ（命令を受けた人）が――プリメル・マンダタリオ（国家元首）とも言いますが――あるのもそのためです。自分ではなく、他人から命令を受けます」

ムヒカはこのように、この国の政治的伝統に不可欠ないくつかの点を明らかにした。その他のラテンアメリカ諸国のように、全権を握り崇められる大統領ではなく、強力な議会という対抗勢力が存在し、最高指導者に口出しできる政党としばしば戦わなければならないということを……。

ムヒカは何よりもまず、主権は有権者にあり、自分の立場は有権者の意思によるものだと表明した。これは、ウルグアイのような共和制民主主義制度で選出された大統領にとっては当然のことである。だが、それに加えて、この点こそが、ムヒカが大統領として、ある種の改革が必要であることをウルグアイ国民に納得させた精髄であり、ムヒカが言及する大多数の「他者」と対等の立場で統治する人間であると、自らを位置づけたのである。法律問題に関する知識に限界があると認めることで、ムヒカは前任者たちとの間に深くて鋭い断絶を築いた。ウルグアイ人の大多数と同じような人物が統治することになるというのが、ムヒカが国民に発したメッセージだ。政権を担当している期間、ムヒカはその姿勢を維持し、示し、常に強固なものにしようとした。

就任式当日に初めてオーダーメードのスーツを身につけた元ゲリラは、さらに先へ進んだ。ムヒカは、過去を許せず自分に投票しなかった人たちや、若い頃に法の支配に反抗し、自分の考えを守るため——押しつけようとするため、と言う人もいる——「銃」という手段に訴えた人物の意図を疑う人たちに向けて語りかけた。
「今日は、私たちは、私たちが厳密かつ詳細にルールを適用していることを誇りに思う、記念すべき日です。私たちは、憲法に定められたことを順守するために最大限の努力を払うつもりです。もちろん、国の政治組織の形態について言及している憲法上の義務も順守し、国が自らに求める社会倫理について述べている憲法上の声明も順守します」

このように述べることで、ムヒカはウルグアイの人々に2つの基本的な考えを伝えた。1つは、「国の政治組織の形態」、つまり共和制民主主義を尊重し、変更はしないということである。もう1つは、断固たる社会倫理に則った「憲法上の義務」については、解釈の余地を残すということである。

ムヒカ大統領は、平等な権利の伝統が根強いこの国の憲法が歴史の上に成り立っていることを認識し、この「倫理」の解釈に従って、個人の自由の拡大と機会均等の追求に重点を置く政権運営を始める。ムヒカは確かに、個人の自由の拡大という目標を達成した。ただ、機会均等という目標については、後で説明するように、成功したとは断言しがたい。

政治的コミュニケーション、人間的コミュニケーション

私は、ムヒカのゲリラ運動の同志である、トゥパマロス民族解放運動に参加した何名かに、組織の一員としてのムヒカについて、「言っておきたいことは何か」と尋ねた。もちろん、新しい時代、大統領の時代に合わせて、ムヒカの政党の同僚や親しい協力者の何人かにも同じ質問をした。ムヒカのキャリアを追跡または研究している政治学者、歴史学者、政治アナリスト、ジャーナリストにも同じ質問をした。ほぼ全員が挙げたことが1つある。

それは、ムヒカが素晴らしい直感の持ち主だということである。政治的直感と対人関係の直感。ゲリラだったときに自分の命を守ることができたり、議論を呼ぶ政府の施策について、純粋なイデオロギー以外の軌道に誘導できたりしたのは、ムヒカ特有の個性によるものである。たとえば、経済管理の分野では右派に属するような考えを、左派の信奉者の目には正当なものとして映るように仕向けることもある。反対に、その驚異的な実用主義によって、従来左翼的と見なされてきた要求を支持することがいかに賢明であるかを、右翼的な有権者に納得させることも可能だった。

それをどうやって成し遂げるのか。答えは簡単だ。ムヒカはコミュニケーションの達

人だからだ。そして、コミュニケーション能力こそが成功の鍵であると、私は考えている。確かに、ムヒカの個人的な経歴、自分の見せ方、アプローチの手段として逸話的な事実をアピールすることが、メディアにとって磁石のように作用して、多くの色で彩られたメッセージを複製し、そして増幅させることは事実である。しかし、内容や主張を正確に伝えることができなければ、聴衆を味方につけることはできない。

マーケティングと政治コミュニケーションの専門家であるウルグアイの心理学者、ダニエル・エスキベルは、聴衆とコミュニケーションを取るムヒカの能力を大いに重要視し、それが2009年の選挙で勝利した理由の1つであることを立証した。さらにエスキベルは、ゲリラ時代の報道では「ムヒカ・コルダノ」、議員時代には「ムヒカ」、そして大統領就任時には単に「ペペ」と称されるようになった、ホセ・ムヒカの公的人格の魅力の大きさを語っている。[※22]

エスキベルは、ムヒカがウルグアイの有権者から信頼され、愛称で呼ばれるようになるほど、人格が進化を遂げたことを解説している。エスキベルが説明するこの現象は、反対派のメンバーがムヒカを「ペペ」と呼ぶときに、最も顕著に表れる。

公の場でコミュニケーションを取り、自分自身を表現するとき、ムヒカは多くのウルグアイ人にとって「鏡」として機能する。人々は、ムヒカの話し方、存在、行動に自分自身が反映されていると考えるのだ。その理由は、ムヒカの「非公式さ」「不遜な言行」「ウイットに富んだ発言」「政治の非中央集権化」にあるとエスキベルはまとめている。[※23]

この政治コミュニケーション専門家の最後の指摘は、ムヒカがなぜウルグアイの有権者を魅了し、世界中の聴衆を熱狂させるのかを理解するのに不可欠である。ムヒカは、政治を短期的に利用するための単なる道具と見ていて、たとえ縛られていたとしても、人々の目にはそうではないように映る。

ムヒカは何度となく、大統領としての活動に時間を「奪われる」ことを公然と訴え、まるで大統領就任を迷った時期があったかのように、大統領の役目を仕方なく果たしているかのように語っている。自分が参加する大統領サミットを批判するときにも、同じことをする。このようにして、ムヒカは自分自身の職業ではなく、他人のために責任を担う一般人のイメージを生み出す。

もちろん、ムヒカが投影するこのイメージは現実のものではない。一国の元首になることを強制される人はいない。それに、そのような地位につく者は、何よりも、批判や失敗に抵抗できる巨大な自尊心を持っているのが普通だ。

※22…『なぜムヒカは勝利したのか』。ダニエル・エスキベル。ウルグアイ、11ページ。
※23…同上、12ページ。

ムヒカは、発言やしぐさ、そして外交儀礼にほとんど従わないことで、その地位につく政治家にとって貴重な、真逆のイメージを打ち出す能力がある。本書を執筆した、任期終了してから1年に満たない時点において、ムヒカの実績がウルグアイの多くの人に評価され、有権者の半数以上に認められている理由の一端は、国外の聴衆を驚かせたことにあるだろう。彼らは、内側から政治を批判したり、自分がついている地位の居心地の悪さを認めて、冗談を飛ばしたりする国家元首に慣れていない。ムヒカは「市民のムヒカ」になって、「ムヒカ大統領」を批判することができるのだ。

ウルグアイ大統領が国内外のマスコミから注目される理由は、本人が関わった政治との関係において、自らのイメージを打ち出す独創的な方法にある。当然ながら、背景には特殊なライフストーリーがある。ムヒカはそれを頻繁にアピールして、自分の発言を正当化し、支えようとする。またその根源には、雑談相手であれ、インタビューするジャーナリストであれ、つかみどころのない大勢の聴衆であれ、ムヒカが他者との間に築き上げる近接性がある。

それをどうやって成し遂げるのか。ムヒカには、会話の相手や演説する大衆に合わせてスピーチの形式を適応させる並外れた能力があり、メッセージを届けようとしている人が理解できるように、使う言葉や声のトーンを変えたりもする。

多くの場合、ムヒカはこれを物理的に実現する。インタビュー中、ムヒカが記者の腕に触れたり手を伸ばしたりして友好を示すことや、自分の発言が2通りの意味に取れる場合や、実際に2通りの意味を持っている場合に、再確認の印として、相手にウインクしてみせることは珍しくない。

一般に、大統領のコミュニケーション担当者はほとんど反射的に、ときには物理的に、ときには一時的に、障壁やカモフラージュされた制限を設けてジャーナリストに条件を付け、インタビューを単なる儀式に変えてしまう。国を治める人との対話は、常に興味深いが、形式的な距離感によって会話の自然さを奪うことになる。

ムヒカは一対一で対面することで、その図式を完全に打ち破る。私がこれまで話をする機会のあったラテンアメリカの大統領の中で、同じような印象を受けたことがあるのは、ボリビアのエボ・モラレス大統領だけである。

「ウルグアイの大統領は、ゲリラ時代と同様に、素晴らしい言葉選びの能力を発揮する。トゥパマロスは、言語に対して大いに関心を持っていました。強盗を〝収用〟、殺人を（中略）〝処刑〟と言い、トゥパマロスを〝人々と仲間〟と言い表していました。誘拐した人物を閉じ込めていた場所を〝人々の牢獄〟、武力攻撃を〝行動〟と言っていました」とエスキベルは述べている。[※24]

※24…同上、3ページ。

記号学者のフェルナンド・アンダハトは、ムヒカがコミュニケーションに成功する理由を記号論の観点から説明した。

そして、政権交代からわずか数時間後に、ムヒカが立法府で行った就任演説の一節を分析し、彼が言葉によって築く関係のメカニズムを理解する鍵を示した[※25]。

「国外から参加された方々、特に、ほとんど突然に遠方から来られた方々をお迎えするという、最も楽しい仕事をこれから最後に控えています。どうもありがとうございます。何年か前であれば、こうした訪問は貴重な外交辞令であり、国から国への礼儀であると考えていたでしょう。最近では、国外の要人をお迎えすることは、より強く、より政治的な意味を持っていると思っています。この場にいることで、皆さんは民主的なプロセスへの支持を表明し、その祭典に立ち会っているのだと感じています。民主主義は完璧ではありません。それを改善するために戦い続けなければならないのです。**私たちはすでに親愛の気持ちについて理解していますが、皆さんと直接会って感じ、そして顔を合わせて応えることで、親愛の念はさらに深まります。親愛の気持ちは、人と人とでも、国と国とでも同じことです。私たち人間は、アイデアだけでなく感情も持っています。外交アカデミーでは、お互いを深く愛することを推奨しているでしょう。**ですから、ここにいる世界の友人たちに、ウルグアイ全国民から感謝の意を表します。（中略）私たちは、彼らがここにいることをうれしく思います。特にこの老戦士は、感動すら覚えます」[※26]。

アンダハトは、この太字で強調された部分を分析対象としているが、それは、ムヒカの成功は「直説法（事実をありのままに伝えるスペイン語の語法）」にあるとする。そして、ムヒカは、スピーチでも、つまり相手が１人ではないときでも、「体と体」によるコンタクトを常に実現する、としている。[※27]

そしてアンダハトは、「世界にはコンタクト、つまり、共在に対する要求がある。また、コンタクト（仲介者の意味もある）は、従来カリスマと呼び習わすものであり、恵みである」と述べている。[※28]

ムヒカは偉大なカリスマ性を持った政治家である。

カリスマ性、直感力、政治的洞察力、そして80年の人生と相まって、その効果は絶大である。従来の、偽者であることも多い政治家とは異なり、ムヒカは普通の人のように見えるし、プライバシーにアクセスできるという付加価値もある。

無数の外国人ジャーナリストがムヒカの家を訪れ、インタビューを行い、その暮らしぶ

※25…「ホセ・ムヒカ大統領に見られる近接性と距離の記号」。フェルナンド・アンダハト。分析は、２０１０年３月３日、ウルグアイのエル・エスペクタドールラジオの番組、「エン・ペルスペクティバ」で行われた。フェルナンド・アンダハト提供。
※26…ホセ・ムヒカ。モンテビデオのパラシオ・デ・ラス・レイスで行われた就任演説。２０１０年３月１日。
※27…同上、４ページ。
※28…同上、11ページ。

りを紹介している。そして、大統領のこうした特異な側面は、緊縮財政と倹約のメッセージに同調する人、あるいはもっと政治寄りの考えに同調する人に対して、近接性という効果をいや応なしに生み出し、それが直ちに共感に変わる。

ムヒカが世界に自分自身を示す方法は、「権力者がプライバシーを取り囲まれたとき、正面のみを、そして完璧な瞬間だけを垣間見せる手法とはまるで反対のものだ」と、アンダハトは述べている。

ある意味、ムヒカは、その生き方として理解される話し方や習慣から近接性を生み出しているのだ。

ウルグアイ大統領のコミュニケーションの分析についてアンダハトに話を聞き、ムヒカが常に生み出している近接性について尋ねたところ、アンダハトはこの点を解説するのに、自身のアプローチに加え、実に興味深いことを述べた。

「ムヒカの公の記号が生み出すのは、まさにこの尋常ではない、ほとんど異常ともいえる親密さであり、それはムヒカの発言と行動が同質であることと大いに関係があります」

ムヒカが大統領として政治的な理由で行っていたことと、単にそういう人間だから行っていたことを区別するのは、なかなか難しい。

そして、その特徴は、話し方や自分の見せ方を、カメラのない私生活での言動と重ね合わせる能力に集約させていることである。これが、ムヒカを定義づけているといえる。

ルイス・スアレスとムヒカ・スタイル

ムヒカの政治生活は私生活と密接に関係しており、メッセージで聴衆を感動させる、その疑いようのない能力については、何十、何百ものエピソードがあり、コミュニケーション学者はそこから選択して分析し、ムヒカの能力を示すことができる。

大統領に就任する以前の政治人生にも興味深い逸話がたくさんあり、それらは何らかの形でムヒカ流のコミュニケーション方法を物語ることから、時間をかけて検討する価値があるのは間違いない。しかし、任期中に発生した逸話の中にも、ムヒカの天才性、異彩ぶりを描き出すものがある。ここでは、「ムヒカ・スタイル」とでも呼ぶべき、世界的な広がりを持つ1つの特徴を取り上げてみることにする。

ウルグアイとイタリアは、2014年のワールドカップ、ブラジル大会グループリーグで対戦した。それは、やるかやられるかの試合であった。負けたほうが敗退し、大会を去ることとなる。膝の手術から驚異の回復力を見せた後、ウルグアイ代表チームのエースストライカーであったルイス・スアレスは、イタリア戦の前に、ライバルのイングランドに対して堂々とプレーし、強烈なゴールを2つ決め、イングランドを敗退に追いやった。再び奇跡を起こし、「マラカナッソ」[※29]の再現もあり得ると、ウルグアイの人々が信頼を寄せた代表チーム「セレステ」のニューヒーローは、イタリア代表のジョルジョ・キエッリーニの肩に噛みついた。当初、スアレスは追放されず、審判はこの攻撃を報告しなかった。しかし、国際サッカー連盟（FIFA）は、この種の行為を繰り返したとして、スアレスに厳しい制裁を科す。ウルグアイでは、この制裁は、ブラジル大会で自国が再び恥ずかしい敗北を喫するリスクを避けるために科されたと、一様に解釈された。ホセ・ムヒカ大統領は、ムヒカらしい方法で憤りの波を導いた。スアレスを擁護するという――当時、国民の大多数が支持していた――主張の基本は、この青年が国民の1人であり、自分とほとんど同じ素朴な人間であると指摘することだった。ムヒカは、スアレスに対するFIFAのペナルティが発表された後、数時間にわたり何度もその主張を繰り返し、不当な決定だと考える理由を、世界へ向けて発信した。

この件に関するムヒカの発言の一部を、2014年6月26日金曜日に放送されたラジオ番組から引用する。

「私たちが味わった苦しみは、不当な処置や制裁によるものではありません。それなら部分的には理解できます。本当に部分的ですが。そうではなく、その陰湿さ、手口、適用された処置は決して理解することはできません。名目だけでなく、一国に対する非情な攻撃です。根本的に、その手口が侮蔑的なものに、軽蔑的で圧殺的なものに変質しているからといえます。（中略）これは忘れられることのない、サッカー史において最悪の出来事として、記憶に残るでしょう。ワールドカップの歴史の中で、永遠の恥になるでしょう。（中略）私たちは、本物の立役者たち、選手たち、そして監督を元気づけるよりほか何もできませんでした。スアレス青年を迎えに行ったところ、スケジュールを間違えたために会えませんでしたが、朝の5時半に再び行き、滑走路の真ん中で、ウルグアイの人々を代表して、私たちは控えめながらも心を込めて彼を抱擁しました。そして、これからも生き続け、学び、戦い続けるようにと励ましました。（中略）寒い朝でしたが、全員の心はとても温かく、団結していました。実際、私たちは自分だけでなく、ウルグアイ人全体の愛情を示そうとしたのです。ウルグアイ人ならこのようなとき、彼を裁いたりせず、愛情をもって受け入れます。それ以外は、何をしても彼を地に叩きつけることにしかならないのだから」

こうした政治とはまったく関係ない出来事についてウルグアイの人々が深い悲しみと失

※29…1950年7月16日、リオデジャネイロのマラカナン・スタジアムでウルグアイがブラジルを2対1で破った。ウルグアイチームは開催国のブラジルに先制を許した。当時の新聞はすでに何日も前からブラジルが優勝すると書き立てていた。だが、ウルグアイが2点目を得点し、ブラジルのサポーターで埋め尽くされたサッカースタジアムは沈黙した。ブラジルでは、国家的悲劇の日として記憶されている。ウルグアイでは、隣国の巨人に対する壮大な勝利として記憶されている。

望に打ちひしがれていたときに発せられたムヒカの国民へのメッセージは、ムヒカが国民の感情を捉えて代弁する優れた能力を示している。また、ここで見逃してはならないのは、ムヒカが非常に巧みに言葉を選んで人々に呼びかけている点である。まず、スアレスをねぎらう気持ちを示すのに単に「抱擁した」ではなく「控えめながらも心を込めて抱擁した」という表現を用いたのは、ウルグアイ人の基本的な価値観として、まず何よりも謙虚で自己犠牲的であることが尊ばれ、逆に成功していることをひけらかすような態度は、たとえ正当な努力の末に勝ち得た成功であったとしても人々には理解されず受け入れられないことが多いからである。またムヒカは、「私は彼を抱擁した」とは言わず、「〝私たちは〟彼を抱擁した」と表現している。このような1人称複数形を用いた言い回しは、ウルグアイでは、文脈にもよるが率直さ、あるいは謙虚さ、または連帯感を示す表現となる。「私たち」と表現することで、ムヒカがスアレスに与えた「抱擁」は、ウルグアイの人々すべてを代表して行う抱擁となったのである。さらにムヒカは、自分がウルグアイ国民のスアレスに対する「愛情を示すために」彼を出迎えに行ったと話した。それはまさに、運命により、おのずと大統領の職につくこととなり、国民の求める改革の「代行者」としての使命を託された彼自身とスアレスを重ねていたといえよう。

ムヒカはまた、ムヒカ自身そしてすべてのウルグアイ国民の望みであったこの不運な国民的英雄スアレスを出迎え、その労をねぎらうという目標を確実に達成するべく、スアレスに会えるまで2回現地に赴いたと話した。人々は、ムヒカのこの行動を高く評価した。
ムヒカはスアレスの件について、かねてよりFIFAについて非常に批判的な立場をとっていたアルゼンチンサッカー界のスターであるディエゴ・マラドーナとも会見する。「リーベル・プレート・ルンファルド（アルゼンチンやウルグアイの一部で使われる俗語的言葉遣い）」を交えてやり取りされたムヒカとマラドーナの会見は、ウルグアイのテレビ番組「デ・ズルダ」[※30]の中で放映された。ムヒカは、貧しい家庭の出身であるスアレスについて、同様に貧しい幼少期を過ごしたことで知られているマラドーナと重ね合わせて言及した。そしてムヒカは、「サッカーの天才は〝小さなフィールド〟（子どもたちがサッカーをする空き地）から生まれるものであり、そうした空地は南米の国民的スポーツであるサッカーを象徴する要素の1つである」と語った。

また、アルゼンチンの英雄である一方で、世界のサッカー界の権威であるFIFAに対して反抗的な態度を取り衝突を繰り返していたマラドーナに対し、ムヒカはおそらくスア

※30…ベネズエラ政府の出資する公共放送であるテレスール・ネットワークが放送したこのテレビ番組では、アルゼンチンに拠点を置くウルグアイ出身のサッカー解説者であるビクトル・ウーゴ・モラレスがマラドーナと並んで共同司会者を務めた。発言内容は2014年6月26日放映回からの抜粋である。この番組の中でマラドーナがFIFAの制裁措置を非難した事に対し、FIFAはマラドーナのジャーナリスト資格をはく奪し、ブラジルワールドカップ会場への立ち入りを認めないという処分を下した。

レスよりもはるかに的確な言い回しで次のように呼びかけた。

それはまさに、ムヒカ自身の言葉を借りれば「世界のサッカー界において常に迫害されている国やチームの代弁者」として彼の立場を明確に表明するものであった。

「私たちは、私たちの同胞に対して忠実でいましょう。私たちは常に自分たちの同胞と寄り添って進むべきです。なぜなら彼らがこの世界の大部分を占める人々だからです。この世界の大部分を占めるのは、忘れられ、打ちのめされ、見下され、声をあげられない人々です。そしてその中で優れた才能をもった誰かが頭を上げようとすると、人々は眉をひそめ嫌な顔をします。秩序を乱すものは疎まれる。そして、そのまま頭を下げることなく昂然と進み続けようとすれば、一層大きな抵抗に合うのです」

ムヒカ、マラドーナ、スアレスの3人は、元ゲリラであったムヒカの語る言葉の下で、まさに1つの存在となったのである。マラドーナとムヒカの会談は、このエピソードを締めくくるのに相応しいものとなった。※31

※31…ブラジルワールドカップの決勝トーナメント1回戦でコロンビアに敗れたウルグアイチームを首都モンテビデオで出迎えたムヒカは、スポーツジャーナリストのセルジオ・ゴルジに「今回のワールドカップでのウルグアイチームの処遇をどう思いますか」と聞かれた時、「FIFAは愚かな年寄りのクソどもの集まりだ」と吐き捨て、そしてにやりと笑って手を口に当てた。ゴルジは彼に「今おっしゃったことをそのまま放送してもいいですか?」と尋ね、ムヒカは「もちろん、それが私の望みです。ぜひ放送してください」と答えた。最後に、ムヒカは「FIFAはスアレスに〝ファシスト的な〟制裁を下した」と付け加えた。

マテ茶をはさんだ親密な交流

人々と一体化し、彼らの追い求める理想を行動で示す代弁者として（特に厳しい状況において）熱く受け入れられるムヒカの能力が、もともと生まれ持ったものなのか、あるいは努力によって身につけたものなのかを判断するのは容易ではない。

トゥパマロスらが、ウルグアイ国民の多数派代表として国家に対する武装闘争を行ったとまでは言い切れないまでも、トゥパマロスの誕生から半世紀近くたった今振り返って、社会正義と富の再分配を求めるトゥパマロスの主張が少なくとも一部の国民の共感を得ていたことは間違いないだろう。

独裁政権の終焉とともにトゥパマロスのメンバーらが刑務所から出所したとき、かつて若い急進派であったトゥパマロスらの主張に好感を持っていた人々も、これからは二度と引き金を引かないという元トゥパマロスらの誓約の信憑性には疑問を抱いていた。12年にわたる独裁政権下での生活は、さまざまに異なる政治的見解を真に平和的に共存させることを何よりも尊ぶ人々にとっては長くつらい経験であった。

独裁政権が終焉し、かつてのゲリラたちは国の政治の中核として社会とコミュニケーションを取り、支持者獲得のため自ら状況に順応しなければならないという課題に直面した。彼らにとって、キューバ革命が象徴した理想はまだ消えてはいなかったが、この新しい時代には、1960年代から1970年代にかけてモンテビデオの街頭の壁に書きなぐられた武闘プロパガンダスローガンとは異なる、新たなアプローチが必要とされたのである。

1985年に、彼らに突きつけられた課題は、不信感を抱く社会にいかにアプローチできるか、いかに人々との距離を近づけることができるか、という点であった。

ウルグアイでよく使われる言い回しとして「マテ茶よりもウルグアイ人らしい」という表現がある。

財源に乏しい中、従来から地元の文化や伝統にアピールすることを得意としていたトゥパマロスらは、マテ茶を介した集い「マテアダス」[※32]を催すというアイデアを思いついた。ウルグアイの市井の人々、特に次世代の組織を担うメンバーとなる可能性のある若者とマテ茶を飲みながら交流するというアプローチである。

この厳かな儀式を執り行いながら、トゥパマロスたちは政治について話し、街で自分たちが目にしていた現実について語りあった。彼らは、かつての闘争スローガンで、暴力を煽っていると誤解される表現をすべて除き、新しいメッセージに置き換えていった。軍は政権を明け渡すにあたり、さまざまな政治的ジェスチャーにより、それが国民の意思ではなく、彼ら自身の決定によるものだということを強調した。

ムヒカがよく語るエピソードの1つが「自分は1985年に刑務所を出た数時間後には、すでに（心の中では）戦闘員になっていた」である。

トゥパマロスらは、マテアダスという最もウルグアイらしい伝統に則ったコミュニケーション手段を生かして、社会に歩み寄り、ごく自然な形で政治的な意見交換を促がすという働きかけを進めていった。

それは、ちょうどムヒカが大統領として示した態度や行動と同じような自然さであった。ムヒカの政治家としての最も際立った資質である「自然さ」は、大統領職という垣根を越えて、人との親密な関係を築くことに長けている彼の対人能力の基盤を成す要素であるといえよう。

それこそが、ムヒカが国民の間で変わらず高い人気を保ち続ける秘訣であり、さらに重要なことに、たとえ激しい非難を浴びている最中であっても、国民が彼の過ちについて極めて寛容である理由であると思われる。

※32…マテアダスとは、何人かで集まってマテ茶を回し飲みする南米伝統の風習である。リーダーが沸騰した湯をマテ壺に入れて茶を沸かし、メンバーの1人にわたす。壺を受け取って茶を飲んだメンバーはマテ茶の茶葉が残った壺をリーダーに返し、これを繰り返して全員でマテ茶を回し飲みするのがマテアダスである。茶を沸かすリーダーがマテアダスの進行役を務める。

ムヒカの逸話②

ディエゴ・マラドーナとウルグアイ人ジャーナリストのビクトル・ウーゴ・モラレスが共同司会を務めたTV番組「デ・ズルダ」がある。

2014年6月25日木曜日放送回の中では、ルイス・スアレスを出迎えにきているホセ・ムヒカが、マラドーナと対談をした。それは、次のようなものであった。

ムヒカ「私たちは空港のすぐ近くで、故国に帰ってくるスアレスを出迎えて抱擁するために待っています。（中略）そこには、絶望と怒りに満ちた人々が集まってきたのです。私たちの求めるものとは何でしょう？　私たちは、貧しい若者たちが迫害を受けていると感じています。正式なトレーニングを受けていない人間を認めない者もいるが、スアレスは小さなフィールド[※33]で、自らトレーニングを重ねた。そして底辺から這い上がってきた者、特有の痛みと反抗心を胸に秘めている。しかしＦＩＦＡは何も理解せず、スアレスを受け入れようとしていません」

マラドーナ「FIFAは容赦しません。大統領、なぜならそれは彼らにとって都合が悪いことだからです。彼らは非常に良くないことをしている。そして残念なことに、大統領、彼らはルイス・スアレスのような素晴らしい成長をして、ワールドカップへの出場を遂げた選手に……、彼らは何も配慮を示しません。私たちは、大きな怒りを感じています。今回のワールドカップでは、ルイス・スアレスのキエッリーニに対するプレーよりも、はるかに悪質な反則行為が多く見られました」

ムヒカ「そうですね。それは間違いない。私たちはすべてのゲームを観戦しましたが、まったく別の基準が採用されていると思う。そして、それこそが最も許されざるべきことであり、最も悲しいことです」

マラドーナ「まったくその通りです、大統領。今回の件には多くの要素が絡んでいますが、問題のプレーについてスアレスを責めるべきではない。あれはあくまでプレー中のインシデントであり、それ以上のものではなかった。こうしたインシデントを際限なく追求し始めると、(退場させられる選手が増えるために)最終的には5人対5人でプレーせざるを得なく

※33…ウルグアイやアルゼンチンでは、人々がサッカーを行う空き地を「小さなフィールド」と呼ぶ。

なります」

ムヒカ「スアレスは、いつも縦横無尽に走り回る。経験豊かな人たちも注目せざるを得ない存在です。しかし、彼らは一線を越えてしまった。彼らはいまスアレスを罰したいと考えている。（中略）私たちはウルグアイ人で、小さな存在です。だから、彼らにとっての経済的な価値も低いのです。たぶん私たちが勝つことが間違いだと思っているのでしょう。私たちが、イタリアやイギリスを破ったときのことを考えてみてください！　そこで失われた収益の量は？　彼らは、どれくらいのお金を失うと考えるのでしょうか？」

マラドーナ「大統領、私は1人のサッカー選手として、今日こうしてあなたがルイス・スアレスを出迎えにきてくださったことを心から嬉しく思います」

ムヒカ「今朝、私は刑務所に行って、そこで働いている人々の作業場を訪問してきました。社会のまさに底辺※34ともいえますが、そこから這い上がろうとする人たちに会い、話をしました。人生は、目まぐるしく変わります。（中略）偉大な選手は、こうした貧困の中から生まれます」

マラドーナ「本当にそうですね[※35]」

ムヒカ「ＦＩＦＡの人々は、自分たちが私たちにどれほど大きな喜びを与えているかさえ知りません。彼らは、こうした貧困の中から生まれてきた偉大なサッカー選手を理解していないのです。また、あの人たちは、彼らを理解したいと思っていません。なぜなら、彼らは別の社会で生まれ、恵まれているからです。しかし、私たちは、自分たちの同胞に忠実でいましょう。私たちは、常に自分たちの同胞と寄り添って進むべきです。なぜなら、彼らがこの世界の大部分を占める人々だからです。この世界の大部分を占めるのは、忘れられ、打ちのめされ、見下され、声をあげられない人々です。そしてその中で優れた才能をもった誰かが頭を上げようとすると、人々は眉をひそめ嫌な顔をします。秩序を乱すものは疎まれる。そして、挑戦し続ければなおさらです」

※34…社会で最も貧しい人々、忘れられた人々。
※35…ディエゴ・マラドーナはブエノスアイレスの非常に貧しい家庭の出身である。

「先入観など
何の役にも立たない。
先入観で現実的な結果は
得られないのだから」

ホセ・ムヒカ
リカルド・カンペナのインタビュー。
アルゼンチン「ラ・ナシオン」紙にて
2009年9月13日

Chapter 5

静かな革命～自由への挑戦

2013年12月21日、影響力のある英国の雑誌「エコノミスト」は、「カントリー・オブ・ザ・イヤー」という見出しとともに「この国には才能ある人がいる（The land has talent）」というタイトルの記事を掲載した。

"The land has talent"とは、歌い手やマジシャン、およびその他のエンターテイナーを目指す人たちが競い合う英国のTVコンテスト番組[※1]「ブリテンズ・ゴット・タレント（Britain's got talent）」のタイトルをもじった言い回しである。

文章の右側には、ウルグアイ人にはお馴染みの小さな緑色のシルエットの上に白いクエスチョンマークが表示されていた。

人口300万人強、面積約18万平方キロメートルのこの国のほぼ三角形の輪郭を、外国人が何であるか気が付くのは難しいだろう。

※1…「エコノミスト誌が選ぶ今年のカントリー・オブ・ザ・イヤー。この星には才能ある人がいる」2013年12月21日。

経済や国際外交を専門とする「エコノミスト」誌は、この年から毎年特定の国に賛辞を捧げる慣習を開始し、その手始めとして２０１３年に経済的進歩が認められた国について詳しく解説する。

ウルグアイは、その年のカントリー・オブ・ザ・イヤーに選ばれた。その根拠として「エコノミスト」誌は、次のように説明した。

「最も称賛に値するのは、その国をより良くするだけでなく、他国に広がれば世界中に利益をもたらす画期的な改革があったことである。同性婚を認めたことは、経済的なコストをかけずに世界の人々の幸福度を高めた政策の１つで、ウルグアイをはじめとするいくつかの国は、２０１３年に合法化した。ウルグアイは、さらにこの年、世界で初めて大麻の生産、販売、消費を一定の規制のもとで合法化した唯一の国となった」

さらに同誌のエディターは、「これは明らかにデリケートな変更だが、これにより（大麻取引を財源とする）小規模な犯罪組織が一掃され、規制当局はより重大な犯罪の取り締まりに注力することができるだろう。これは世界の他国がまだ一度もやっていない思い切った変更である。私たちはこの政策を支持する。さらに、この種の政策の対象に他の薬物を加えることで、これらの薬物が世界にもたらす害悪を劇的に減らすことができると考える」

と述べた。

「エコノミスト」誌はさらに、ムヒカ大統領が「この政策は1つの〝実験〟であり、もし、うまくいかない場合は見直す」と表明している点を、「称賛に値するものであり、政治家としては異例ともいえる率直な姿勢である」と語っている。

同誌は、ムヒカについて取り上げた他の国際メディアと同様に、ウルグアイ大統領である彼の簡素なライフスタイル、つつましい自宅、古い車を強調し、また彼がエコノミークラスで移動していることを指摘した。

ウルグアイには大統領専用機がない。ムヒカが国外に移動する場合は、他国の大統領が提供する飛行機に搭乗する場合もあるが、一般の民間航空機で移動することのほうが多い。座席は移動の時期によって異なる。

「ウルグアイは、エコノミスト誌の選ぶ今年のカントリー・オブ・ザ・イヤーです。おめでとう！」との文言で記事は終わっている。[※2]

※2…さらに「エコノミスト」誌は2014年6月、大麻の生産、販売、消費に関するムヒカの政策を称賛するとともに、米国コロラド州とワシントン州で採択された同様の法律を歓迎する社説を掲載した。「エコノミスト」誌は、ウルグアイと米国コロラド州・ワシントン州の政策を「英断である」と表現した。この社説は薬物使用を非犯罪化する一連の政策について、こうした政策は、違法薬物取引市場に終止符を打つ完全合法化に向けた中間的措置としてのみ意義をもつと指摘した。

米国内に多くの購読者を持つ「ハフィントンポスト」のウェブサイトも、ムヒカ大統領について「彼がインタビューで語るコメントは常に英知にあふれている」と大きな賛辞を贈った。[※3]

「ハフィントンポスト」は、ムヒカ大統領の数枚の写真とともに、大麻市場を規制のもとで合法化するという彼の政策を肯定的に評価する記事を掲載している。

しかしこれらの雑誌以上に、おそらくムヒカ大統領の新しい政策を最も高く称賛したのは、2010年にノーベル文学賞を受賞したペルーの偉大な作家であると同時にマドリッドの新聞「エル・パイス」紙のコラムニストであり、たぐいまれな鋭い洞察力で世界を分析できる評論家のマリオ・バルガス・リョサであった。彼は、こう語った。

「世界中のいくつかの国ですでに承認されている同性間の結婚の合法化は、愚かな偏見を打破し、これまで何百万人もの人々を独断や組織的な差別で苦しめてきた（そして今も苦しめ続けている）誤った考え方を修正し、詰問、投獄、いやがらせ、社会的疎外、およびその他のあらゆる非道な行為から人々を解放してくれるかもしれません」[※4]

また、ムヒカ政権の大麻売買合法化政策について、次のように続ける。

「この措置は密売業者に打撃を与え、違法な大麻消費に起因する犯罪を減少させ、長期的には、大麻消費を著しく増加させる効果はないことを証明するでしょう。最初は一時的に消費量が増加するかもしれませんが、若者にとって麻薬を魅力的に感じさせる主な要因である禁忌そのものがなくなれば、次第に大麻の消費量は減っていくと考えられます」

そしてリョサは、次のようにコラムを締めくくった。

「自由にはリスクがあり、自由を信じる者は、文化、宗教、政治だけでなく、すべての領域で自由の実現に向かって挑戦することを恐れてはならない。今回の政策はウルグアイ政府がそのことを理解している証しであり、称賛に値する事実です。他の国々もウルグアイの例にならって、同様の方向に進むことを願っています」

※3…「ウルグアイの大麻を合法化した大統領から私たちが学べる10のこと」。2014年3月14日付け掲載記事。記事全文については、以下のURLを参照：http://www. huffingtonpost.com/2014/03/14/mujica-quotes_n_4965275.html

※4…「ウルグアイの例」。マリオ・バルガス・リョサ。コラム「試金石」。マドリードの新聞「エル・パイス」紙に2013年12月29日掲載。

「私たちは、成し遂げることができる」

ムヒカは、2005年より国の政権を握っていた左派政権の継承者として大統領の座についた。彼は、1971年に拡大戦線に統合されたウルグアイ左派のうち、大統領に就任した最初のメンバーとなった。当時の政府は、さまざまな勢力が入り混じった複合政権であり、社会主義者、共産主義者、急進的および穏健な左派の指導者、社会民主主義者、および自らを「進歩主義者」と称する左派労働組合幹部など、種々雑多なメンバーで構成されていた。この「進歩主義」なる用語は明らかに、対抗する勢力を「非進歩的」、逆行的、または少なくとも保守的と位置付ける意図で採用された名称だろう。

ムヒカは2回目の投票で選出されたが、1回目ですでに議会の過半数を獲得している。これは、国民の大部分からの強い抵抗を受けて就任した大統領としては、非常に心強い状況であろう。当時、ウルグアイ国民は、ムヒカ大統領は想定通りの順当な施策を行うだろうと予想していた。つまり2003年以来国の成長を支えてきた経済政策の継続と、前大統領が採択した税制改革による国の資金源の増強のもとで、国民は富の再分配が進むことを期待していた。しかしムヒカは、それよりはるかに大胆で物議を醸すいくつものアイデアを密かに計画していたのである。

2012年、ムヒカは大麻の生産、流通、消費を規制のもとで合法化する方針を表明した。なお、本書の発行時点では国民党の副党首であり次期大統領候補であったルイス・ラカル・ポウはそれ以前に、自家消費または自家栽培目的に限定した大麻栽培の規制下での合法化を趣旨とする同様の政策を提案している。ウルグアイでは、ムヒカの改革以前から大麻の消費自体はすでに合法化されていたが、大麻の売買や取引はまだ禁止されており、大麻所持のみであっても、1人分の消費量としては多すぎると裁判官が判断した場合には犯罪と見なされる可能性があった。このためウルグアイでは、パラグアイから輸入される品質の悪い大麻（ウルグアイで売買される大麻の大半を占める）を購入するのを避けるために、大麻を自家栽培していた多くの消費者が、過密で不衛生な刑務所に普通の犯罪者とともに投獄されるという憂き目に合っていた。

それと並行して、「ベースペースト」として知られる破壊的な薬物の消費が増加した。コカインの生産の残滓（ざんし）からつくられる、非常に中毒性が高いにもかかわらず極めて安価なこの薬物は、購買力の低い若者の間で蔓延し大きな被害をもたらしていた。ベースペーストを買うために家族から金を盗んだティーンエージャーや、ベースペーストの摂取を止められず助けを求めてデトックス施設を訪ねる若者の話が、地元のメディアで何度も取り上げられた。デトックス施設でベースペースト中毒者の人々と実際に話をすると、この薬物の神経系への破壊的な影響と、使用を止めようとしても、なかなか止められない中毒患者の苦しみをはっきりと理解することができる。

ウルグアイへのベースペーストの流入は、麻薬密売組織の市場戦略変化によるものであった。21世紀初頭の数年間、特に2002年から2003年にかけて、ウルグアイでは深刻な経済危機があった。その後、多くの麻薬密売業者は、取引をして収益を上げ続けるために、本格的な麻薬よりも安価で持ち込みも容易な別の薬物を探していた。チョーク状の塊で販売され、燃やして吸引するか、もしくは自作のパイプでたばこのように喫煙して摂取するベースペーストは、密売業者が求めるこうした特性にぴたりと合っていた。

消費者によれば、2005年ごろまでにウルグアイに密かに輸入されたマリファナの価格が大幅に上昇し、そしてベースペーストが低所得の薬物使用者の間で大麻に変わって消費されるようになったのである。薬物の効果やその長期的影響は、薬物の種類ごとにまったく異なる。ウルグアイは突然、街中や医療機関で新たな全国規模の健康問題に直面することになった。街では、ベースペーストを吸引した何人もの若者たちが、ぐったりした様子で歩道や建物の入口で眠りこけ、デトックス施設では、専門家たちが突然出現し、まだ影響がわからない新しい薬物への対応に奔走していた。そしてベースペーストは、数日間続けて摂取すると、専門家らもこれまでに目にしたことのないレベルの深刻な依存症と脳の劣化を引き起こすことが明らかになった。

麻薬取引に対抗するための有効手段

ムヒカが政権についたとき、何年にもわたる政府の無策の結果、コカイン、ベースペーストの使用が急増していた。医師たちは若年者におけるベースペーストの蓄積がどれほど深刻かをようやく把握し始め、公営および民間の医療機関やデトックス施設は、いったん摂取を止めても再び何度も手を出してしまう中毒患者であふれかえっていた。

ムヒカとその顧問チームは、正式に大統領職に就任する前から、この問題についての対策が必要だと確信していた。彼らにとって最大の問題は、麻薬の使用そのものではなく、麻薬取引がもたらす被害であった。

彼らの対応を難しくしたのは、法制度の矛盾である。ウルグアイでは中毒性のある薬物の摂取自体は違法ではなく、使用に至るまでの販売と流通が違法とされていた。大麻よりも強力なコカイン、ベースペースト、合成薬物などの薬物については、こうした法規制は現在も変わっていない。

ムヒカは2012年6月、大麻取引を規制下で合法化するという案についての公開討論を主催した。大麻はソフトな薬物と位置付けられており、ウルグアイ国内では一般に広く消費され、またいくつかの国では医療目的にも使用されている。

大麻を合法化するアイデアはもともとムヒカの発想によるものではなく、厳密には新しい考え方でもなかった。ムヒカがそのアイデアを初めて聞いたのは、服役中のことである。規制するべき薬物を合法化することでコントロールするというこの発想を、最初にムヒカに語ったのは、ムヒカのパートナーで、彼が「兄弟」と呼ぶフェルナンデス・ウイドブロである。ムヒカとフェルナンデス・ウイドブロは、不潔な地下牢に何時間も監禁されたあげく、処刑されるかもしれないという恐怖の体験をともにした戦友である。

ムヒカは、この公開討論にもう1つの「爆弾」を投下する。それは、女性の意思のみによる中絶を合法化する案と、同性間の結婚を認める案を同時に議論することだった。

ムヒカは、すでに他国では試行ずみであった大麻販売の合法化だけでなく、さらなる改革を提案したのである。彼は、「大麻の生産と流通を規制し管理するのは、国の役割になる」と述べた。世界中で武力による麻薬密売との闘いが繰り広げられている中、このような仕組みが国の政府によって提案されたのは、歴史上初めてのことである。

ただ、この提案に対し、ムヒカは称賛をはるかに上回る激しい批判を浴びた。多くのウルグアイ人は、「国が、薬物取引の管理者の役割を果たすことには反対する」との意見を表明する。一部には、「ムヒカ自身もヒッピームーブメントの黎明期であった若い頃に、大麻を摂取したことがあり、年を取った今、また自ら大麻を使用したいがために合法化を考えているのではないか」とほのめかす人さえいた。

実際には、ムヒカはチェーンスモーカーではあったが大麻を使用したことはない。

ムヒカが立法顧問と共同で作成した大麻販売合法化案は、以下のようにユニークで独創的なものである。

・ウルグアイ政府が、認可された方法で栽培・収穫された大麻を回収し、薬局を通じてその流通を管理規制する。

・使用者登録レジストリの作成・運用により、毎月1人当たり、決まった量での大麻の供給を可能にする。ただし当該レジストリは、目に見える個人識別を含まず、機密保持されたコンピューターデータベースにリンクされる。

・自家栽培を許可し、各世帯当たり最大6株の大麻草栽培を認める。

多くの野党政治家は、「ムヒカは公安の秩序の向上」と「崩壊しつつある教育システムの改善」という国民の最も重要な2つの要求に応えることのできない、自らの政権の管理能力の欠如から、世間の目をそらそうとしているだけだとして彼を非難した。

一方で、米大陸を取り巻く政治的状況は、ムヒカがその政策を打ち出すのにまたとないタイミングでもあった。

ラテンアメリカ全土では、麻薬に関する血なまぐさい闘いが繰り広げられていたのだ。

米国は、麻薬密売に対する武器を用いた闘いが、地球上で最も多い国の1つである。暴力に疲弊した国家は、この種の政策に頼ることが多い。しかし、こうした戦略に効果があるかどうかは、麻薬密売に関連する暴力犯罪と死亡の数が急増している地域では、疑問視されている。

ムヒカ大統領が推進したようなプロジェクトが米大陸全体で受け入れられ、ウルグアイ国会で採択される前に広範な支持により正当化される可能性が見えてきたのは、2012年4月に、コロンビアのカルタヘナで開催された第6回米州機構（OAS）首脳会議においてであった。

これより数カ月前、グアテマラのオットー・ペレス・モリーナ大統領は、米国に持ち込まれる薬物の大部分の通過ルートとなっている中南米諸国が、これらの薬物の非犯罪化について話し合うべきだと提案した。[※5]

この提案の発議国となったグアテマラでは、麻薬との闘いにおける新しい手法の導入について、ウルグアイよりもはるかに激しい議論が交わされていた。ペレス大統領が、ラテンアメリカの国の現職の大統領としては初めて、武力による麻薬密売との闘いを段階的に合法化することを世界規模で議論するべきだと提案したのは、決して偶然ではなかった。公式データによると、グアテマラでは、密売業者同士および密売業者と治安部隊との間で激しい戦闘が繰り広げられている。2013年の暴力による死者の数は6000人を超えており、その大部分が麻薬密売に関するものだといわれている。

OAS首脳会議では、米州各国の指導者たちが、米大陸における麻薬との闘いに関する報告書を地域の最高機関であるOASに提出した。そしてコロンビアのファン・マヌエル・サントス大統領は、会議の最後に次のように発表した。

「西半球の指導者たちは、世界の麻薬問題について意義ある議論を開始しました。我々は、南北米諸国における現行の政策の結果を分析し、この闘いを強化し、より効果的にするための新しいアプローチを模索する必要があることに同意します。我々はこの目的を遂行する権限をOASに託しました[※6]」

史上初めて、米国を含む米大陸のすべての大統領が、麻薬密売組織と真っ向から対抗する武力闘争をしていく対麻薬政策の見直しと、「新しいアプローチ」について検討することに同意したのである。

国内でのベースペースト問題に悩まされていたムヒカにとっては、自国を（麻薬合法化の）実験場にする絶好の機会が訪れたといえる。またこの試みは適切に管理されていれば、たとえ成功しなくても大きな悪影響はそれほどないと予想された。ムヒカはOAS首脳会議

※5…2012年2月11日のペレス大統領の声明。
※6…2013年5月にOAS事務総局が発行した「米州における麻薬問題」からの引用。

のわずか2カ月後に大麻売買の合法化に踏み切った。

ＯＡＳ会議の成果は、カルタヘナ会議の13カ月後に「米州における麻薬問題」と題するレポートとしてまとめられ発行された。[※7]

ＯＡＳ事務総局によって発行されたこのレポートは、主にそれまで検討されていなかった麻薬密売との闘いにおける新しいアプローチについての議論を促すことを目的としていた。なお、このレポートがＯＡＳ事務総局名義で発行されたことには重要な意義がある。ＯＡＳはさまざまなトピックに関する調査チームを設置しており、各チームは原則それぞれ独自に調査結果を公開する。これは、各調査チームの発行物が一般市民や報道機関向けに公開される前にＯＡＳ加盟国によって必ずしも承認を受ける必要がなく、従って調査結果に納得できない政府が疑問を呈する余地があることを意味する。しかし今回の薬物との闘いに関するレポートがＯＡＳ最高機関の承認を得て発行されたという事実には、米国からの批判や中傷を受けにくくする効果があったのである。ＯＡＳ事務局長は、ＯＡＳ加盟国を代表する最高の権限を持つ役職であり、ＯＡＳ事務局長の発行するレポートはおのずと一定のコンセンサスに基づいて発行されたものと見なされる。

全１１７ページで構成されるこのレポートには、地域の対麻薬戦略に関するいくつかの興味深い洞察が含まれている。ウルグアイ政府、特にムヒカ大統領にとってのこのレポートの重要な意味は、大麻の生産、販売、消費の合法化または非犯罪化に向かう明確な「流れ」

を同レポートが具現化していたことであろう。

ＯＡＳレポートは、「国内法の変更の可能性を受け入れるか、もしくは国際法の変更を促進するために、より大きな柔軟性が求められる」と呼びかけている。特に大麻については、さらに踏み込んだ見解を示しており、「大麻の生産、販売、消費は、非犯罪化または合法化が可能であるとの事実に寄り添った現行の徴候やトレンドを評価することに対応している。決定は遅かれ早かれ行われなければならない」[※8]

ＯＡＳレポートがなければ、ムヒカは、ウルグアイが地域の大麻流通拠点、あるいは外国人旅行者にとっての新たな大麻の聖地となるのを防ぐかについて、近隣諸国の大統領に対してははるかに多くの説明をしなければならなかっただろう。

このＯＡＳレポートは、ムヒカの提案する大麻市場の規制下での合法化が、米州全体で検討されている方向性と一致するといった示唆を与えた。こうしてウルグアイは、米州近隣諸国の承認を得て、ムヒカの提案する改革を遂行する「実験場」となったのである。

ムヒカは、このように決定的な一歩を踏み出した。しかしムヒカにとっては、まだ厳しい闘いが国内に残されていた。合法化を成立させるにはウルグアイ国民の承認を得る必要があるのである。

※7…同上。
※8…同上。

大麻をめぐる国内での対立

ウルグアイ政権内では、ムヒカと彼の顧問チームがプロジェクトを提示した時点で、大麻の合法化は、リスクを伴うものの前向きな一歩であるとの一致した見解が得られていた。国家薬物委員会の理事長であり、大統領に近い立場にある社会学者フリオ・カルサダが、大麻合法化イニシアチブの実務指揮を執ることになる。カルサダは、投票に先立つ数カ月間に行われた外国メディアとのインタビューにおいて、政府がこのイニシアチブを麻薬密売と闘うための戦略と位置付けている点を強調している。

一方、拡大戦線派の議員の一部は、この考えの受け入れに消極的で、なかには公然と批判する者もいた。しかし、政府の主張には明確な根拠があった。OASレポートには、結論の第5項として「このイニシアチブは公衆衛生に資するものである」と明記されていたのである。

後に法律第19172号として制定された法案の最初の条項は、「リスクを最小限に抑え、大麻使用による損害を軽減することを目的とした政策を通じて、国民の公衆衛生を保護、促進、向上する効果のある措置は、公益に資するものである」とうたっている。この条項はさらに「（ウルグアイ）政府は、情報の整備と予防キャンペーンの推進、および問題を抱えた中毒患者の治療とリハビリテーションを、米州機構（ＯＡＳ）の提言するアプローチと完全に整合した形で遂行する」と定めている。

ウルグアイは、政府主導で採択されたこの政策が、社会全体として引き受ける使命であることを示した。これに先立つ２００８年３月、ウルグアイ議会は、閉鎖された公共の場所でのたばこの喫煙を禁止する法律を承認している。[※9] がん研究者であるバスケス大統領は、禁煙に関する取り組みに対して数え切れないほどの称賛を受けたが、この地域のたばこ市場を独占支配していたフィリップモリスは、ウルグアイ政府を国際紛争解決機関に対して提訴する。この法律の施行後、たばこメーカーは、国内でたばこ製品の広告を出すことが一切できなくなり、また製品のパッケージにがん患者や気管切開術を受けた人の写真、または母親の喫煙のために呼吸器系の障害を負った新生児の画像を表示することが義務付けられた。

たばこを「打ち負かすのが極めて困難な敵」[※10]と表現していたムヒカにとってもバスケスの思想は好ましいものであった。ムヒカ政権もバスケスの方針を継承し、政府の禁煙対策は国民のほぼ90％の支持を得て継続された。

※9…法律第１８２５６号。喫煙規制。２００８年３月６日に承認。
※10…２０１０年11月15日付けのモンテビデオの新聞「エル・パイス」紙の掲載記事「ムヒカは、バスケスが始めたたばことの闘いの継続を承認した」からの引用。

ムヒカは当初、ベースペーストの密売が国内で引き起こしている問題、つまり治安の低下と低所得者層における中毒問題について、彼が抱いていた懸念にウルグアイ国民が当然賛同するものと楽観視していたようである。しかし、喫煙との闘いを積極的に支持したウルグアイ国民は、大麻問題については政府の見解とは相反する反応を示す。多くの国民にとって、政府の方針は矛盾していると思われた。たばこ依存症と闘うために、喫煙者を締め出し、たばこが人の目に触れることを制限することで消費の抑制を進める一方で、なぜ大麻のような麻薬の消費を一般に開放しなければならないのか、政府の本来の目的は国民の健康の維持であるのに、なぜその実践に民間団体を関与させなければならないのか、という疑問を投げかけた。ムヒカは、大麻市場の規制下での合法化がもたらす健康上・安全上のメリットについて理解を求めるために多くの説明を行わなければならなかった。

そして反対派にとっては、この法案の承認は、ごく単純に、公序良俗に反する行為と思われた。なぜ国家が麻薬の消費を支持しなければならないのか？　むしろその反対を推進するべきではないのか？　なぜ大麻は認められて、たばこは認められないのか？

しかしそのように「善か悪か」と決めつけようとする考え方は間違っており、ムヒカは、そのことを理解していた。ウルグアイでも他の近隣諸国でも、麻薬密売に対するいわゆる正面作戦は成果を上げられていない。だからこそムヒカは、警察力の行使では大麻市場を消滅させることは不可能であると確信していた。ここに、彼の本質の1つである現実主義が見てとれる。つまり、敵はすぐそこにいるが、敵と直接闘って打ち負かすのではなく、敵の影響力を削ぎその優位をくじくこと、つまり大麻市場を適切にコントロールしてその社会的弊害を最小限に抑えることこそが重要である、というアプローチを選んだのである。

このためムヒカは、ウルグアイ政府が大麻の消費を促進したり、あるいはウルグアイをアムステルダムのような、麻薬に自由にアクセスできるパラダイスに変えようとしているのではなく、ベースペーストの密売や消費と闘うことを目的としているのだという点に理解を得るべく、大規模なメディア戦略を展開した。2012年7月19日のラジオ演説でムヒカは、ウルグアイの刑務所に収容されている9000人近くの囚人の約3分の1が、麻薬密売との何らかの関わりによって収監されていると説明する。さらに彼は、「これらの数字はごく最近のものであり、国民の大部分はこうした状況を認識していない。麻薬密売組織は社会に暴力を広めている」と非難、そして次のように続ける。

「これは、すべての害悪の中でも最も憎むべきものです。大部分の国民は麻薬の摂取も売買も行っておらず、むしろこれらすべてにうんざりしているが、おそらくは自らを守るためにこの危機の重大さを認識せず、目をそむけようとしている。人々は、この恐ろしい惨状に折り合いをつけ、自らを麻痺させ傷つかないようにしているが、このような姿勢は必然的に、麻薬密売によってもたらされる脅威を過小評価することにつながります」

ムヒカの呼びかけには、ウルグアイの国民に対するやんわりとではあるが明らかな批判が含まれていた。こうしてムヒカは、ウルグアイ国民の半数以上が反対して、多くの自党議員の支持も得られない中で、このプロジェクトを背負って立つ姿勢を明確にした。

彼は、有権者が治安の改善を求めるのを踏まえたうえで主張する。

「私たちが目にする暴力は、麻薬密売組織が用いる手法と密接な関係があります。薬物が人間の健康に与える明らかな被害そのものに加えて、それよりもはるかに深刻なのは、薬物密売行為が社会全体に与える影響です。そのことを肝に銘じなければなりません」

法案の公表後の最初の世論調査では、国民の66%が法案に反対し、賛成派はわずか24%であった。法案に対しては、ムヒカ自身の党の議員からも激しい非難の声が寄せられた。それまでムヒカは、議席の過半数を握っていることで法案の通過には自信をもっていたが、ここへきて「大麻法」として知られることになった新法案を可決するのに、十分な議員票が得られるかさえ不透明な状況になったことを認めざるを得なかった。

インタビューで、保守系左派の医師であり親政府派のダリオ・ペレス議員は発言する。

「私は大統領のプロジェクトに投票することはできない、なぜなら自分の子どもたちに『これからは大麻を吸っても何も問題はない』と言うことはできないからだ。さらに、しみこんだたばこの臭いと灰皿だけが目立つ、むき出しのデスクが置かれた部屋で、全議員が党首の意見に支持票を投じるという党の慣習に従うことはできない」

これに対して、ムヒカは次のように語る。

「最悪の盲人は常に、見えるものを見ようとしない者たちだ。我々はこの問題をそのままにして目を背け、この広がり続けるのをただ見ているべきなのか、それとも何か行動を起こすべきなのか？　関係ないことだと思わないでください。もちろんあなたたちが大麻を吸わないことは知っています。国民の大部分は大麻の消費も売買もしておらず、これらすべての問題にうんざりしています。しかし、現実は依然としてそこにあり、そして私たちを病ませ続けているのです」

ムヒカは、たばことアルコールに次いで、ウルグアイ人が多く消費する合法的薬物である大麻の問題は、たばことアルコールのそれとは本質的に異なると捉えていた。大麻の消費は許可されていたものの、大麻の販売は密売行為を助長し、暴力のスパイラルを持続させ、刑務所に収容される犯罪者を増やし、結果として刑務所の維持に要する国の支出を増大させていたのだ。

こうして始まった議論は、ウルグアイを世界の関心の中心に据え、歴史上前例のないこのプロジェクトと、その推進者であるホセ・ムヒカについてのことを記事にしようと、多くの優れたジャーナリストがこの国を訪れることとなった。

ムヒカのアイデアは、同様の方向性を目指すものの体制的にも地政学的にも安定した基盤に欠けるラテンアメリカ諸国の関心を集めることになる。「大麻法」は、まさにムヒカを世界の国際的な「さらし台」に置くことになったのである。

ラテンアメリカにおける麻薬との闘い

２０１４年5月、金融投機家から慈善事業家に転身し、個人の自由を擁護する姿勢を表明しているハンガリー系アメリカ人の億万長者ジョージ・ソロスは、独創的な視点で麻薬との闘いに取り組む姿勢を表明した。「フィナンシャル・タイムズ」紙の記事の中で、彼は自分が最も深い知見を持つ金の視点から主張を展開し、「麻薬との闘いは、１兆ドルの失敗事業である」と断言。[※11] ソロスはそれまでの対薬物政策を「役に立たず」「人の人生を破滅させ」「お金を無駄にするもの」と主張し、政策を見直すよう呼びかけた。彼は、世界の刑務所に収容されている９００万人の囚人の40％が薬物関連の犯罪により収監されており、それには軽微な犯罪も含まれていると指摘。それらの多く、つまり暴力的でない犯罪により収監される囚人に対しては、「再犯を減らし社会を保護する目的においては、治療など投獄に変わる代替手段を適用するほうが低コストでかつ効果的である」と主張する。そして、より多くの資源を治療に充当するか、あるいは同じ意義を持つが、麻薬密売組織が強力な武装体制を持つ要因となる「ショック戦略」をより効率的なものに移行させるべきであると、述べた。

こうしたソロスの主張は、大きな影響力のあるロンドン・スクール・オブ・エコノミクス（LSE）の研究に基づいたものであった。5人のノーベル経済学受賞者の賛同を得て、ソロスの記事の2日後に公表された論文「麻薬との闘いの終結」[※12]は、各国政府に対し、武力での薬物密売組織撲滅活動を放棄し、「厳格な経済分析」に則った、経験主義的データに基づく戦略を策定するよう呼びかけるものであった。[※13]

大麻の生産、流通、消費の完全合法化を提唱するムヒカの戦略の観点から、このLSEの重要ポイントは、この戦略を実際に導入する国を（自ら麻薬の輸出源にならない限りは）「黒い羊（＝恥ずべき存在）」として蔑むのではなく、ケーススタディとして客観的に検証するよう呼びかけている点である。ムヒカは自らの提案を、もしうまくいかなければ見直すことができる「実験」であると表現したが、LSEの論文もまさにそれと同じ「実験」という言葉を用いて主張を展開している。この論文は、この思想を世界に提唱するアンバサダーの役割を担うグアテマラ大統領オットー・ペレスのもとに届けられた。

※11…「お金を無駄にし人の人生を破滅させる、麻薬との不毛な闘い」ジョージ・ソロス。2014年5月5日付け「フィナンシャル・タイムズ」紙掲載記事。
※12…「麻薬戦争の終結：対薬物政策の経済性に関するロンドン・スクール・オブ・エコノミクス専門家グループの報告」ロンドン大学社会・経済科学カレッジ（LSE）、2014年5月7日。
※13…ロンドン・スクール・オブ・エコノミクス・アンド・ポリティカル・サイエンス（LSE）がオンラインで公開したレポートの簡易プレゼンテーションとサマリー。

「麻薬との闘い」

「麻薬との闘い」とは、40年以上前に米国で生まれたコンセプトであり、英語では「War on Drugs」、スペイン語では「Guerra contra las drogas」と呼ばれている。メキシコでは「麻薬戦争」という表現が一般的になっているが、これは、武力の行使が警察や軍隊によるものだけではなく、高度に訓練され組織化された麻薬密売組織の武装勢力による警察や軍隊への反撃をも含むという、麻薬にまつわる状況をよく表している表現だといえる。

麻薬との闘いを戦争と見なすことができるという考え方は、1971年にリチャード・ニクソン大統領が、連邦議会で行った麻薬乱用防止政策についての演説で最初に提唱された。ニクソン大統領はさらに「戦争」という表現を用いて、1970年代初頭より米国内に蔓延していたヘロインの問題に取り組む対策についても言及した。[※14]

各国政府の意図には反しているが、武装手段による対麻薬戦略がもたらした結果の1つが、高度に組織化されたカルテルの出現である。それらのカルテルの一部は軍隊といってよいほど高度に武装・組織化されている。こうした武装勢力との銃撃戦の最中に、警察官や兵士、あるいは犯罪者だけでなく、最悪のケースでは関係のない民間人も巻き添えになって命を落としている。さらに、麻薬との闘いは、慢性化の特徴を持つ中毒患者をも犯罪者に変えることがよくある。現在の体制下では、このように犯罪者となった中毒患者は、最悪のケースではリハビリ施設で治療を受けることとさえできず、単に薬物を摂取したという事実のみで刑務所に収容されることになる。過去40年にわたって繰り広げられてきた、薬物摂取の要因を取り除くよりもその生産と流通を断つことを優先してきたアプローチの成果は、少なくとも疑わしいものであることは間違いない。

米国は依然として米大陸最大の麻薬市場であり、特に南米で生産されるコカインの主要な消費国である。リオ・グランデ以南のすべての地域において、カルテル、ギャング、密売組織同士の闘争によって刻まれた死と恐怖の記憶は、終わりのない悪夢といえる。

2012年に当時のコスタリカ大統領ラウラ・チンチージャは、「中南米地域こそが、この戦争で死者を出している発生源である」と語った。同大統領のこの発言は、麻薬戦争への取り組みがより体系化されているメキシコとコロンビアにも言及しているという内容であり、その点ではかなり踏み込んでいるが的を射た発言といえる。

メキシコは2008年以降、いわゆる「メリダ・イニシアチブ」の枠組みのもとで、武装した麻薬密売組織と闘うために米国から軍事的および財政的援助を受け、体制強化の提

※14…ニクソン大統領の演説原文は、カリフォルニア大学サンタバーバラ校の編纂する膨大なデータベース「米国大統領プロジェクト」に収録されている。同校は1999年以降、歴代の米国政権に関連する各種文書の収集と整理に取り組んでいる。

言を受けてきた。公式の数字によると、米国議会はこの戦略向けに21億ドルの予算を承認しており、本書の執筆時点までにそのうち12億ドルが実際に供与されている。

高名で影響力のあるメキシコの政治誌「プロセサ」の公式統計に基づくレポートによると、メキシコではフェリペ・カルデロン大統領の6年の任期中に、麻薬戦争に関連した暴力により1万2100人以上が死亡。つまり年間平均死亡件数が2万人に上る計算となる。こうした数値に加えて、殺人行為の残虐さも人々を震え上がらせる要因となっている。

一方コロンビアの当局は、麻薬密売もしくはそれに関連する活動に従事するゲリラ勢力との闘争を、麻薬密売に直接関わるものかそうでないかを統計上区別はできず、麻薬密売に対抗する米国との共同計画である「プラン・コロンビア」の枠組み下での死者数を正確に把握することは難しいとした。プラン・コロンビアは、世界最大のコカ葉生産国であるコロンビア国内のコカ栽培を根絶することを目的とする計画で、コカ栽培で生計を立てる農民の栽培地への除草剤散布策を含んでいた。いずれにせよこの軍事計画により、コロンビア政府は、1950年代より国内で活動を続けていたゲリラに対抗するための国軍兵士の訓練と武器購入のための資金援助を受けることとなる。2000年以降、プラン・コロンビア遂行資金として総計80億ドル強がコロンビア政府に提供されている。

こうした状況の一方で、大麻やその他の麻薬の原料の密売人、消費者、生産者との闘いは、より目に見えにくい別の問題を引き起こす。ボリビアとペルーでは、古くから自家消費のためにコカ葉を栽培していた（高山病の影響緩和のため、主に茶葉としてあるいは口の中で噛んで摂取する）。生産者の多くが麻薬撲滅活動の対象となり、祖先から受け継いだ伝統が彼らには理解しがたい形で攻撃されるという経験をする。ボリビアのエボ・モラレス大統領は、コカ葉を噛む風習は祖先伝来の伝統であると国連に訴えた。モラレス大統領は2012年に、1961年に署名された「麻薬に関する条約」に自らの提唱する修正条項を加えることに成功。これには、コカの葉を噛むことは伝統的風習であり、本条約履行の一部として政府が規制するべき行為ではないとの内容も含まれている。[※15]

麻薬戦争を憂慮する組織や一般市民が構成する団体「ドラッグ・ポリシー・アライアンス」[※16]によれば、米国政府はこの戦略に年間510億ドル強を支出。これらの薬物が合法化され、連邦財務省が使用者に対してたばこやアルコールと同じ水準の課税を行う場合、年間500億ドル近くの資金が拠出され、これを予防キャンペーンや中毒者の治療に充当できる可能性がある。歌手のスティング、ヴァージン・グループの創設者リチャード・ブランソン、ディーパック・チョプラ、ジョージ・ソロスも、この団体のメンバーである。

※15…国連ラテンアメリカ・カリブ経済委員会（ECLAC）が今世紀の始めから行った調査をまとめた報告書「ラテンアメリカにおける薬物の生産、密売、消費について」によると、エボ・モラレス大統領就任前の2000年にはボリビア全土で13万5000人がコカ葉の栽培に従事していたと推定されており、これは現役労働者の6・4％に相当する。
※16…www.drugpolicy.org

ムヒカの提唱する「闘い」

ムヒカはまた、自らの「闘い」にも向き合わねばならなかった。つまり、ウルグアイ政府が生産と流通の保証者として自ら大麻市場に関与することで、世界のどの国で導入されているよりも大規模な大麻市場の規制合法化を認めさせることに取り組む必要があった。

主な反対意見は、ウルグアイ国民またはウルグアイ居住者であれば誰でも自由に大麻を消費できるという方針に対する、いくつかの国際機関によるものであった。こうした対立の中で最も苛酷かつ世間の注目を集めたのが、国際麻薬統制委員会（ＩＮＣＢ）[※17]の委員長であるベルギーの哲学者レイモンド・ヤンスとムヒカ大統領との確執である。

国際麻薬統制委員会は、国連機関の１つで薬物に関する国際条約の順守を目的として活動する団体で、同委員会の主要な任務は、麻薬密売に対する武装闘争戦略の綿密な監視および推進である。２０１３年、ウィーンで開催されたＩＮＣＢ年次総会でヤンス委員長は、米国のワシントン州とコロラド州で採択された、大麻の「レクリエーション目的の使用」を許可するいくつかのイニシアチブについて懸念を表明した。ヤンス委員長は演説の中で、ウルグアイのムヒカ政権が推進するプロジェクトについても言及する。[※18]

ウルグアイが大麻合法化法案を採択した２０１３年12月、スペインのＥＦＥ通信とのインタビューで、ヤンス委員長は次のように、ムヒカ政権の政策と彼を公然と批判した。

「これは、１つの国の政府が自ら加盟する条約（１９６１年の「麻薬に関する条約」）から脱退もしないがそれを尊重もしないという、まさに海賊的な輩（やから）の行為である。さらにムヒカは、ウルグアイ訪問時に自分を出迎えにも現れなかった」※19

ムヒカはこれに対し、いかにも彼らしい剛直な態度で怒りをあらわにした。

「あの年寄りに嘘をつかないように言ってください、私はどんな人間だって出迎えに行きます。彼がウルグアイに来たら、いつだって私に会うことができますよ。これは彼がインタビューで話していないことです。（中略）誰だって私に会うことができます。私と話すことができないと言う人は嘘つきです。大嘘つきです」

ヤンス委員長がウルグアイを「海賊」と表現したのに憤慨したムヒカは、彼の提唱する合法化政策および彼自身について高まったメディアの注目を利用して、ヤンスに対する全面的攻撃を開始。アルゼンチンの国営テラム通信による報道では次のように述べる。※20

※17…www.incb.org

※18…演説原文は、こちらのＵＲＬを参照：http://www.incb.org/documents/Publications/ PressRelease/PR2013/press_release_311113_.pdf

※19…２０１３年12月12日、モンテビデオの「エル・パイス」紙掲載記事。

※20…２０１３年12月14日、アルゼンチンのテラム通信掲載記事。記事全文は以下のＵＲＬを参照：http://www.telam.com.ar/notas/201312/44712-para-mujica-el-funcionario-de-la-onu-que-critico-la-ley-de-marihuana-es-un-old- mask.html

「彼は、古いマスク（偽善者）です。私は、外交用語であなたと話をするつもりはない。私は彼の発言を、この手の発言に見合った知的レベルで適切に取り扱います」

ムヒカはさらに「錆びついた時代遅れの監査機関」の役員へも批判の矢を向ける。「乙女に恋をしなくなった（感情の干からびた）古い反動派が、今さら合法性について私に対して説こうというのはどういうことなのか」とコメントした。

ウルグアイの大麻合法化法律が承認されて施行過程の２０１４年6月、ＩＮＣＢは、ウルグアイおよび米国のワシントン州とコロラド州の新しい規制について取り上げた年次報告書を発行した。報告書の中でＩＮＣＢは、「レクリエーション目的およびその他問題のある大麻の使用について、それが健康面、犯罪面、および公的収支面などの広い分野に及ぼし得る影響について十分に把握できたと結論づけるのは時期尚早である。将来の反薬物政策に関する意思決定向け情報提供のため、これらの新しい法規制体制の完全な影響を今後何年にもわたり注意深く監視する必要がある。さらに、既存の研究データによれば、リスク認知度の低下に加えて大麻の入手がより容易になることで、若年者による大麻の使用が増え、新たに大麻使用に手を染めるものが増加すると考えられる」[※21]と主張した。

※21…「ワールド・ドラッグ・レポート２０１４」。ＪＩＦＥ。国連、全１２８ページ中の13ページ。全文はこちらのＵＲＬを参照：http://www.unodc.org/documents/lpo-brazil//noticias/2014/06/World_Drug_Report_2014_web_embargoed.pdf

米州機構（OAS）の支持

ウルグアイでの大麻市場を規制下で合法化する法律の採択後、筆者は本書の執筆のためOAS事務局長であるホセ・ミゲル・インスルザへのインタビューを行った。インスルザは筆者に対し、OASが薬物問題に関して米州全体で今後取り組まなければならないイニシアチブは、「(薬物)消費の非犯罪化」であると語った。さらに「忘れてはならない重要なことが1つあります」と前置きして、次のように続けた。

「薬物は撲滅せねばならない公衆衛生問題であり、中毒患者を治療後に投獄するという考えに固執すると、中毒患者は一般的な犯罪者と一緒に収監されることになり、その結果、出所する頃には薬物への依存はさらに深刻化し、また犯罪になじんでいくことでしょう」

この主張は、薬物使用の全般的非犯罪化を支持する多くの推進派の見解と一致する。

こうした薬物全般に関する議論に加えて、特に大麻に関して論点となっているのが、大麻には生理的な中毒症状を引き起こすほどの依存性が本当にあるのか、それとも単に心理的依存を引き起こすだけなのかという点である。後者が真実であるとすれば、大麻に関しては「中毒」という表現は無効となるであろう。

特にウルグアイでは、ある大麻使用者に課せられた服役期間が、大麻市場の規制下での合法化を支持する活動家たちにとっての象徴的なケースとなった。次のようになる。

コンピューター・プログラマーであったファン・バスは、妻のローラ・ブランコと一緒に自家消費目的で大麻を栽培していた。ちょうどムヒカの農場のような彼らの自宅には温室があり、夫婦はそこで子どもたちに野菜の育て方を教えていた。

ファン・バスはまた、自分が日常的に消費する大麻草の品種改良を進めていた。2007年、匿名の告発に基づいて警察がバスの自宅を捜索した結果、裁判官はバスの所有していた大麻草の株数が個人消費のために許容される量を超えていると判断。これによりバスは、2007年11月から2008年10月までのほぼ1年間にわたり刑務所に収監されることとなった。

ウルグアイ議会での大麻合法化の採択に先立つ活動家によるキャンペーンの中で、筆者はバスとその妻に複数回のインタビューを行ったが、その中で何度も語られたのは、自家消費のために大麻を栽培したとの罪で、犯罪者と一緒に投獄されたつらい経験についてである。バスの幼い子どもたちは、自分たちの父親がなぜ投獄されなければならないのか理解できないままに、週末ごとに父に会うため、刑務所に通わねばならなかった。

当時、大麻栽培者に対する懲役の量刑は完全に裁判官の判断に委ねられており、栽培株数が1つでも多いと裁判官が判断すれば、栽培者は刑務所に収容され、大麻草だけでなく個人の所有物も没収された。

バスは、ウルグアイでも最悪の刑務所の1つであるコムカル刑務所で、他の11人の囚人との共同房に長い間収監された。ベッドやマットレスの数が足りず、囚人たちは交代で横にならざるをえない。横になっている者が眠っている間、他の囚人はずっと立ち続けていたという。「部屋の明かりは常についていました」と、ファン・バスはインタビューのたびに繰り返した。バスはコムカル刑務所のほか、ビラルデボ精神病院と「ラ・タブラーダ（食品処理場）」として知られる刑務所にも一時的に収監された。

出所後すぐ、バスと彼の妻は自己栽培の合法化を目指す急進的活動家となった。夫妻はグループを設立し、他の栽培者にアドバイスを行った。そして、国際栽培コンテストに定期的に参加するとともに、大麻栽培用資材の輸入を行っている。バス夫妻は他の栽培者と共同で「ウルグアイ大麻研究協会（AECU）」を設立し、妻のローラ・ブランコがその議長に就任する。彼らはこの協会を通じて大麻市場の規制下での合法化法案の起草者に助言を行い、同協会はまた、合法化法案の採択前に裁判所との問題に苦しんでいた栽培者に法的支援をした。

２０１４年4月、ウルグアイの「エル・オブセルバドール」紙は、同国が「史上最大の大麻草の豊作」を記録したことを報じる。[※22] この年が「史上最大の豊作」となったのは当然のなりゆきであった。なぜなら、それまでウルグアイ国内の大麻草の栽培者数や収穫量を正確に把握する手段はなかったからである。その中でバスの妻ローラは「各自の自宅またはグループで大麻草を栽培する人の数は5万人を超えるでしょう」と語っている。

2014年5月に施行されたばかりの新法律の施行前から、市場と一部のグループ栽培者には厳しい現実が突きつけられることとなった。

ラテンアメリカでは、全般的な状況は今も厳しいものがある。多くの国では大麻使用には罰則が適用され、また大麻の売買は犯罪とされる。パラグアイは最大の大麻草生産国の1つであり、またブラジルは最大の大麻消費国の1つである。

ムヒカがウルグアイで薬物改革プロジェクトを提案する直前のINCBレポートは2011年に発行されているが、このレポートは、2009年のデータに基づいて、大麻は南米で最も消費量の多い薬物であると、次のように報告している。「15歳から64歳までの人口における(2011年の)大麻乱用率は、2009年比で2・95%から3%増加しており、これは使用者数740万から760万人に相当する」[※23]

ミゲル・インスルザは結論として「従って、薬物使用の非犯罪化、もしくは少なくとも代替法案の策定、およびそれに対応する保健衛生と予防システムの構築は、私たちが極めて迅速に対処しなければならない課題なのです」と語った。

筆者は、この問題に関してウルグアイは現在、ムヒカの提唱する政策に完全に合致した道筋をたどっていると考える。

またインスルザOAS事務局長は、ウルグアイは、すでに近隣諸国の大統領に評価されている一連の(合法化)政策の実験場として位置付けられると語り、「薬物問題がウルグアイよりもはるかに深刻な国もあり、それらの国々はウルグアイでの今後の経緯に非常に注目しています」と締めくくった。

このようなOASの支持を得て、南米の他諸国が、新しい法案の経緯を高い関心を持って注視することを理解していたムヒカは、法案を議会に提出した。最終的に法案は承認され、ウルグアイでの大麻取引は規制下で合法化されることとなった。ウルグアイは再び世界の先駆者になったのである。この政策の有効性をめぐる議論は依然として根強い。

ウルグアイ議会は2013年12月10日に、国内での大麻取引を規制下で合法化する法案を承認する。そしてムヒカは、法案を同年12月30日に公布した。

※22…「ウルグアイ、4月に史上最大の大麻草の豊作を記録」。ニコラス・デルガード。「エル・オブセルバドール」紙、2014年4月30日掲載記事。

※23…2011年国際麻薬統制委員会レポート。国連、2012年、79ページ。

ウルグアイにおける大麻合法化

ウルグアイの大麻法は、消費者間における大麻流通の管理権限を国に与える世界で唯一の法律である。

具体的には、この法律の下では、大麻使用のために合法的に、つまりディーラーからの購入によらず入手する方法が2つある。

1つ目は、使用者登録したうえで、薬局で1人当たり月間最大40グラムの大麻草を購入することで、年間1人当たり合計480グラムの購入が認められている。

2つ目は、一世帯当たり最大6株の大麻草を自家栽培して収穫するか、もしくは「大麻クラブ」と呼ばれるグループ組織での栽培による入手である。

ムヒカ政府は、大麻の生産、流通、消費の監視、管理、検査を担う機関として「大麻規制・管理研究所（IRCCA）」を設立する。

大量栽培は、IRCCAの認可を受けた民間業者が、軍用地または軍の管理下にて行う。

一方、会員式の大麻栽培クラブは、メンバーの使用専用に大麻草を栽培することができる。

栽培クラブのメンバー数は15人から45人で、クラブ全体で99株を超えない株数の大麻草を栽培し、メンバー1人当たり年間最大480グラムの大麻を生産することができる。

地元薬局で、POS方式で大麻を購入する個人使用者の場合、指紋認証システムによる利用者登録および購入を行う必要がある。購入プロセスにおいては使用者の個人情報は機密扱いされる。個人使用者は、週当たり10グラムしか大麻を購入できない。

これらの入手方法のうち、各使用者が選ぶことのできるのは1つだけである。そのため、たとえば大麻クラブに所属するメンバーは薬局で大麻を購入することはできない。

いずれにしても、この規則の恩恵を受けるのは、ウルグアイ人、またはウルグアイ国内での居住を証明できる居住者でなければならない。

そして、マリファナは廃棄できない。

この規則は、その基本方針に違反した者に対して厳しい罰則を課すものである。

マリファナの品質は、IRCCAが責任を持って管理する。だがウルグアイでは、人体に有害な副産物を含むパラグアイ産の圧縮マリファナが主に消費されていた。これが、IRCCAで基準を策定する者が関心を寄せるものになっていた。

この法律では、大麻使用を促進する広告、勤務中の大麻使用、大麻を使用しながらの労働も禁止されている。自動車運転者に対する利用規制は、2014年8月に開始された。

ノーベル賞選考委員会への手紙

ムヒカは法案承認後に、ウルグアイで新しいマリファナの管理流通体制を導入する過程で行われた２０１４年のオランダ公共放送とのインタビューで、再び、麻薬密売が社会に与える影響について、次のように懸念を表明した。

「麻薬密売には何の価値もない。麻薬密売は、薬物中毒よりもはるかに悪いことだ。薬物依存症は人を物理的に破壊する。しかし麻薬密売は、国家管理機構をはじめ、社会の倫理面、道徳面を破壊する。状況はどんどん悪化している。私たちは、抑圧では何も得られないと１００年も前からわかっているのに、まだ同じことを続けるのだろうか？」

ムヒカとその協力者にとって新しい法律は、避けられない現実を管理、整理するためのものである。マリファナの自家栽培に関連する社会団体の推定によると、ウルグアイでは、30万人以上がマリファナを定期的に、または時々使用している。

マリファナ市場規制法は、すでに存在するものに対する規制として、ムヒカが定めたものである。ムヒカの主張によると、「マリファナは、目の前、街角、高校の校門で使用されている」という。ムヒカは、この取り組みは「世界的に見ても斬新な実験」であると述べ、

「中毒全般に対するキャンペーン」を推進する意思を示した。そして「ウルグアイは誰を害するこすることもなく、世界に役立つ実験を進めようとしている」と締めくくった。

彼は、2013年12月末にこの法律を制定し、多くの称賛を集めた。

その直後の2014年1月末、「エル・オブセルバドール」紙が報じる。ドイツの刑法学者のグループが、ノーベル平和賞候補者の選定に携わる委員会宛てに手紙を送り、ホセ・ムヒカを候補者リストに加えるよう働きかけることを決めていたという。同紙が公表した手紙の中で、115人の署名者が、ムヒカの反薬物政策の手法は革新的であり、世界の模範として取り上げられるべきであると主張した。その手紙では、「これは異例ながらも勇敢で積極的な戦略であり、何十万人もの殺害、暴力的誘拐のほか、特に薬物禁止の深刻な弊害に苦しむ地域における公共安全衛生政策の新機軸となる可能性が高い」と述べられ、「プラン・コロンビア」の麻薬対策の枠組み内では、コカ農園を一掃するためにコロンビアのジャングル一帯の広大な地域に除草剤を散布し、大規模な事前破壊と環境汚染を招いたことが明確に示唆されていた。「ムヒカ氏の手法は、政府が伝統的な形式の禁止に関連する暴力、腐敗、不相応な抑圧の悪循環を断ち切るのに役立てられるよう設計されている」とも記されている。※24

このノーベル賞選考委員会への手紙を読んだムヒカは、ノーベル平和賞を受賞できるか

※24…この手紙の本文は、「エル・オブセルバドール」紙の「ドイツの団体がノーベル平和賞候補としてムヒカを提案」という2014年1月29日の記事で公開されている。

もしれないと考えるようになった。麻薬対策の手法を変えようというムヒカの決断に対し世界中で寄せられた称賛の結果として、2014年4月23日、「タイム」誌が大麻政策に関する決断を理由として、ムヒカを毎年恒例の最も影響力がある100人に選んだ。[※25]また米国の有名人でテレビ番組の司会者であり、自身が麻薬の合法化の支持者でもあるメーガン・マケイン[※26]が記した短い記事は、「マリファナを合法化した革命家」というタイトルであった。マリファナに関するムヒカの決断は、米国の「禁酒法」時代に蒸留所や酒の密売で起こったのと同じように、禁止によってかえって汚いビジネスが生み出されるというものにほかならない。これは、抑圧的な戦略は失敗することを意味するが、別の人にとっては薬物使用を助長するメッセージに聞こえる、リスクの大きい決断ともいえる。

この問題でムヒカは、控えめな姿勢を保った。そして彼は、この戦略がうまくいかない場合は、元に戻す可能性もあると次のように強調している。

「もし私たちが間違っていた場合、政治的勇気を持って『間違っていた』と言うべきだ。人は、自分の道を変えたくないという考えから抜け出さなければならない」[※27]

※25…「最も影響力のある100人」。「タイム」誌、2014年4月23日。

※26…メーガン・マケインは、共和党上院議員であり、2008年の大統領選挙でバラク・オバマのライバルとなったベトナム戦争の英雄ジョン・マケインの娘である。

※27…2014年3月5日の「ラ・レプブリカ・デ・モンテビデオ」紙に掲載の記事。

物議を醸す中絶関連法

ホセ・ムヒカ政権時代に承認された改革は、有名な「マリファナ法」に限らない。実際、ムヒカの党である拡大戦線は、ムヒカが権力の座についたときに支持した個人の権利を拡大する政策目標を、賛否両論ありながら何十年も推進してきた。

ウルグアイ政府連合が対処すると決断した問題の中には、ウルグアイにおける重要な問題、つまり不衛生な状態での中絶の実施と、それによる医療機関での死亡事故が挙げられる。ウルグアイ国会に提出された構想は、いずれにせよ、女性は自分の体について、さらに妊娠中絶について意思決定する権利を持つべきだというものであった。

ウルグアイでは、1933〜1938年まで、中絶権が認められていた。[※28] この国は、当時、個人の権利面での先進国と認識されていた。しかしながら、「ウルグアイにおける

※28…この認識は、「ウルグアイにおける妊娠中絶の（非）犯罪化：実践、行為主体、論説。複雑な現実に対する学際的取り組み」（Niki Johnson, Alejandra López Gómez, Graciela Sapriza, Alicia Castro, Gualberto Arribeltz の共著、共同編集者：Alicia Alemán Miguel Andreoli, Elina Carril, Constanza Moreira, Carolina Pallas, Grazzia Rey, Oscar Sarlo, Marcela Schenck。ウルグアイ共和国大学科学研究部門委員会、2011年出版）で確認されているとおり、1933年に承認されたホセ・イルレータ・ゴジェーナの刑法によって実現された。

妊娠中絶の（非）犯罪化」という研究によると、1938年1月の法律第9736号の承認により事態が変化し、「中絶罪」の概要がつくられる。この法律では、「中絶が自分自身、妻、または近親者の名誉を守るために行われた場合、刑罰は3分の1から2分の1に軽減され、さらに裁判官は、同意による中絶の場合には、中絶実施の状況を考慮して、無罪を言い渡すことがある」とされた。そして、強姦または「経済的困窮」による妊娠については、妊娠中絶を実施または支援した者の罪が問われない場合があるとされた。

このように中絶は違法行為として定着し、何年にもわたって、家庭内での中絶が増加する。多くの場合、中絶手術には編み針が使用され、女性器に薬草を挿入することさえあったのだ。その結果、大変な事態を招くことが多かった。これらの粗末な施術を受けたのは、得てして財力に乏しい女性である。そして闇診療所も増え、余裕のある人は、十分な医療条件下で中絶手術を受けたいと集まった。ただ闇診療なので、ここでも女性にとって破滅的な結果がもたらされることが多かった。こうして、貧しい女性が不適切な中絶手術によって死亡したり、不妊になったりした。中絶が発覚した者が刑務所に送られることもあった。そして、多くの医者や偽医者は、他人の苦しみや絶望を利用して、違法に利益を得て金持ちになった。この刑罰法規が生み出され、制定されたきっかけは、危険な条件下で行われ、女性の健康、福祉、生活に影響を及ぼした闇中絶手術だといえる。

ただ中絶を犯罪とした目的は、中絶行為を減らすことではなく、中絶を経験したとわかる女性を非難し、社会的に裁くことにあったように思われる。「このような社会的・法的状況は、一部の例外を除き、何十年も維持されてきた」と指摘する専門家もいる。[※29]

独裁政権時代に埋もれていたこの問題は、1985年以降、再び政治的課題に取り上げられるようになった。しかし、2008年まで、国会の場で検討されたプロジェクトのいずれもが、現職大統領による承認には至らなかった。

最初に合意された文書は、2008年11月に議会から大統領府に提出された。当時、医師でもあったタバレ・バスケス大統領は、合法的な妊娠中絶に断固として反対し、拡大戦線の創設グループの1つである社会党を離党することとなった。彼は、任期中に国会で苦労の末に合意に達した法案に対し拒否権を発動し、社会党がこれに疑問を呈していた。

バスケスは、2005年にローマ教皇ヨハネ・パウロ2世の葬儀にウルグアイの代表団を率いた熱心なカトリック教徒であり、宗教問題においては超保守的な立場を取る女性、マリア・アウクシリアドーラ・デルガドを妻に持つ。

「ウルグアイ国民の特質に従って、女性とその子どもたちの成長を促し、彼女たちに他の選択肢を取る自由を与え、両者を救うための連帯に基づく解決策を求めることがより適切である。社会経済的な現実から生じる、わが国の中絶の真の原因を解消する必要がある」

※29…同上。

と、バスケスは国会に宛てた書簡の中で述べ、自身の決断について弁明した。[※30] 医師であり科学者でもあるバスケスは、命が妊娠から始まると信じているのだ。

私が現実主義者と呼んだムヒカは、同じ問題に関して、前任者とはまったく異なる態度をとる。中絶は違法であったために公式の統計は取られていなかったが、妊娠中絶の合法化を支持していた法制化推進者の一部が概算して採用した中絶件数は、年間3万件であった。これは人口わずか300万人の国にしては途方もない数字である。件数はともあれ、違法中絶は頻繁に行われ、間違いなく危険な習慣が定着していた。ムヒカは、中絶の実態を明るみに出すことによって、中絶を決断した女性への有罪宣告を止めたのである。大統領として、この問題を白紙に戻し、中絶を合法化するための構想を進める。

子どもを持たなかったことを後悔しているムヒカは、中絶を一般的な慣行として推進する。彼は、テレビシオン・エスパニョーラでのインタビューで次のように語る。

「妊娠中絶に賛成するのは誰でしょうか？　話は単純で、常識で考えればわかることです。中絶に賛成できる人はいないと思います。これは、道義の問題です。しかし社会には、困難に見舞われ、このつらい決断を下さなければならない女性たちがいます。家族に理解されず、孤独で、苦難に見舞われ、つらいのです。（中略）この事実を認識し、合法化することで、彼女たちは自身の判断で進めます。経済的な問題、孤独の問題、苦悩の問題があったとしても、多くの命を救うことができるのです。そうしなければ、彼女たちは悲劇のヒロイン

として孤立したままになります。私たちが救わなければならないのです」[※31]

２０１２年10月、女性の単独意思による中絶を認める、法律第１８９８７号が施行された。そして、２０１４年２月、この基準の適用後最初の公式統計が発表。２０１２年12月から２０１３年12月までの間に合計６６７６件の中絶が保健機関に登録された。これは１カ月当たり５５６件、１日当たり約20件に相当する。ただ、ウルグアイ保健省は、この構想が実施されて以降の中絶による女性の死亡者数を報告していない。

ウルグアイ政府は、ウルグアイにおける個人の権利向上を目的とした改革の全体的取り組みの中にこの法律を位置づけ、この法律の目標を次のようにまとめた。

「社会構造の根本的改革の過程にあるウルグアイ政府にとって、この問題は重要である。我々は、人々が自分の生命と健康にとって何が最善かを意識的に決定できるという共通意識に基づいて、性と生殖に関する権利を向上させるよう努める」

この声明は、レオネル・ブリオッツソ保健副大臣のものである。[※32] ２０１３年６月、中絶を認める法律廃止を求める国民投票の結果、廃止が否決。投票資格のある人々のうち、中絶を認める法律を無効にするために投票したことが判明したのは10％未満であった。

※30…タバレ・バスケスによって提出された拒否通告書の本文。
※31…２０１３年５月のテレビシオン・エスパニョーラの「朝食」という番組でのホセ・ムヒカの話。
※32…http://www.montevideo.com.uy/noticiacanalmujer_209271_1.html

平等な結婚

ムヒカは大統領任期中、同性愛者のカップルと異性愛者のカップルの権利を平等にすることも、推進したい改革の一部であると考えていた。

実は、ウルグアイの同性愛者は、民事婚の権利を得るために数年間闘っている。2007年、あるコミュニティの活動家が、同性カップルの結婚を法的に認めさせることに成功した。これが、異性愛者のカップルと同等の権利を得る第一歩となる。

ただ、この規範の確立から実際に結婚できるようになるまで、同性愛者カップルには長い道のりが残されていた。法案の成立には、議会の承認が必要である。ちなみに、全会一致で承認された場合、どの政党にとっても政治的コストがかからない法案については、定足数が満たされることが知られていた。

2011年、ムヒカはすでに大統領職にあった。

彼に賛同する議員は議会の過半数を占めていたが、何よりも世論の声が、すべての性的指向の人々に等しい権利を保証するという考えに好意的であったため、「黒い羊（Ovejas Negras）」という団体が国会議員に対して「平等な結婚」を実現するためのプロジェクトを提案した。

このプロジェクトの提案書は、２０１１年9月に、与党・拡大戦線の議員の支持を得て、下院を通じて議会に提出された。この法律は、投票の約3分の2の賛成票の獲得により、政治的スペクトル全体の国会議員の支持を得て、18カ月後に制定された。現地のカトリック教会がこの構想に反対するキャンペーンを行ったが、あまり成功しなかった。ウルグアイでは、絶対的な信仰の自由が宣言されており、１９１８年の憲法の承認以来、宗教と国家が分離されている。

ホセ・ムヒカ大統領は、２０１３年5月に法案を公布した。法案の本文は番号１９０７５で登録された。それ以降、ウルグアイでは同性カップルが合法的に結婚できるようになり、それまで同国で有効とされていた結婚の概念が法律で再定義された。

法律の最初の条項では、法律承認の時点で、次のように定められている。

「民事婚とは、法律に則った同性または異性の2人の恒久的な結婚をいう。民事婚は、この国全域で義務付けられ、１８８５年7月21日以降の、本章に従い、かつ、市民登記法およびその規則に定める規定に従って執り行われたもの以外の合法的な婚姻は認めない」

以前は、男性と女性の間で執り行われたものだけが結婚と見なされていた。

ウルグアイは、ラテンアメリカで2番目に異性愛者と同性愛者の結婚の権利の平等化を実現した国となる。最初の国は、アルゼンチンであった。

ムヒカの逸話③

ムヒカは、彼が作成を手伝った「プラン・フントス」と呼ばれる公営住宅開発計画に思い入れを持っていた。

この計画は、地方自治体の支援を受けて、住宅土地整備環境省と社会開発省によって調整されている。

ムヒカは、彼の個人資産にほぼ相当する約31万ドルをこのプロジェクトに寄付した。ムヒカは支援を続け、給料の多くをこの計画に寄付しているが、これは、住宅の確保が困難な人々に安価な住宅を供給するためだけの計画ではない。

何よりも、家づくりのための地域の仕組みになっているのだ。

実際に家を建てるのは、国やムヒカ、ボランティアなどの第三者から、支援を受ける家族自身である。

この構想は、計画に組み込まれた家族が、実際に家を建てるための訓練を受けるほか、小さな子どもが学校に通えるようにするための社会的支援と健康診断を受けることを定めている。

プラン・フントスでは、ウルグアイ国内のさまざまな地域に居住区がつくられた。２０１３年の年次報告書によると、ホセ・ムヒカ政権末期に対象となった計１万３０００世帯のうち、２２００世帯がこのプログラムに参加した。

これは１万１０００人に相当し、そのうちの4割は13歳以下である。

２０１４年末の政府目標が、この保障制度に３０００世帯を参加させることであったため、意義ある数字ではあったが、ムヒカの希望よりかなり少なかった。

ムヒカが地域活動の重要な例として捉えているこのプログラムでは、80万時間のボランティア活動が行われた。

ムヒカがこのプログラムを支援する理由は、このプログラムにより人々が自分たちの力で貧困から脱出し、自分たちの力で解決しようという意識改革を実現させるためである。

この計画は、ウルグアイの他の既存の計画のように、国家が提供する伝統的な融資策ではない。人々が、実際に住宅を手に入れられるようにするためのものであり、何よりもコミュニティの取り組みへの参加を生み出すものである。

ムヒカは、もしノーベル平和賞を受賞したら、プラン・フントスの枠組みの中で住宅建設を行うために、彼に与えられる１００万ドルを寄付すると明言していた。

「発展は、幸福を損なう
ものであってはならない」

ホセ・ムヒカ
リオ+20サミットでの演説
リオデジャネイロ
2012年6月

Chapter 6

ロックスター・ムヒカ

2010年に政権の座に就いて以来、ムヒカは国際的な報道機関が熱心に取り上げたがる人物となった。

元ゲリラが民主主義を通じて政権についたという事実だけでも、好奇心と興味をそそられるだろう。そしてムヒカの逸話が広まると、国外からのインタビューや報道の要望が急速に高まった。彼は、ソーシャルネットワーク上で行われるコミュニケーションのあり方についてはほとんど知らなかったが、伝えたいメッセージを興味深いものにする優れた直感を持っていることで、注目を集めた。

ムヒカの大統領就任の歴史的背景には、市場における深刻な金融危機が挙げられ、資本主義社会の基本原則に疑問が投げかけられていたことがある。

重要なことは、経済への国家の参加であり、ヨーロッパと米国で深まるばかりの不平等を緩和する国家の役割であった。「ウォール街を占拠せよ」運動やスペインの「怒れる者たち」運動など、大きな国際的影響を伴う平和的抗議運動を引き起こした社会不満の状況により、ムヒカが最初に世に問うた概念が、彼の想像を超える影響をもたらした。そして、消費の節制について語るとき、公正で正常な労働条件を提唱するとき、さらには、労働者の搾取を一切防止するための世界規模の大きな協定を策定するなど、本人も不可能と認識していた願望について話すときに、ムヒカはこの状況をどう生かせばよいかをわかっていたのである。ムヒカは、厳格な生き方、彼が好む言い方では節度ある生き方を貫いていることで模範となることができた。

ムヒカがなぜ、より持続可能な生活を支持する複雑な政治的主張の形成を正当化できたのか、その理由を説明する言葉の中から、私は２０１４年にスペインのジャーナリスト、ジョルディ・エボレがインタビューしたときのムヒカの答えを選ぶ。

「私は刑務所から出てから40年間、このように生きてきました。政治マーケティングとしては、ちょっと長いですね」。ほとんどツイートである。

ムヒカは、２０１２年の「リオ＋20」サミットで、初めて地球規模の問題について演説し、その反響の大きさから、自分のメッセージが、いかに影響力があるかを知った。動画共有サイトＹｏｕＴｕｂｅでは、このサミットでの10分間の演説のリンクが１００万回以上再生されており、これはウルグアイの大統領としても前例のないことである。

ムヒカは、「生命を至上の価値とする説法」と「自らの生き方」という２つの柱によって自身の演説に価値と正当性を持たせることで、世界的な現象になった。

ムヒカの言葉

「私たちはみな、ただ発展するためにこの星に生まれたのではありません。私たちは幸せになるためにこの星に生まれたのです。人生は短く、すぐに過ぎ去ってしまうのですから。そして、人生ほど尊いものはない、これが根源的な事実です。しかし、人生を過ごしていく中で、〝余分なもの〟を消費するために皆が働きに働く、消費社会とはエンジンなのです。つまり、消費が止まれば経済が止まり、経済が止まれば不況の影が忍び寄ってくるのです。(中略)地球を攻撃しているのは、この過剰な消費なのです。そして物をたくさん売らなければならないため、物が長く使い続けられないよう、この過剰消費を生み出さなければなりません。(中略)私たちは働かなければならないし、〝使っては捨てる〟文明を維持しなければならないので、悪循環に陥っているのです」[※1]

ムヒカはこの演説によって、人類が経験している生態系の危機の根本的理由を自らの視点から説明した。「原因は、私たちが打ち立てた文明のモデルです。そして、見直さなけ

※1…2012年6月20日、ウルグアイ東方共和国大統領府が発行した「リオ＋20」サミットでのムヒカのスピーチからの抜粋。<www.presidencia.gub.uy>を参照。

ればならないのは、私たちの生き方です」と主張した。さらに、「私が言っていることは、とても初歩的なことです。幸せを犠牲にした発展などあり得ません。世界中の人々が愛を持って生き、人間関係を大事にし、子どもを愛し、友を持ち、基本を忘れないなど、人間の幸福につながるものでなければなりません」と続けた。[※2]

ムヒカはこのとき、国際会議の場で初めてこのような演説を行ったが、リオでの発表が好評を博した後、国連総会での歴史的な演説で同様の話を披露し、この点を詳しく説明することになる。

「私たちは本物の森を壊し、名もなきコンクリートジャングルをつくり出しました。座りっぱなしの生活にルームランナー、不眠症に薬、孤独には電子機器。本来の人間らしさからかけ離れて、私たちは幸せなのでしょうか？　今こそ、問いかけなければなりません。あきれたことに、私たちは、命自体のための命を守る生き方から逃れ、代わりに消費主義と富の蓄積を重視する生き方を選んだのです」とムヒカはニューヨークで語る。[※3]

「私たちは、世界が共通のルールを強く求めていると考えています。(中略)たとえば、多くの物事を定義する必要があります。世界全体での労働時間はどれくらいにすべきか？　通貨はどのように集約されるのか？　水をめぐる世界的な争いの資金はどのように賄われているのか？　そして砂漠化対策の資金は？　どのようにリサイクルを進め、地球温暖化に対処するのか？　人間はどこまでその素晴らしい務めを果たせるのか？　これから求められることは、最も虐げられている人々への連帯を開始し、課税を通じて浪費と投機を罰し、陳腐化することを計算に入れて使い捨て商品をつくるのではなく、真面目に有用な商品をつくり、世界の最も貧しい人々の生活が向上するよう、主要国の協力を得るために世界全体で合意を形成することなのです。それこそが、世界を貧困から救う手立てとなります」

「地球全体とすべての生命に目を向けるというこのグローバル化は、残酷なまでの文化的変化をもたらします。これが、歴史が私たちに求めていることなのです。本質的な基盤全体が変化し、揺らいでいるのです。（中略）人は、文化を持っていればこそ、何事も起こらなかったかのように生き続けることができます。私たちがグローバル化を統治するのではなく、グローバル化が私たちを統治するのです。（中略）私たちは自分たちを統治する必要があり、そうしなければ屈服することになります。あるいは、私たちが実際に発展させてきた文明に対応できないために、屈服してしまうのです。これが、私たちが抱えるジレンマです。結果を取り繕うことばかりに気をとられてはいけません。根本的な原因について

※2…同上。
※3…2013年9月24日にウルグアイ東方共和国大統領府が発表した国連総会でのムヒカの演説からの抜粋。

考えましょう。無駄を生み出す文明について、使っては捨てる文明について、つまり、人生の時間を無駄にし、無駄な問題に無駄に関わっていることについて考えてみましょう。人生は奇跡であり、私たちは奇跡によって生かされている、人生より価値のあるものはないと考えましょう」

これらの演説から、ムヒカの逸話が広がる。たとえば「タイム」誌が、国連での演説以前のムヒカの話を聞くように読者に勧めたとか、プエルトリコ出身の歌手リッキー・マーティンがツイッターで「彼は皆の記憶に残るだろう」と述べ、フォロワーにコメントを求め、ブラジルでのサミット参加後の騒動に拍車をかけたとか……。さらに日本では、「リオ＋20」サミットでのムヒカのスピーチを子どもたちにも理解できるように、フルカラーのイラストを添えた本をつくられたことも記憶に新しい。

しかしながら、ムヒカ本人は、自身が告発している問題について語る。

「前途には多くの無用な犠牲が見込まれ、結果が取り繕われることが多く、皆が原因に向き合っていない」

現実には、先進国の一部で自分たちの住む現実に不満を抱いている人たちが彼の言葉に共鳴し、波紋が広がっていることからも、彼の演説に影響力があることがわかる。なかには、ウルグアイのような小国の大統領の影響力を指数関数的に広げる者もいた。

文化の変化と新しい世界

ウルグアイ人の多くは、ムヒカが自国でその主張を実現できているわけではないことから、彼が外国で好評を博していることを認めていない。純粋に「珍しい、ほとんど風変わりな大統領として注目を浴びているだけ」と考える者もいる。しかし事情はもっと複雑である。世界が変わり、成長がなければ資本主義制度に限界がくることを資本主義制度自体が示してしまったことで、資本主義経済モデルに疑問を唱える人が増えてきている。この状況で、ムヒカはパラダイムの転換を提案したわけではない。つまり、彼が若い頃に求めたような、異なる制度への移行をもたらすような革命を提案しているわけではないのだ。

ムヒカは、よく考え、与えられた手段を用いて行動するよう呼びかけているのだ。今は資本主義が支配的な制度となっている。しかし、2010年の世界銀行の統計によると、人口の5分の1が極度の貧困状態にある地球では、個人が行う小さな行動も、政治指導者が主導する集団的行動も、この地球の状況を改善する有効な手段である。世界では、天然資源に限りがあると認識されているが、人間の野心と雇用創出の必要性により、環境問題への対処が後回しになっている。環境危機の根本原因は政治にあり、モデルの変更よりも文化の変化が必要であるとするムヒカの主張は、多くの人にとって斬新なものである。

２０１４年初頭、１８９２年に設立された米国の歴史ある自然保護団体「シエラ・クラブ」は、人間が生きるうえで重要な資源であるエネルギーの利用状況の不平等を示す、衝撃的なグラフをウェブサイトで紹介した。このデータから衝撃的な事実がわかる。ノートパソコンが1時間当たりに消費する電力は、世界第2位の貧困国であるハイチの平均的市民が1時間当たりに利用する電力よりも多いのだ。冷蔵庫が1年間当たりに消費する電力は、エチオピア人が1年間に消費する電力量の6倍にのぼる。このような情報は、以前は報道機関によって伝えられ、限られた人々にしか届かなかったが、インターネット時代になり、幅広い人々に世界の状況や不平等問題が届くようになった。

そして、世界的な経済危機で大量消費モデルの根幹が揺らぐと、さまざまな方面から反応があった。ある者は集団で抗議して解決策を要求し、ある者は単に消費財の入手方法に変化をもたらすために行動を起こし始めた。ヨーロッパでは物々交換が再び行われるようになり、道具や車の所有権を共有したり、中古品の利用を促進したりするためのインターネットプラットフォームがつくられた。以降のページでは、このような反応の具体例をいくつか紹介する。それらの具体例は、グローバル化した世界の新しい地図の一端であり、その住民たちは、ムヒカのようなリーダーから生きるヒントを得ている。ムヒカの人気が彼の政治人生のこの段階で急に大きくなったのは、こういった人々の影響が大きいのだ。

ウォール街を占拠せよ

カレ・ラースンは、幸福の枠組みとされる商品とサービスの大量消費との闘いを提唱するムーブメントとなった雑誌「アドバスターズ」の創刊者である。エストニア生まれでオーストラリア育ち、現在はカナダに暮らすラースンに、なぜこのような過激な提案が現代社会、特に若者の間で反響を呼んでいるのか、話を聞いてみた。また、彼が名付けた「ウォール街を占拠せよ」という運動は、2011年の「怒れる者たち」運動によるスペイン危機と似通った形で発生したものだが、その影響についても聞いてみた。

1989年から「アドバスターズ」誌を運営しているラースンは、オピニオンリーダーであり、何よりもムヒカのように欧米の市場社会に疑問を持つ人たちの間で注目されている存在である。彼の次のような回答から、危機の影響下で、世界中で形成され、ソーシャルネットワークによって伝達される、新しい批判的思考の流れがどういったものであるかが理解できる。ムヒカのメッセージに対するラースンの評価は、これらの運動がムヒカに託す役割と、ムヒカの成功の理由の一部を明らかにするものである。

――あなたは、大量消費に抗議する方法として「アドバスターズ(adbusters.com)」を創刊し

ました。同時に、現代社会は消費の上に成り立っています。何千もの雇用が商業によって生まれています。なぜこれに抗議するのですか？

「グローバルな経済システムのあり方については、いろいろな見方があります。iPhoneなどは、雇用を創出する素晴らしいことをやっています。しかし、グローバルな経済システムは気候変動の原因ともなり、2008年のような金融危機の原因ともなります。世界には70億人もの人々がいて、将来に希望を持てないともいえます。『仕事が欲しい、仕事をくれ、映画を観に行きたい、靴を買いたい』というミクロな視点では、グローバルな経済システム、資本主義と呼ぶものには問題ないのかもしれませんね。（中略）しかし、もし子どもや孫、そして将来の世代のために、ある種の健全で持続可能な未来をつくりたいのであれば、よく考えなければなりません。（中略）今日の私たちの経済システムは健全ではなく、持続可能でもなく、未来がありません。未来について考えましょう」

——大量消費によって引き起こされる問題に順位を付けなければならないとしたら、どれを最も重要な問題としますか？

「このような消費文化の中で育ち、子どもの頃から居間に座ってテレビを見ていたとしたら、高校に行く頃には（中略）徴兵されたのも同然です。人生が、消費者カルト集団に乗っ取られたことになります。ある意味、魂を破壊されるのです。多くの若者は、（中略）生涯を通じて目にする何千、何万という広告と、それらがつくり出す文化によって侵されます。

魂を失ってしまうのです。（中略）実際に起こる悪いことに対抗するだけの能力を失い、気候変動のような大きな問題が起こり、全人類を脅かすような事態になっても、みな、反撃する気概を持てなくなるのです」

――それでは、あなたは世界にどのような道を提案しているのでしょうか？　明らかにアメリカンドリームではありませんよね。[※4]「アドバスターズ」では、どのような社会と消費のモデルを推進しているのですか？

「私たちは、数年前に『何も買わない日』を定め、続いて『何も買わないクリスマス』を呼びかけました。これは、消費文化の悪い面と、消費文化が心理学的、環境学的にどう影響するかを人々に示すために行いました。（中略）人々には、もっと質素に暮らしてほしいと思います。２台の車と巨大な家を持ち、ショッピングモールやスーパーマーケットに通い、欲しいものをカートに詰め込む必要はないのです。それは幸せに生きるための方法ではありません。（中略）もし本当に世界を変え、価値ある未来をつくりたいのなら、経済学の基礎を変え、（中略）私たちが形づくっている経済と経済専門家の概念を変えなければなりません。何百万人もが車の代わりに自転車を買ったり乗ったりしても、問題は解決しないでしょう。経済学の理論を変えなければならないのです」

※４…米国では、ローンを組んで家を買い、働き、退職後にゆとりある生活を楽しむ、つまり経済的に発展してゆくことが見込める一定水準の生活を送ることを目的とする「アメリカンドリーム」という概念がある。

——ムヒカのスピーチが、私たちの生き方を変える影響を与えると思いますか？

「（中略）消費文化に魂を奪われ、アメリカンドリームに魂を奪われた人たちがいます。この人たちには、何とかして目を覚ましてもらう必要があります。そして頭を叩いて目を覚まさせるのが、ムヒカのような人たちなのです。彼は自分の言うことを実行し、深みのある方法で次の世代に模範を示している、一国のリーダーといえます。しかし、さらに深く掘り下げる必要があります。ムヒカのように模範となる人が、さらに必要です。（中略）だからこそ、大学生、特に経済を勉強している学生は、ムヒカの生き方を見て刺激を受けて、教授が教えるつまらない教えに疑問を持つことが重要なのです。（中略）皆、既製品を買いますが、ムヒカは自分でソースをつくり、自分で野菜を植え、家を掃除する使用人も雇っていません。（中略）感銘を受ける話です。その生き方に感銘を受けました。私も年老いた男で、第二次世界大戦後に育ち、何も持っていなかった頃を思い出します。私たちは、ゼロから生活をつくり上げなければなりませんでした。オーストラリアから移住してきたのですが、到着したときには着ていた服以外何もありませんでした。ムヒカの生き方を見て、このように生きることが彼にとっての幸せなのだと思うと、何もなかった自分の子ども時代を思い出します。私たちは幸せでした。今、人々は大きな家、大きな車、おしゃれな服を持ち、ファストフード[※5]を食べています。しかしムヒカや私のように子どもの頃に何も持っていなかった人間は、幸せになる方法を忘れてしまったのだと思います。その幸せは、重要な要素です。ムヒカの顔を見れば、幸せな時間を過ごしていることがわかります。彼は料理やその香りを楽しんでいます。素晴らしいことです。それが人々に感銘を与え、人生を変え始める扉を開くのです。この様子をテレビで見ていた家族が、『ああ、マクドナルドに行くより、家族で料理しておいしいものを食べよう』と思うかもしれません。そういう日常生活の中での小さな積み重ねから学ばなければなりません。

――「ウォール街を占拠せよ」という運動名を考えたのはあなたですよね。「ウォール街を占拠せよ」は、人類にどのような貢献を果たしたでしょうか？　ラテンアメリカとヨーロッパでは、それは若者をはじめとした人々が参加した大きな運動でした。この運動がもたらした成果は何だったと思いますか？

「『ウォール街を占拠せよ』やスペインの『怒れる者たち』、ロシアの『プッシー・ライオット』[※6]、トルコ、ブラジルで起こった運動、チリの学生運動など、これらの背景には、若者たちが『未来に期待を持てない』と感じていることがあります。彼らの両親のように、家も車も庭もあ

※5…「ジャンクフード」を指す英語。
※6…プッシー・ライオットはロシアのパンク音楽グループで、パフォーマンスの中で社会批判と政治批判を行っている。2012年にロシアのウラジーミル・プーチン大統領に抗議するミサを行ったとして、メンバーのうち3人が逮捕され、実刑判決を受けた。彼女たちは、2年間の刑期を終える前に釈放された。彼女たちは通常、スキーマスクで顔を覆って登場するが、メンバーの身元は、ファンや人権擁護者、特に表現の自由の権利を擁護する者の間で広く知られている。2013年、イギリスの監督マイク・ラーナーとロシアのマキシム・ポズドロフキンは、ドキュメンタリー『モスクワ パンクバンドの反乱』を公開した。

り、素敵なキッチンもあるといった、まっとうな生活を送れる可能性がないのです。『ウォール街を占拠せよ』は、米国の若者たちが『今こそ何かしなければならない』と決意した運動の１つだと思います。そして、資本主義の象徴的なものであるウォール街を占拠することにしたのです。（中略）一方ではムヒカのような人が、日常生活のあり方を変え、自炊し、質素に暮らさなければならないと言っているわけですから、これはとても重要な運動です。庶民の目線から、どう生きるべきかを教えてくれています。しかし同時に、私たちが本当に世界を変えようとするならば、上からのビッグバン[※7]も必要なのです。（中略）私の意見では、今後の数年間に世界的な革命を起こそうとするならば、ムヒカのような人々が下から押し上げられることによって、『ウォール街を占拠せよ』のような蜂起が上から下へと巻き起こる必要があります」

――「リオ＋20」のような構想を信じますか？　あなたが非難するものを変えられるだけの望みがあると感じていますか？　あなたは楽観主義者でしょうか？

「私はもう年老いた男です。私が若い頃に、１９６８年の蜂起が起こりました。その後、50年間は何も起こっていません。世界中の若者が強い気持ちを持っていることは、とても刺激的で、希望を感じさせることです。（中略）、世界中の何百万もの人々が、真実に目覚めるというのは、将来的な希望を感じます。しかし同時に、私の中には悲観的な感覚もあるのです。本当に悪いことが起きない限り、彼らが物事を変え、経済の根本を変え、政府の腐敗を断ち、アメリカンドリームの文化を変える力を持てるかどうかはわかりません。数年後、もしかしたら明日にも世界同時恐慌が起こるかもしれません。1929年のようなこと、さらには2008年の金融危機のときよりもひどいことが起こりそうです。経済システム全体の大きな衝撃となり、人々はこれまでにない形で目を覚ますことになるでしょう。世界規模での人類に対する実験が熱を帯びる危険性があり、ある種の長い暗黒時代に突入する、非常に暗い時代になるかもしれません。そうすれば、ようやく新しいテーマへの動きが出てくるかもしれません」

――今後、「進歩」はどうあるべきだと考えますか?

「私たちが経済の理論的基礎を変え、幸福、幸福を測る方法、動物の愛護、環境の健全性を測る方法を取り入れ、経済にこれらすべての新しい要素、心理学的要素、生態学的要素、社会的要素を加味し始めれば、新しい進歩の尺度ができるはずです。人々は、前四半期のGDPが1%上がったからといって進歩しているとは言わなくなります。人々は、幸せを感じるから、地球温暖化が緩和されて危険ではなくなったから、あるいは都市の公害が軽減されたから進歩していると言うようになるでしょう。だからこそ、経済の枠組みを変えることが重要なのです。それがグローバルシステムのDNAであり、私たちはそれを変えなければなりません。そして、それを変えたとき、私たちは人類の進歩を測る方法を手に入れることができるのです」

※7…破裂、爆発のこと。

ヨーロッパにおける消費モデルの「再定義」

「私たちの心をかき乱すのは何でしょうか？　現在の豊かな社会モデルである開発と消費でしょうか？　もし、インド人がドイツ人と同じ1世帯当たりの車を持ったら、この地球はどうなるのでしょうか？　私たちが呼吸できる酸素はどのくらい残っているのでしょうか？　もっと率直に言えば、今の世界には、70億〜80億の人々が豊かな西洋社会と同じ程度の消費と浪費が可能なだけの物があるのでしょうか？　そんなことが可能でしょうか？」

「リオ＋20」サミットで、ホセ・ムヒカがさまざまな聴衆に向けて投げかけた疑問には、特に環境面から、製品の販売と消費に対しての疑問が集約されていた。

食べる、着る、移動するなどの基本的な欲求を満たすためと、所有して欲求を満たすために買い消費することは違う。地球の天然資源が有限であること、あるいは廃棄物が蓄積されていくことを考えると、物を消費した後で廃棄する量にはいつか限界がくることが明らかになりつつある。無限に買って蓄積するという考え方は、当然ながら疑問視される。また、物とサービスの取引が、市場社会で人々が働き、生活していくための糧を得ることになるのも事実であり、人間の才能によって素晴らしい技術革新が続々と成し遂げられることは言うまでもない。この緊張状態の中で、人類がこの世界で歩んできた道は持続不可能であり、実行不可能であると考える人々から修正主義が生まれている。基本的欲求が満たされ、欲望に従った消費社会では、このような疑問が生じる。

極端な行動を取る者が出てきて、そこから興味深い結論が生まれることもある。

ドイツのジャーナリスト、グレタ・タウベルトは、1年間、何も消費しないことに挑戦することにした。彼女は、食べるための野菜を植えた。歯磨き粉も自分でつくった。服は買わずにすでに持っているものでしのぎ、季節に合わせて替えていった。

「私たちの経済システムは無限の成長を前提としていますが、暮らす生態系には限りがあります。（中略）もっと、もっとと唱えていても、そんなに生活が変わるわけではない」と、タウベルトは自身の経験を詳述した著書『地獄の黙示録！』の中で述べている。※8

タウベルトが消費社会から離れたのは、意識的かつ急進的な決断であった。そこには、現在の状況に逆らって生きることが可能かどうかを確認しようという明確な目的があった。しかし、必要なものや欲しいものが容易に手に入らない経済状況によって、消費への欲求を抑えることが必要となった場合はどうなるのだろうか？

「成熟した国々では、ある種の飽和状態に達していることが明白です。（中略）こういった

※8…『私、グレタ・T、30歳、消費者ストライキ中』より抜粋。ヤニック・パスケ。フランス通信社、2014年。

市場で消費を改めて盛り上げるには、欲求を生み出すイノベーションと、製品が時代遅れであると思わせて新製品をつくり出すマーケティングの2つの方法があります」と説明するのは、ヨーロッパ2位、世界5位の経済大国であるフランスにおける消費社会動向の専門家の1人、フィリップ・モアティである。

パリ第7大学の経済学教授でもある彼は、社会・消費観測所の創設者で、所長も務めている。この団体は消費の有力専門家を集め、消費者の行動と認識に関する定期的、統計的、実証的研究を行っている。私は、ムヒカが示した大量消費に異議を唱える言説が、ヨーロッパの一部の人々に浸透していることを理解しようと、モアティに話を聞いた。彼は語る。

「消費は依然として魅力的であり、重要であり、消費社会に暮らす私たちにとって中心的な価値観です。政治的なイデオロギー、宗教的な信念、人生に意味を与えるものなど、消費以外のすべてのものが重視されなくなりました。この穴を埋めなければなりません。価値観としての消費は、他のものが取って代わらない限り、人生の目標であり続けます。このような批判が、環境分野から出るのは偶然ではありません。（中略）消費への批判と質素な生活の奨励などでこの穴を埋め、自然との関係の再構築を図り、新しい人生の意味を見いだす人々は増えてはいますが、あくまで人口の一部に過ぎません。大部分の人は消費社会に組み込まれたままです。人々は物を買うことが大事だと思っていますが、限界も認識しています。だから、より賢く消費するよう努めているのです。そこに鍵があります」

これは、モアティが言うところの伝統的な消費モデルの「再定義」であり、物々交換、中古品への嗜好、財産の共同所有といった、物の利用のあり方に関する古典的流れの登場、より正確にいえば復活となる。

こうした既知の仕組みに、最新技術を取り入れたプラットフォームの登場が加わり、この流れが目立ってきている。その一例が「ouishare.net」[※9]で、このサービスは「市民、公共機関、企業が協力、開放性、分かち合いに基づく社会を構築することを奨励するグローバルコミュニティ」を掲げている。また、会員が自らプロジェクトを立ち上げ、商品の所有権を共有したり、サービスを交換したりすることを奨励している。消費者体験の向上や新規購入の抑制に加え、こうした特別な取り組みは、偶然にも人の顔が見えないネットショッピングが増える中で軽視される社会性を育むことにもつながる。

それに加え、共同利用のコンセプトに基づいて事業を展開する有名企業も存在する。いずれの場合も、これらの企業は、希望の商品やサービスの利用を可能にするためにコストを下げるという、新たに創出された需要に応えたわけである。

「新しい消費行動の多くは、インターネットのプラットフォーム、消費者同士のつながりを基に展開されます。これは比較的最近見られる傾向ですが、経済危機に付随するもので

※9…このフランス語と英語を混ぜた造語は、「私たちは共有する」という意味の英語の「we share」とフランス語の「oui（はい）」を掛けたものである。

す。テクノロジーは、この流れを誘発している要因の1つです。そして今は、共同消費の時代です。ニーズを満たすための『普通』の方法、つまり市場での所有権の獲得から逸脱する必要があることを受け入れれば、必需品をより安く、あるいは同じ値段で手に入れることができます」とモアティはまとめた。[※10]

ムヒカの演説について尋ねると、モアティはその効果を控えめに評価しつつも、守るべき限度を超えていると感じている人々にとっては魅力的であることをおおまかに説明した。

「彼の演説が魅力的なのはわかります。私たちは皆、彼の演説に対して、誰もが必要なものだけを少し持つだけで満足する小さな町の共同体のような牧歌的イメージを持ちます。このイメージは嫌いになれません。（中略）裏側には、欲望を抑えなければならないということが隠されています。（中略）しかし、楽しい面を上手に伝えてくれる人もいて、納得するしかありません。そして、日常生活の中で、生活を満たすものが他になく、永久に消費を煽（あお）られるような状況に置かれたとき、それが永久に続くわけですから、このイメージには同意できても、私たちは消費を続けるのです」

このようにモアティは、国民の生活水準を確保したいという欲求と、消費を抑えることとの間には「矛盾がある」と総括した。ムヒカは自分の演説と、任期中の公式数字との間に見られる矛盾に言及している。２０１４年5月に訪米した際のワシントンでの世界銀行本部での講演やフランス通信社に対して、次のように語った。

「私たちは消費が文化の一部となる時代に、たくさんの消費をして暮らしている。一国の経済は消費を必要としており、国は消費を基に成長してきた。消費を抑制すると、この経済を麻痺させることになります。このすべてが真実であり、矛盾をはらんでいます。私は、発展のために、そして市民がもっと消費できるよう闘わなければならないのです。ですから私は、自分の思っていることを伝えなければなりません」※11

では、この矛盾をどう解決するのか。ムヒカは「ガーディアン」紙に次のように語った。

「本当は、消費という言葉は混乱を招くので、しまっておきたいのです。生きるということは、消費すること。消費なくして生活は成り立ちません。私が反対しているのは、エネルギーを無駄遣いし、人間の労力を無駄遣いして、生きるための時間を使い果たすという、無駄な生き方です。私は、必要なものを消費するという意味の『節度』という言葉を使いたいのです。より少ない労働時間を求める人類社会を奨励し、商品の陳腐化を計算せずに、節度を保ち、長持ちする有用な物をともにつくればいいのです」※12

※10…「共同消費」の概念は、物を共同で所有したり、サービスを交換したりして、コストを削減できるようにすることで具体化されている。その考案者は、相当な金額を費やさなければ手に入りにくい商品を入手可能にし、同時に環境に優しくない大量生産に対抗しようとしている。
※11…マリア・ロレンテとアナ・イネス・シビルスとのインタビュー。フランス通信社、2014年7月。未発表の抜粋を含むインタビュー内容は、本書のためにインタビュアーによって提供された。
※12…「ガーディアン」紙とのインタビュー。英国、2013年12月16日。著者のプロデュースによるインタビュー。

再分配〜新しい経済論争

「市場と金融投機の絶対的自律性を放棄し、不平等の構造的原因を解消して、貧しい人々の問題を根本的に解決しない限り、世界の問題は、そして結局はどんな問題も解決しないでしょう。不平等こそ社会における諸悪の根源です」

この考えは根強い。ムヒカは何十年も前から、特に法制度の弱い国において、野放図な自由市場が最も保護されていない人々に及ぼす影響を指摘している。ただし、この項の冒頭の文章は、ホセ・ムヒカではなく、ローマ法王フランシスコのものである。※13

欧米の最も宗教的な人物と、妥協を許さない無神論者ホセ・ムヒカとの間に、このような思想の一致があることは驚くべきことだろうか?

答えは明らかに「ノー」である。

ムヒカが採用した手法や歩んだ道に賛成か反対かにかかわらず、ムヒカ大統領が社会的平等を求める闘いを自身の基本テーマとしたことは否定できない。そして、この点で彼の政権がウルグアイに残した微妙な成果よりも、世界では彼のイメージのほうが前述の目的と結びついている。ムヒカは、自分の言説が市場や企業家に対するものではなく、むしろ人間の野心によって引き起こされる資本主義や自由企業のあり方に対する批判であることをたびたび説明している。

富の再分配は、若い頃から彼の関心の中心であった。武装闘争に参加していた時代から非常に現実的だったムヒカが、近年、主流となっている経済モデルへの疑問が叫ばれる中で、予想外の反響を得たのは歴史の必然であった。

中核市場であるヨーロッパと米国で格差が拡大する中、所得と富の再分配は、私たちが暮らす世界で議論されている大きな課題である。

人道支援団体オックスファムによると、世界の3人に1人が貧困状態にあり、世界で最も裕福な67人が、最も貧しい人々の半数と同じだけの富を所有している。「極端な不平等が進んだ」とオックスファムは説明する。そのため、宗教、政治、ＮＧＯ、学界がこの問題に取り組んでおり、ムヒカはこの問題を社会一般で共有することで獲得した人気の多くを正当化し、模範となった。

※13…２０１３年末に出版された『教皇の勧告―喜びの福音』は、同年にローマ法王に就任したフランシスコ法王が発行した最初の主要な文書であり、時事問題を分析し、現代世界を反映した書物である。<http:// w2.vatican.va/content/francesco/es/apost_exhortations/documents/ papa-francesco_esortazione-ap_20131124_evangelii-gaudium.html>を参照。

アルゼンチン出身の司祭ホルヘ・ベルゴリオ（元・ローマ法王フランシスコ）は、ローマ法王に就任して、所得再分配の問題に直接言及した。

「もはや、人知の及ばない力や市場の見えざる手を信頼することはできない。平等の推進は、経済成長が前提となるが、これには経済成長以上のものが必要となる。このためには、所得分配の促進、雇用の創出、単なる手助けを超えた貧困層への支援をする意思決定、計画、仕組み、プロセスが必要である。無責任なポピュリズム政策を提案する気はないが、労働市場を縮小することで収益性を高めようとし、その結果、排除される人々を生み出すといった、新たな災いとなる対策に頼ることはもはやできない」

米国のオバマ大統領は、2期目の大統領就任直後の2013年に、平等の追求を米国の大きな課題と定義するプレゼンテーションを行った。

オバマは、「危険な不平等の拡大によって、（中略）一生懸命働けば出世できるという米国の中流階級の基本原則が脅かされている」と述べる。これは、「我々の時代を象徴する課題」であると、オバマは米国人に語った。[※14] 彼は、実力と個人の努力が重要な柱とされる米国社会に限定してメッセージを発した。その人生物語は、建国の価値観が問われる国の産物であることを示した。

一方、ムヒカは国連での演説でこの問題を、誰にでもわかりやすいように話し、「誰もが誰よりも優れている」というウルグアイ人が愛する古い格言に再び訴えた。

「私たちは南米出身とはいえ、元は西洋世界から来たのでこう言うのですが、人間は、平等であること、誰もが誰よりも優れているということ、政府が共通の善、正義、公平を体現すべきです。そして、これを保証するために生まれた共和制国家の概念が、しばしば変形して、街を歩く普通の人々、つまり庶民の間ですっかり忘れられてしまうのです。共和制国家は、民衆のうえで無為に時間を過ごすためにつくられたのではなく、逆に国民自身の生活、つまり大多数の人々の生活のために機能するよう歴史の中で求められたのであり、大多数の人々の生活向上に取り組む義務があります」

２０１３年は、富と所得の再分配、平等と公平に関する演説が多かった年であった。これらのテーマは、統治者の演説や願望の表現に常に見られるが、実際に平等社会を目指す行動が伴わないことが多い。この議論が、強く定着した理由である経済危機、あるいはこれらの危機の明白な帰結はまだなくなっていない。

マドリッドの「エル・パイス」紙のアナリスト兼コラムニスト、モイセス・ナイムは、この議論を世界の政治の課題に据えるうえで、米国が非常に重要な役割を果たすことにな

※14…２０１３年４月にワシントンＤＣで行われた演説。民主党に近い米国進歩センターの分析センターが主催したイベント。

ると考えている。「米国は、その不安を国外にアピールし、他の国々に共有させる比類なき能力を持っています」と、ナイムは主張した。[※15]

米国経済を揺るがした不動産危機、あるいはデリバティブ危機から5年以上が経過した時期、ヨーロッパでは程度の差こそあれ、事態が複雑化し、すべての国がその影響を受けて、失業問題が浮上した。ちなみに、2013年には、スペインの労働者の4分の1以上が失業している。そのため、このような状況で不平等、公平性、再分配について議論しない指導者は論理性を欠いていることになる。

しかしながら、最も深い議論が生まれたのは、政治からではなかった。議論のきっかけは、学界からもたらされたのである。

2012年の「経済的不平等に関する学術論文の数は、2011年と比較して25%、2004年と比較して237%増加した」とナイムは指摘している。[※16] これらのデータの引用元であるコラムの中で、ナイムは、2013年と2014年の出版状況に言及した。フランスの経済学者トマ・ピケティ[※17]の著書『21世紀の資本』が出版され、不平等の問題を経済議論の中心に据えなければならないという命題に従って、議論のきっかけがつくられた。現代のように経済の先行きが不透明な時代において、まさに時宜を得たテーマといえる。

カレ・ラースンの願いは叶うだろうか？　大学は、経済学専攻学科の焦点を技術的観点でなく、より人間的な観点に変えるだろうか？

ピケティの著書は米国とヨーロッパでベストセラーとなった。１０００ページ近いフランス語の原書が、オンライン小売店アマゾンの売上チャートでトップになるという、学術書としては前代未聞の現象が起きた。

２０１４年5月、「ニューヨーク・マガジン」誌には、「彼の人気により、不平等が常にテーマとなるようになった」という一文が書かれる。[※18]

ピケティは、１９７０年代以降、「富裕国、特に米国で不平等が再び拡大した」と断言している。今世紀最初の10年間における世界最大の経済大国における富の集中は、１９１０〜１９２０年にかけて記録されたものに匹敵するものであった。[※19] 彼は、中国など一部の新興国の経済成長が世界の不均衡を緩和している一方で、成長が均衡を保っている、つまり、経済成長が自動的に経済状況の改善につながり、それが所得の分配、ひい

※15…「世界で話題のピケティ」。モイセス・ナイム。「エル・パイス」紙、２０１４年5月17日。
※16…同上。
※17…『21世紀の資本』。トマ・ピケティ著。Collection Les livres du Nouveau Monde（新世界ブックコレクション）。フランス、スイユ出版社、２０１３年9月出版。
※18…「トマ・ピケティの世間一般での成功により、米国の新しい言語は経済学であることが証明される」。ベンジャミン・ウォレス＝ウェルズ、２０１４年５月９日。<http://nymag.com/daily/intelligencer/2014/05/thomas-piketty-and-our-new-economic-worldview.html>を参照。
※19…ピケティ。前掲、37ページ。

ては国民の生活状況全般を改善すると信じるのは「理屈に合わない」と指摘している。「元来、成長の自己均衡性を信じる理由はない」と、彼は主張する。[※20]

ピケティは、彼がたどり着いた主な結論であり、論争を引き起こした論をさらに詳しく説明する。つまり、不平等は資本主義制度に固有のものであるとの主張だ。「不安定で不平等な傾向が継続的に蔓延するのを防ぐ、自然で自発的なプロセスは存在しない」[※21]。より簡単に言えば、「金持ちは単に制度のおかげで金持ちになることができ、それによって持てる人と持たざる人との格差が広がる」というのがピケティの主な主張である。

さらに彼は、20世紀初頭と1950年代から1960年代にかけて富裕国で確認された不平等の縮小は、一部の最大規模の世襲財産の現金化を招いた「戦争」と、紛争に続く「危機の後に実施された公共政策」の産物であると主張している。

ピケティは、富の分配の改善を説明する際に、国家をより重要視している。ピケティの著書は、過去の一連のデータを幅広く追跡することによって裏付けられた主張が高く評価され、世界経済の不平等が生じた理由を専門的な観点から理解するための材料となった。

「ニューヨーク・タイムズ」紙のコラムニストで『緊縮財政の時代』[※22]の著者である米コロンビア大学のジャーナリズムの教授、トーマス・エドサルは、ピケティの主張はある程度時間がたてばより良心的に判断されるだろうと述べている。「彼が正しければ、不平等はさらに深まるだろう」と結論づけた。[※23]

ピケティの成功は、ムヒカとともに多くの支配者、経済学者、学界関係者が富の分配について抱いている懸念が、この時代の大きな経済論争の軸であることを表している。

ムヒカは大統領就任中、タバレ・バスケス政権から引き継いだ福祉政策を継続し、子どもを抱えながら不安定な状況にある家庭に資源を配分したり、土地集中税の創設を目指したりと、所得分配を改善する試みをいくつか行った。最初の計画は、国から社会的便益を受ける者がどのような義務を負うかが十分に検証されていないとして、野党、特に保守的な人々から強い批判を受けている。ムヒカが副大統領のダニーロ・アストリ元経済相と導入をめぐって争った土地集中税は、最高裁で違憲と判断された。この税は、所得再分配の試みというよりも、農地改革を主な要求事項とするゲリラ運動に参加していたムヒカの過去に関連する、思想面の疑問に回答を示すものであった。[※24] ウルグアイの左翼の最急進派

※20…同上、38ページ。
※21…同上、47ページ。
※22…『緊縮財政の時代：物資不足がアメリカの政治をどのようにつくり変えるか』。トーマス・B・エドサル。米国、アンカー出版、再刊、2012年出版。
※23…「資本主義対民主主義」。トーマス・B・エドサル。「ニューヨーク・タイムズ」紙、2014年1月28日。

への働きかけは失敗した。

ホセ・ムヒカは任期中、所得再分配について演説で述べたことを実現することはできなかった。その任期中にウルグアイの失業率は、歴史的な低さまで下がる。論理的には、ラテンアメリカ諸国の中で最も所得分配の進んだ国であるウルグアイで、多くの人々が賃金を得て消費することができることとなった。ウルグアイ国家は、主に正規契約の労働者の所得に課税する「所得税」という誤った名前の税制により、持続的経済成長の中で前例のない歳入を得た。だが、ムヒカは、前政権から引き継いだ税制改革を継続したほかは、再分配の面では失敗している。

ウルグアイでは、5年間のムヒカ政権終了後に富裕層がさらに豊かになっているが、これは、ピケティの視点から見れば理にかなっている。[※25] そして、中低所得者層が正規雇用の仕事に就きやすくなったことで、不平等感が減ったということがいえる。

※24…ジャーナリストのセルヒオ・イスラエルの著書『ホセ・ムヒカ』より。ムヒカは、副大統領と当時の経済相フェルナンド・ロレンソの両方が、土地集中税が土地の生産性ではなく土地の所有に対する課税であるため、この税が必要かどうか、またその有効性に疑問を呈したことを回想している。ホセ・ムヒカ。『大統領』。ウルグアイ、プラネタ出版、2014年5月、57ページ。

※25…「資本利益率が成長率を大幅に上回る場合、（中略）おのずと過去から受け継いだ資産の資本構成が生産と所得の増大速度よりも速く変更されることとなる。相続人が資本から得られる収入の限られた部分を貯蓄するだけで、後者が経済全体よりも速く成長するのである。このような状況下では、相続された富が現役時代に築かれる富を大きく支配することはほぼ避けられず、資本の集中が極めて高いレベルに達し、現代の民主主義社会の基盤である能力主義の価値観や社会正義の原則とは相容れなくなる可能性がある」。ピケティ、前掲、55ページ。

演説から～「世界の」大統領へ

ムヒカは、大麻市場の規制、同性婚の推進、中絶の合法化などの決断により名声を得る。そして、彼の自宅とその簡素な生活様式を世界中の聴衆に紹介する無数のインタビューが行われた。

彼は、世界中にその名を知られるようになる。そして、彼が各国を訪問するたびに期待が高まり、演説の依頼が途切れることがなくなった。

ムヒカは、この影響力を生かして、国際政治の舞台で大胆な行動に出ることを決意する。とりわけ重要な2つの行動を取り上げてみよう。

1つ目は、ラテンアメリカで初めて、キューバにあるグアンタナモ収容所の捕虜をウルグアイに受け入れると決断したこと、2つ目は、戦争で孤児となったシリアの子どもたちを受け入れるという考えをラジオのインタビューでウルグアイ国民に発表したことである。

この2つの決断は、間違いなくムヒカが行った中で最も物議を醸す決断である。

どちらも疑いなく人道的であるが、ウルグアイに暮らすムヒカにとっては政治的に厄介な問題であった。

グアンタナモ収容所に関する対応

ムヒカは、2013年にノーベル平和賞の候補に名前が挙がってから、演説の中で人権問題に多く言及するようになった。彼は、大きな権力の中枢にいながら気づかれないような動きで仕事に取り掛かる。2014年3月には、ウルグアイがキューバ・グアンタナモの収容者を受け入れる意思があることを表明した。[※26]

キューバ国内の米軍基地にある収容所には、2001年9月11日の同時多発テロ以降にジョージ・W・ブッシュ大統領が開始した、いわゆる「テロとの戦い」の中で拘束された人々が（米国の法律の観点からも）違法に収容されている。

ムヒカがこの件を発表した時点では、テロ行為への関与または、ほう助の疑いで、154人がグアンタナモ収容所に拘束されていた。

オバマ大統領は、2009年に政権を取った選挙戦で、グアンタナモ収容所の閉鎖を公約に掲げていたが、最初の4年間は進展がないまま過ごし、大統領2期目半ばの時点で、公約を果たすことなく大統領職を終えるおそれがあった。

被収容者は、いかなる告発も手続きも裁判も経ていなかったため、ムヒカは、彼らが難民としてウルグアイに入国できることを示し、その旨を米国とウルグアイ人に伝える。

「人権問題の解決に必要な措置です。１２０人が13年間も収容されています。彼らは裁判官にも検察官にも会っていません。そして米国大統領は、この問題を解消したいと考えています」とムヒカは語った。[※27] そして、「米国上院は、オバマ大統領に60項目の要求を出し、オバマ大統領は多くの国に被収容者を受け入れられるかを尋ねました。私は、イエスと答えました」とムヒカは発表した。

ムヒカは、元囚人として、グアンタナモの被収容者の状況を理解していると主張。彼は「人権とはこうあるべきです」と言いながら、被収容者は、希望すれば家族でウルグアイに来て、定住することも可能だと説明した。

その後、彼は発表する。被収容者は5人で、4人がシリア人、1人がパレスチナ人であった。この情報は、ウルグアイの週刊誌「ブスケダ」に掲載されていたものである。数日後、エドゥアルド・ボノミ内務大臣が「エル・パイス」紙のインタビューで、この人数を6人に引き上げ、それが確定的な数字になると述べた。[※28]

※26…このスクープは、週刊誌「ブスケダ」によるものである。「ウルグアイ、オバマの要請により、グアンタナモの収容者5人を受け入れ」。週刊誌「ブスケダ」、第44年１７５７号、ウルグアイ、２０１４年3月20～26日。

※27…２０１４年3月20日のフランス通信社の報道から引用。

※28…「ウルグアイ、グアンタナモから6人の被収容者を受け入れるため、米国の決定を待つ」。マドレーヌ・マルティネス。「エル・パイス」紙、２０１４年3月27日。

またボノミ大臣は、ウルグアイの避難民受け入れの伝統にも言及する。

「1985年の民主化復帰以降、400人以上がウルグアイへの難民受け入れを要請しており、現在では200人の避難民を受け入れています。現在は、コロンビアのゲリラと、同国の準軍事組織出身者を受け入れています。彼らは避難民として保護され、何の問題も引き起こしていません」と主張する。[※29]

この決定の発表を受けて、モンテビデオの米国大使館は、ムヒカのラテンアメリカにおける「指導的役割」を称賛する。[※30]

しかしムヒカは、自身の反対派や米国に批判的な彼自身の党からも批判されるという、厳しい攻撃を受けた。ムヒカは作戦を練る必要があったが、その後、キューバ人の救出にも手を差し伸べる。

まず、彼は「無料」で便宜を図ることはないと言い、オバマに「見返りを求める」と主張。そして「大統領は語る」という週1回のラジオ演説で、2001年にスパイ容疑によって米国で裁判にかけられ収監された最初の5人組のうち3人のキューバ人を釈放するよう米国に要求した。この5人はフィデル・カストロ政権の工作員で、反カストロ組織の監視を行っているとキューバ政府が認めている。米国の対キューバ禁輸措置を激しく批判するムヒカにとって、キューバ政府が「5人の英雄」と呼ぶこの事件の大義は、自らの政治体制内で反撃体制を整えるのにうってつけであった。

「私たちは米国政府に対して、長年収監している2、3人のキューバ人被収容者が釈放される道を見つけるべく、可能な限りのことをするのにためらいはありません。この状況は米国にとっても不名誉なことだから」と、ムヒカは指摘する。

ムヒカは、米国がグアンタナモ収容所の運営を続けていることを「恥ずべきこと」と表現していたが、今度は同じ言葉でキューバ人工作員が置かれている状況を表現したのである。彼は、キューバとカストロ兄弟を支持するラテンアメリカの同盟国に配慮すると同時に、かつて「反帝国主義者」だった元ゲリラが、喜んでワシントンに奉仕することに憤慨している、より急進的な信奉者の心にも訴えかけた。

この日は金曜日で、再び世界の報道をにぎわせた。ムヒカが米国に条件を提示したことに対して、大きな称賛が贈られたのだ。

翌週の月曜日、ムヒカは再び動き出した。グアンタナモの被収容者を受け入れるために、米国に「いかなる条件も付けない」と、現地のラジオ局「エル・エスペクタドール」に語った。「ウルグアイとしては、受け入れ可能と私は言いました。私のほうでは条件を付けません」[※31]

※29…「エル・パイス」紙、2014年3月27日。
※30…在ウルグアイ米国大使館の2014年3月20日の声明。
※31…「ホセ・ムヒカ：グアンタナモのような人権問題は政治的な都合で測ることはできない」。「エン・ペルスペクティバ」という番組での発言。エル・エスペクタドールラジオ、ウルグアイ、2014年3月24日。

そして、ムヒカは付け加える。

「この法案を通すということは、領収書を出すということに似ています。つまり、お金を払ってもらうか、もらわないかということです。決定が下された一方で条件は調整されていませんが、私たちはある時点で、米国政府に対して、道徳的な立場から『どうか、キューバとの関係を改善し、そちらに投獄されている人々を忘れないでほしい』と言ってもよいのです[※32]」

ちなみに、ムヒカは5月12日にオバマからホワイトハウスでの会談に招待されたことを明らかにしたが、ウルグアイが選挙の年のため、この招待を受けない可能性があると示唆した。ただ、ウルグアイからワシントンに向かう条件、あるいはその条件の不備については後回しにされる。世界有数の大国の大統領との会談を断ることができるだろうか？　国威政治的に重要性の少ない国の大統領であるムヒカが、ウルグアイの重要な貿易相手国を軽視することはできない。翌日、私はムヒカの協力者やアメリカ側の情報提供者に連絡を取り、この情報の真偽を確認した。5月12日のことだった。ウルグアイ大統領府は、通常の公式ルートを通じて、ムヒカが月曜日の午前11時に米国の首都でオバマ大統領に会うことをホワイトハウスにすでに確認していた。

公の場では、ムヒカはまだこの件について態度をはっきりさせていなかった。なぜ態度をはっきりさせないのかを聞こうと私が、ムヒカの右腕の1人に尋ねると、彼は「ペペ（ムヒカの愛称）を信じるか？」とすごんできた。「ペペは行くつもりがないかどうかを見ておけ！」と彼は叫んだ。

数日後、この首脳会談の情報は公に確認される。ただムヒカは、再び自国民に自身がしたことの正当性を主張しなければならなくなった。ただ、この一件は、ムヒカがノーベル平和賞を受賞するための重要な後押しにもなっていく。

ムヒカはまたもや、状況によって決断を迫られているように見せるという、昔ながらの戦術に出た。ある記者がムヒカに「では、もう決断されたのですね」と尋ねた。

「決断したかどうかはわかりません。やることが山ほどあるのです」と、ムヒカは答えた。

ムヒカは、言うことがころころ変わることで有名である。

「あることを言ったと思ったら、別のことを言う」というのは彼の姿勢の1つで、これは意見の変化を正当化するためである。これは概して、誰に対しても自分をよく見せることができる巧妙なコミュニケーション戦略である。

ムヒカの最初にして唯一のホワイトハウス訪問から2カ月もたたない2014年7月16日、米紙「ニューヨーク・タイムズ」は、米国防総省が、その1週間前の7月9日に、

※32…同上。

グアンタナモからウルグアイに6人の被収容者を移送する合意を、秘密裏に連邦議会へ通知していたと報じている。同紙は、この通知を知る関係者の言葉を引用した。[※33] このスクープは、その後、さまざまな国際メディアによって、米国政府の情報筋から確認される。「タイムズ」紙は、国務省が公式報道官の1人を通じて、同盟国・ウルグアイが、これらの被収容者を受け入れるという「重要な人道的意思表示」に感謝するメッセージを発表したと指摘した。

ムヒカはこうして、ホワイトハウスにとっての敏感な問題に対応した。これは、ウルグアイの民主主義政権が米国政権と築いた、重要で意義深い協力関係の1つである。しかも、米国政府に批判的なラテンアメリカ諸国の政府との関係に影響を及ぼすことなく、これを実現したのだ。

ところが2014年末、ウルグアイの選挙期間中である大統領職が残り数カ月となった時点で、ムヒカは再び態度を変えた。

自分の後任に選ばれた大統領は、被収容者の到着について意見を言うべきだと述べたのである。ただ、本書が出版された時点では、発表および合意されたグアンタナモの被収容者のウルグアイ到着の結果は、まったく明らかになっていなかった。

※33…「米国はウルグアイに6人の被収容者を送る予定である言われている」。チャーリー・サベージ。「ニューヨーク・タイムズ」紙、2014年7月16日。

米国との関係

ムヒカは、演説では、米国との関係を意図的に曖昧にしている。彼は、米国がウルグアイの重要な貿易相手国であり政治的同盟国であることを理解していたため、かつて彼がうたった「反帝国主義」は影を潜めた。米国はウルグアイにとって第6位の輸出相手国である。だが、さらに重要なのはブラジルやアルゼンチンなど、貿易規模が大きく地理的にも近い輸出先が市場としては不安定な一方で、米国はウルグアイ製品の需要が最も安定していることだ。

ムヒカは、貿易での米国の重要性を理解しており、もちろんこの関係の地政学的意味も把握していた。だからこそ、彼がワシントンを訪れてオバマ大統領と会談することは、2014年の彼とその助言者にとって優先事項であったのだ。

米国大統領との会談では、貿易問題について話し合い、ウルグアイの禁煙法をめぐるウルグアイとたばこメーカー・フィリップモリスの争いの状況を論じ、グアンタナモの被収容者の受け入れについて話し、カストロ兄弟のキューバの状況をどう見ているかを伝えたほか、ワシントンDCで忙しい日々を送ることとなった。訪米中、そして訪米終了から数日後、ウルグアイの報道機関は、ムヒカがオバマとの会談で、米国の対キューバ禁輸を解除するといった、ある種の使命を帯びて帰ってきたと報じた。その後、ウルグアイ政府筋の情報によると、ムヒカはオバマからのメッセージをラウル・カストロに伝え、その中で禁輸措置解除の「合意」の可能性も提案したという。※34

ウルグアイの報道機関が指摘したことは、米国政治の仕組みを知る者にとっては、衝撃的なことであった。米国では、対キューバ禁輸措置は、政治的利益、特に選挙運動の利益につながるものであることは間違いない。そして、オバマは心の広い大統領である。

しかしオバマは、法律によって規定された、対キューバ禁輸措置を解消することを決定する立場にはない。決定機関は立法府であり、自律性が高く、独立した米国連邦議会である。他国の責任である問題の措置を解除するために、オバマはラウル・カストロにどのような合意を提案できるだろうか？　しかも、オバマが握っていたのは上院の過半数だけである。立法上の意思決定の比重がはるかに大きい下院は、民主党員であるオバマ大統領と真っ向から敵対し、あらゆる点でカストロ政権と対立する野党・共和党が支配していたのだから、オバマは何を約束できただろうか？

この地域の重要な問題の解決に協力したいというムヒカの抑えがたい願望（そして対キューバ禁輸措置の解除はラテンアメリカ地域の目標である）により、彼の側近または彼自身の期待が膨らんだのだろう。

米国は、グアンタナモの被収容者を受け入れるという姿勢に感謝しながらも、ウルグアイ政府から話を聞いた公式筋の見解を直接否定することまではしなかった。しかし米国は、オバマがムヒカに、カストロ兄弟の末っ子と会談するときに伝えるよう託したメッセージの範囲を明らかにした。

オバマはムヒカに対し、地域のリーダーとしての高い信頼性を生かして、キューバの政治経済改革を推進するよう求め、そうした動きは、米国や他の国際社会のメンバーから好意的に受け入れられるだろうと話をした。

そしてオバマは、開発請負業者である米国人アラン・グロスがキューバで収監されていることに対する不快感を、キューバ当局に改めて伝えたいと表明する。この状況は、二国間関係にとっては重大な障害であり、グロスの解放を実現することは、米国政府にとっての優先事項であることを表している。このため、オバマ大統領はムヒカ大統領に、あらゆる機会を生かしてカストロ国家評議会議長にこのメッセージを伝えるよう要請した。[※35]

※34…「ムヒカがオバマの融和的メッセージをラウル・カストロに伝達」。週刊誌「ブスケダ」、ウルグアイ。1769号、48ページ、2014年6月19〜25日。

※35…「オバマはムヒカに、自身の影響力を生かしてキューバに変化をもたらすように依頼した」。フランス通信社、2014年6月19日。

ちなみにこれらは、米国大統領の主要諮問機関である国家安全保障会議のパトリック・ベントレル報道官から出たものである。

オバマがムヒカに、対キューバ禁輸措置と無関係であったとしても、カストロにメッセージを伝えるよう依頼したことは、ウルグアイにとって重要な事実であり、オバマ側からのムヒカに対する信頼と高い評価の表れである。

有力なシンクタンクであるインターアメリカン・ダイアローグ[※36]の代表で、ラテンアメリカに関する米国最高の専門家の1人であるマイケル・シフターは、ムヒカがオバマと築いた関係に触れ、ムヒカがワシントンで高く評価されていることを強調した。

「米国にとってムヒカ大統領は、非常に重要な指導者です。オバマ大統領が彼を迎えたのは当然のことで、米国では非常に好意的に受け止められています。南米共同市場加盟国の中でウルグアイは最も米国との親和性が高く、米国にとって最も付き合いやすい国です。(中略)ムヒカ大統領は米国との意見の相違を臆することなく表明するが、言葉は攻撃的でも脅迫的でもありません。米国の政策を批判しても、一定の原則は忠実に守っていることで、好戦的、敵対的とは見なされていません」とシフターは説明した。[※37]

※36…www.thedialogue.org
※37…筆者によるインタビュー。

シリアの「子どもたち」

２０１４年４月、ムヒカは、国際舞台で遠大な提案を行う。

ウルグアイは、大麻市場の規制で脚光を浴び、大統領のムヒカはノーベル平和賞の候補にも挙がった。そして、米国のグアンタナモ収容所問題の解決に自国を巻き込む。しかし、コロンビアの和平プロセスには、積極的に参加しようとしたが、うまくいかなかった。

その後、ムヒカはある考えを披露して、世界中の新聞の一面に再度登場した。それは、ウルグアイがシリアの悲惨な内戦で苦しむ子どもたちを受け入れる、というものである。

ムヒカは厳密には、ウルグアイを難民の受け入れ先として提供する声明は出していないが、4月29日のラジオ演説では、ウルグアイ国民に問いかける形で発言する。以下は、その発言の最終部分を書き起こしたものである。

「連帯と呼ばれるものがありますが、これはウルグアイの価値観の1つです。これを実現するため、ウルグアイの人々に素朴な疑問を投げかけたいと思います。私たちはみな、どこでもテレビを見ていますが、本当に衝撃的なこととして、シリア周辺の難民キャンプにいる孤児の数が挙げられます。私たちは責任を持って、その子どもたちの一握りでも受け入れるようにしたらどうでしょうか？　世界に手を差し伸べるということは、アイデンティティを限定することでも、子どもを奪ってしまうことでもなく、単に家族のような連帯を実践することではないでしょうか？　社会に暮らす私たちが少し努力して、戦争によって置き去りにされる子どもたちに手を差し伸べようとすることに価値はないのでしょうか？　これは重要な問いかけです。なぜなら、この国には『なぜ貧しいウルグアイの子どもたちの面倒を見ないのか』と聞いてくる人がいるからです。大半の人々は愛情を持っているはずです。（中略）あるいは、この国の人々の魂は消費社会、利権に溺れているのかもしれません。おそらくそういう人たちは、私の考えに賛成しないかもしれません。ですが私は黙っていることができず、どうにかして国民に問いかけたいのです」[※38]

世界各国の報道機関のおかげで、この情報が全世界に届き、世界の大手メディアは再びウルグアイの話題で持ちきりとなった。そしてムヒカに対しては、すぐに批判が巻き起こる。ウルグアイの多くの人々は、ムヒカの理念に共感せず、ウルグアイの子どもたちを優先的に助けるべきだと主張した。また人道的な理由とはいえ、理解できない遠くの地の紛争に国を巻き込もうとするのは、明らかに間違っていると考える者もいた。宣伝目的のアイデアと非難し、ムヒカがノーベル賞欲しさにアピールしだしたと見る向きもあった。

この提案がマーケティング臭いという非難に立ち向かったのは、大統領夫人であるルシア・トポランスキー上院議員であった。彼女は、政府がルイス・アルマグロ外相から難民キャンプの子どもたちの厳しい生活について報告を受けていると説明し、このアイデアはシリアでの戦争の悲劇への世界の関与を目的としていると主張して、記者団に語る。「大統領の考えは、世界のすべての国がこの災難に対処するよう促すものです。私たちはグローバル化の進んだ世界に暮らしているのですから、皆で役に立つことをやっていきましょう」[※39]。さらに彼女は、「5歳にして戦争を経験し、1人ぼっちになった子どもがいるのです。マーケティングのわけがありません」とも語った。

アルマグロ外相は、ムヒカと非常に親密で有能な閣僚であり、シリアの子どもたちをウルグアイ国内で保護するというアイデアを出した人物である。外相は、この提案で70人のシリア人が入国することを想定しているとした。そのほとんどは8歳未満の子どもで、孤児または母親と一緒の子どもたちである。[※40] 5月、アルマグロはこの数字を100人に増

※38…4月29日のムヒカのラジオ演説。
※39…「ムヒカは戦争の被害を受けた子どもを救うよう各国に働きかけたい」。インターネット版「エル・オブセルバドール」紙（www.observa. com.uy)、ウルグアイ、2014年5月9日。
※40…「政府は、ほとんどが子どもから成る70人のシリア人難民の受け入れを評価している」。インターネット版「エル・オブセルバドール」紙（www.observa.com.uy)、ウルグアイ、2014年4月29日。

やす。[※41] 7月までに公式の人数は120人に達し、第1陣の到着は2014年9月に予定された。

子どもたちは、1人で、または家族とともに、カトリック系施設などの民間施設に収容されることになった。そして政府は、スペイン語の習得をはじめ、彼らがウルグアイ社会に溶け込むための計画を立てる。

ウルグアイ大統領府のハビエル・ミランダ人権問題担当官は、「ウルグアイの『エル・パイス』紙の報道のとおり、ウルグアイには、紛争のために出身国を離れなければならなかった人々のための再定住または避難に関する恒久的な国家政策を生み出す条件が整っていると考えている」と述べている。[※42]

ミランダは、シリア難民の第1陣がウルグアイに入国する際に同行した公式随行員の1人である。彼らは到着すると大統領に迎えられた。そしてわずか1週間で、子どもたちは公立の教育機関に収容された。さらに教育機関は、ウルグアイの新しいクラスメートと早く溶け込めるようにスペイン語習得のための授業を特別に準備した。

※41…「シリアの子どもたちの到着を確認」。ウルグアイ、モンテビデオの「エル・パイス」紙、2014年5月20日。
※42…「120人のシリア難民を受け入れ、うち6割が子ども」。ウルグアイ、モンテビデオの「エル・パイス」紙、2014年7月2日。

コロンビアの和平プロセス
～ムヒカの1000回の試みと1回の失敗

2012年10月18日、コロンビアのファン・マヌエル・サントス政権とコロンビア革命軍（FARC）のゲリラが、和平合意に向けてノルウェーで交渉の場を持った。コロンビアの武力紛争を終わらせる試みとしては、この10年で2回目となる。

以前、アンドレス・パストラーナ大統領がマルクス主義ゲリラとの交渉を開始したが、失敗に終わっている。パストラーナはコロンビア領土の広範囲を非武装化することに同意したが、FARCは会談の時間と自由区域を利用して、自らを強化した。FARCはパストラーナをだましたのだ。サントスは、和平交渉の開始を決断した。彼は、FARCに最悪の軍事的打撃を与えたアルバロ・ウリベ政権で国防相を務めていた人物だ。悪名高い出来事として、FARCナンバー2のラウル・レジェスことルイス・エドガル・デビア・シルバが殺害されたことがある。レジェスはFARCの広報官を務め、組織の創設者マヌエル・マルランダ（別名ティロフィホ、本名はペドロ・アントニオ・マリン）に次ぐ重要人物の1人であった。2008年3月、ウリベは「フェニックス作戦」を発動し、エクアドル領内にいたレジェスを殺害した。この動きによって、ウリベはエクアドルおよびベネズエラとの外交関係を失う。だが、米州諸国がエクアドルに対する主権侵害を認めたものの、エクアドルのコレア大統領が、米州諸国に対してエクアドル領内におけるコロンビアの行動の非難決議を出すよう求めなかったため、米州機構(ＯＡＳ)内部ではこの危機は悪化しなかった。

暴力に疲弊した国で最も人気のある大臣であるサントスは、ＦＡＲＣを軍事的に弱体化させたウリベの庇護のもとに政権を握る。

そしてサントスは、ＦＡＲＣの要求にもかかわらず戦闘を止めることなく、和平交渉の開始にこぎつけた。対話の場が設定された後、２０１２年11月19日、今度はキューバで、敵同士が初めて顔を合わせた。コロンビア政府側についてはノルウェーが、ゲリラ側についてはキューバが、和平交渉の保証人となることで紛争の両当事者が合意する。ＦＡＲＣに同調していた当時のウゴ・チャベス政権のベネズエラと、外交による進展を求める中立国のブラジルが同席することとなった。

ムヒカは、自らが「ラテンアメリカで今起こっている重要な出来事」と定義する和平交渉に参加した。

ムヒカの決断は正しい。コロンビアの紛争は、世界のこの地域で国家と武装組織との間で実際に起こっている最後の戦争であり、ほぼ60年間も続いているからである。
ムヒカは国際会議で、コロンビアの和平のための支援を提唱する。２０１４年の訪米での演説では、この問題を自分が関与することを提示する。
「ＦＡＲＣとコロンビア政府が、出口を見つけられるよう支援する必要があります。交渉は、どんな戦争にも勝ると理解しましょう」※43
また、それ以前の２０１３年6月には、ローマ法王フランシスコに会いに行き、コロンビアの和平の問題を取り上げたと、会談後に海外メディアに語っている。※44 無神論者であるムヒカは、カトリック教会のラテンアメリカにおける影響力と浸透力を理解しており、カトリック教会がコロンビアの和平交渉に貢献すべきと考えていると何度か表明している。彼は、和平交渉が始まってから何度もサントス大統領と会談し、調停役を申し出ている。さらに彼は、ＦＡＲＣ自体がハバナでメディアに語ったとおり、ハバナでＦＡＲＣの交渉担当者と会談した。※45

※43…「米国：ムヒカがコロンビアの和平交渉への支援を要請」。フランス通信社、２０１４年5月13日。ワシントンＤＣのアメリカン大学での会議。
※44…ＥＦＥ通信。メキシコの「エル・ウニベルサール」紙の発表。
※45…「ムヒカがＦＡＲＣと会談、ウリベがこれを厳しく非難」。ＥＦＥ通信。モンテビデオの「エル・パイス」紙の２０１４年2月3日の報道。

ムヒカはウルグアイの報道陣に対し、２０１４年1月28日と29日にハバナで開催されるラテンアメリカ・カリブ諸国共同体（ＣＥＬＡＣ）の首脳会議の後、ＦＡＲＣおよびサントスと会談する予定であると語った。[※46]

しかしサントスは、これを否定する。[※47]

会談は予定されていなかった。

ＦＡＲＣと会談したというムヒカの主張[※48]は、和平交渉が合意され、宣言に細心の注意を払う戦略をとっているコロンビア政府には不評であった。

本書執筆のため筆者が取材したこの交渉に詳しい情報筋によると、コロンビア紛争の解決を支援するムヒカの呼びかけを称賛したサントス政権だが、遅々として進まない手間のかかるプロセスに直接関与するようムヒカに要請することは一切なかったという。

和平交渉への参加を申し出たのは、ムヒカだった。

しかし、コロンビア政府とＦＡＲＣの合意により、交渉の保証人として2カ国、随伴者として2カ国の計４カ国が参加することが確定した。それぞれのペアが異なる役割を担う。ノルウェー、そしてキューバは、この会談にうってつけの随伴者である。ブラジルとベネズエラはオブザーバーの役割を果たした。

ウルグアイは、この交渉でまったく存在感を発揮できなかった。

革命闘争に参加した過去を持つムヒカは、ＦＡＲＣからの尊敬と称賛を得ている。そして、彼の意見はサントス大統領から評価されていたが、本書が出版された時点では、コロンビアの和平交渉の調停役は到底果たせていない。

パストラーナの失敗を受け、アルバロ・ウリベ元大統領などコロンビアの著名人が自らこうした議論に反対していることもあり、サントスとその仲間が極めて慎重になっていたのが実情である。

ハバナでの協議は当事者間で行われ、参加を要請された国々は、あくまで後方支援を行うのみであった。交渉開始以来、仲裁者に頼る可能性は持ち上がらなかった。

ムヒカはまた、サントス政権が２０１４年６月から協議を続けている、コロンビアで活動するもう１つのゲリラ組織である民族解放戦線とコロンビア政府との協議をモンテビデオで行うよう提案した。他のラテンアメリカ諸国からも同様の申し出があったという。

※46…「ムヒカがキューバでサントスとＦＡＲＣを仲裁」。週刊誌「ブスケダ」、ウルグアイ、１７４９号、２０１４年１月23〜29日。
※47…週刊誌「ブスケダ」。コロンビア。
※48…「ＦＡＲＣのリーダーがハバナでウルグアイ大統領と会談」。

ムヒカの逸話④

この逸話は、ＯＡＳの事務局長であるホセ・ミゲル・インスルサが、私に語ったものである。

「1つ逸話をお話しします。2年ほど前にカルタヘナ・デ・インディアスで行われた米州サミットでのことです。[※49]そのサミットでは、各国の大統領が全員テーブルに着席し、オバマ大統領はヘッドセットをつけていました。国際機関のテーブルについた私たちは、彼が話を聞いているのか、それとも聞いていないのかよくわかりませんでした。とても静かで、注意深く様子をうかがっているが、ヘッドセットが正しく機能しているのかどうかがわからなかったのです。

そのとき、ムヒカ大統領が発言の許可を求め、彼が話す番になりました。そして、米国が何をしなければならないか、キューバについて、フォークランド諸島について、その他の問題について、多くのことを発言しました。ムヒカは、こう語りました。

『私たちはこういうサミットに発言しに来ているのです。自分の考えを述べるために来ているのです。そして、多くの場合、私たちが考えることは、自分たちができることですらなく、むしろ自分の国でやりたいことです。そのことで他人の行動に影響を与えたいなど、さまざまなことを自問自答します。しかしここに、今年選挙がある大統領（オバマ大統領の再選の年でしたが）が来てくれたことに感謝したいと思います。オバマ大統領がここに来てくださった思いやりの心は、誰も疑わないのではないでしょうか。ですが、ここで私たちが大統領にお願いしたことを、大統領ができる立場にあるとは誰も思わないのではないでしょうか。なぜなら、大統領がそう望んだとしても、このような年にはまったく無理だと思うのです。ですので、大統領の姿勢に感謝しましょう』。

これで、オバマ大統領の表情が明るくなり、笑顔まで見せたのです。オバマ大統領が一言一句聞いていることはよくわかっていましたが、反応を見せたのは、この、当たり前のことと、非現実的なことは求めていないと言われたときだけでした。

ムヒカ大統領には、自分の思ったことを躊躇なく口にする一方で、他人が実行できることに理解を示すという性格が混在しているのだと思います」

※49…2012年の米州サミットは、コロンビアのカルタヘナ・デ・インディアスで開催された。

「負けを認めてしまった人たちの
悲観論には付き合っていられまい」

ホセ・ムヒカ
AFP通信によるインタビュー
2014年7月

Chapter 7

預言者郷里に容れられず
〜自国で評価されないムヒカ

ウルグアイ国外でホセ・ムヒカは、2013年に亡くなった南アフリカの反アパルトヘイト指導者、ネルソン・マンデラと比較されてきた。

このような比較は理解しやすいだろう。マンデラは人種隔離政策に反対し、人生をかけて戦い、勝利した。そしてムヒカは、貧困が事実上もたらす分断を解消するために、貧しい人々の権利のために戦う政治家として演説を繰り返している。外国から見た場合、不平等是正への強い思いが伝わってくる。

しかしムヒカは、自国では宣言したことの多くが実行されず、矛盾に満ちた政権運営を行った。そして、そのためか5年の任期を終えた時点で、国際的には人気のある大統領であるにもかかわらず、ウルグアイの国民の多くは彼を称賛する海外の人ほど、彼を統治者としては評価していなかった。

しかも、本書の取材に応じた現地の政治事情に詳しい人は、誰1人としてムヒカが素晴らしい政治を行ったとは言わなかった。ムヒカが残すであろう道徳的な遺産については、かろうじて意見が一致する。まさしく、「預言者郷里に容れられず」である。

消費が加熱するウルグアイ

ウルグアイでは、消費文明を批判するムヒカの言葉に耳が傾けられていない。数十年にわたる経済の低迷と、2002年から2003年にかけての金融システムの崩壊により、物を愛好する世代が生まれていたのだ。

過去10年間の経済改善により、商品やサービスを購入しやすくなり、ウルグアイの国内市場は信用によって部分的に煽られ、構造的理由によるともいえる低い失業率に支えられた堅調な内需のおかげで強化された。

そしてムヒカ政権では、実質賃金の上昇も持続されている。[※1]

今日のウルグアイ人は生粋の消費者であり、国内に急増するショッピングセンターを頻繁に訪れている。

さらに、ムヒカが大統領に就任した当時、ウルグアイの携帯電話回線数は人口100人当たり122回線だった。世界銀行のデータによると、2013年末には人口100人当たりの携帯電話回線数は155回線となっている。[※2]これは、1人当たり1回線を超える携帯電話契約数である。

低所得者層の消費は、信用に牽引され、その伸びは年々鈍化していったものの、ムヒカ政権時代に大きく伸びた。[※3]

ムヒカは30年近く同じ車に乗っているが、「安いから」「よく走るから」「新しいから」と言って買い換えない。

しかし、ウルグアイ国民はまったく違う考えを持っているようだ。2014年7月末、ウルグアイの報道機関は、この年の上半期の同国の新車販売台数が過去最高を記録したことを再び報じた。[※4]

消費データは、ムヒカ自身が認めているとおり、「世界が過剰消費に陥るのを思いとどまらせようとしても、経済を回し続ける必要がある」という大きな矛盾を示している。

※1…ウルグアイ国立統計局の数値。
※2…http://datos.bancomundial.org/indicador/IT.CEL.SETS.P2
※3…「消費者信用市場モニター」クレジット会社「プロント!」2014年7月。
※4…「上半期は新車の販売台数が記録的となったが、今後は減速の見込み」。「エル・オブセルバドール」紙。2014年7月9日。

組合と公務員の勝利

ムヒカが政権の中心的な柱として打ち出した国家改革は、国家官僚そのものとその労働組合の権力との衝突を招いた。また、改革は政府内の内輪もめや権力闘争が原因で失敗したが、ムヒカは問題の対処方法を知らなかった。

多くの人々は、ここ数年で最も急進的なこの大統領ならば、より近代的で力強く、効率的な国家をつくり上げたいというはっきりとした意思と、強力な公務員組合の要望とを調和させることができると考えていた。しかしムヒカには、彼自身が認めるように「必要なことを何もしない」「表層的」といった措置しか取れなかった。

ウルグアイの公務員は、平均的な民間企業の従業員と比較して、特権的な権利を保ち続けている。その1つが、職を失うことがほぼない、公務員の終身雇用である。実際、起業家精神が肯定的価値観として浸透してきたばかりの国では、特権が保証された国家公務員になりたいために、行政の数十のポジションの入学試験に何百人、何千人もが応募する。

またウルグアイでは、労働組合主義が左派系の集団によって維持されている。しかし、ウルグアイの左派は、自らを「進歩的」と定義しているものの、労働組合も含めて、保守的な存在である。労働者が獲得した権利を維持することと、その権利に影響を及ぼすことになるという前向きな変化の可能性を消してしまうことには、大きな違いがある。

このような状況によって、近年、ウルグアイの主要分野における発展は阻まれてきた。これを要約すると、「状況が良くなるかもしれないが、不確かさを招きかねない変化よりも、悪くてもよくわかっている現状を維持する方が良い」となる。そして、ムヒカは任期中、この考え方と嫌になるほどぶつかり合った。

彼は、国民の保守的思考を打ち破ることができたのだろうか？　これは判断が難しい。いずれにせよ、ムヒカは、できたはずなのにできなかったことへの大きな不満を偽りなく認めている。外国の記者にも、ウルグアイ国内でもこれを述べている。ムヒカがこの問題に言及した中で、自分の無力さを最も力強く言い表したのは、左派系週刊誌「ボセス」でのインタビューである。

「ウルグアイはますます非効率的で、動きが鈍く、ひねくれた国になっています。それは、民間部門に力を入れないことが優先されるからです。誰もが国家を批判する、この現状が維持されていることで、国家が新しいものを打ち立てるという冒険に踏み出すことが妨げられてもいます。左派の労働組合の指導者たち自身が、この現状を守ることで、民間部門の活力が抑えられてしまっています！　時代が変わったことに目を向けましょう。かつては人間的な観点から民間部門の抑制が進歩的と思われていたものが、今は民間部門を擁護することが進歩的となりました。（中略）私たちのような小さな国には、前進し、物事を発見していくような活力が必要だと思います。そうでなければ、外国企業に頼るしか方法がなくなるからです。わかりますか？　能力がないのは、人を育てず、チャンスも与えないからです。人生で働いて何かをすることで、人は成長します。しかし現実は逆説的で、とても奥深いものです」

ムヒカはさらに話を続ける。ウルグアイでは誰もが知っていることだが、公共部門には「王冠をかぶった労働者」が存在し、生き残りをかけた民間企業では考えられないような利益を享受していると、次のように糾弾したのだ。

「民間部門と公共部門で制度が異なっており、公共部門が貴族化し始めている」

そして国家公務員は、終身雇用ではなく、一定年数だけの雇用とすることを提案する。

「民主的に考えてはどうでしょうか。公務員になりたいウルグアイ人については、しばらくは誰でもなれるように門戸を開いたらどうでしょう？　公務員になって40年後には『引退します』といって退職するわけですから、終身雇用ではないという気持ちで入ってくればいいのです。そこで、『悪いことはしないように！　じっとして、ここにとどまってくんだ』となります。でも、何のために戦うのでしょう？　リスクのない、挑戦のない人生なんて、悲しい人生ではないですか。楽しい人生ではなくなってしまいますよ」※5

ムヒカは、長年の恩顧主義によって肥え太った国家を受け継いだが、それは紛れもない現実である。この国は、何十年にもわたって、税金や官僚的障壁、国民の一部が持つ雇用主や上司に対する偏見(ムヒカも何十年もこれを持っていた)によって、革新的で雇用を生み出す民間の取り組みを潰してきたのだ。そして、この国は、長年かかって公共企業の効率を何とかして高めてきた。電話通信、発電と配電、燃料の流通、保険、鉄道などの大部分がホセ・バジェ・イ・オルドニェス元大統領の考えを受け継いだ国家独占企業であり、国民は国家の中で、あるいは国家のために働いた。今日に至るまで、燃料の流通は独占状態であり、鉄道輸送も実質的に解体された企業を通じて運営されている。ただ、発電などの分野では、ムヒカ政権時代に本格的に推進された風力発電の普及計画により、民間企業が第一歩を踏み出しつつある。

ムヒカは在任中、「電子政府」と呼ばれる仕組み、つまり電子的手段により手続きを行い、アクセスしやすいようにする仕組みを改善した。彼は新しい「公務員法」[※6]を制定し、国家公務員になるための要件を増やした。また、公務員の労働時間を、以前のあやふやな労働時間から、民間企業並みの8時間制に定めた。この法律では、ほとんどの公的機関で公

※5…「欠けていた対話—ペペのキッチンにて」。アルフレド・ガルシア。週刊誌『ボセス』、ウルグアイ、2013年9月4日。
※6…法律第19121号。

務員になる者に15カ月の試用期間が設けられたが、これは、新法がまだ適用されていない機関にも引き続き適用されるべきものとされた。行政の近代化に向けて前進はしたが、ムヒカが意図した官民の均等化という基準に適うような真の改革には至らなかったのが実情である。

新法では、国家公務員になった労働者に対し、民間企業社員よりも直系親族の死亡に対する忌引休暇が多いこと、復帰後に仕事があることがわかっていても有給休暇を申請できること、家族を持ったことに対するボーナス、子ども手当、結婚または同棲関係の確立に対するボーナス、出産または養子を迎えたことに対するボーナス、年功序列手当など、独自の手当を引き続き定めている。手当の種類は、ここに書ききれないほど多い。このような多くの手当が設定されているため、国家公務員は、安定した仕事を求める人々が望む職業となっている。そしてムヒカは、官僚主義を批判しながらも、在任中の5年間、このデリケートな問題に対する国民の考え方を変えることができなかった。

それどころか、彼の任期中、2013年末までにウルグアイは国の公共部門に約3万3000人の新規職員を採用したが、この数字は、新しく創設されたサービスの数や既存のサービスの拡張規模とは一致せず、ムヒカの演説どおりにはいかなかった。

一方、2012年に出された政令により、農村部の従業員の雇用の権利と条件、社会保障を大幅に改善することはできた。

教育、教育、教育

ムヒカの政権運営には、他にも挫折があった。

2010年3月に引き継いだ国内総生産（GDP）比2・2％に相当する財政赤字は、2014年4月にはGDP比2・9％にまで拡大した。政府が赤字を出すということは、政府が集めた金額より使った金額が多いということである。

相対的に見てこの差が大きく広がるならば、経済が成長を止めたときには、この差がはるかに大きくなるだろう。

確かに、ムヒカ政権下で社会支出を増やしたことは、保守的な層から批判を浴びた。しかし、赤字の増大はこの要因だけによるものではない。

ムヒカ政権は、犯罪が増加する中で治安対策費を増やし、刑務所の整備・拡張工事を行ったが、治安悪化の不安感を解消できなかった。2013年末、世論調査会社シフラが地元テレビ局で、ムヒカ大統領就任の2010年から2013年末にかけてのウルグアイ国民の懸念事項変遷に関する調査結果を発表した。この内容は、政府にとって極めて残念なものであった。調査対象期間の初めの2010年8月には、60％の国民が治安悪化を主な

懸念事項に挙げていた。ムヒカ政権開始から約4年後の2013年11月には、この割合が73%に上昇する。[※7]

しかし、国内有数の世論調査会社が行った調査では、治安悪化への懸念を表す数字が目立ったわけではない。この数字の増加は大きかったが、ウルグアイ人の教育の質の低下に対する認識の増加ほどではなかった。

同調査によると、2010年から2013年にかけて、ウルグアイ人が気にする関心事の中で、教育が2位に浮上した。ムヒカが「政権の絶対的優先課題」と位置づけたこの問題について懸念を持つ人の割合は、13%から37%[※8]へと、まさに爆発的な伸びを見せている。

ホセ・ムヒカは独学して、何よりも「知識」を、人間が成長するための基本的要素として評価するようになった。

ホワイトハウスにオバマ大統領を訪ねたとき、会談後にムヒカは、ウルグアイに科学者を連れていけるよう協力してほしいとオバマ大統領に要請したと前述した。彼はよく、「頭、すなわち頭脳が人間にとって最も重要だ」と語っている。国会に集まった知識人たちに向かって、「幅広く国民の知性を高める必要があります。（中略）知識や教養には努力だけでなく喜びもあることを皆さんは誰よりも知っているはずです」とも述べた。[※9]

ムヒカは、農学や獣医学など、主に農村部での就業を目指す分野であってもモンテビデオに集中している大学教育について、この国の内陸部にも学部を設置することを目指した。また、学校教育の初期段階から英語を教えるべきだとも話していた。

ただ、彼の政権下では、これらは実現しなかった。

ウルグアイ公共教育機構（ANEP）が発表した公式データによると、かつては平等主義社会の揺るぎない基盤であった公教育制度への不信感が高まっていた。2006年から2012年にかけて、国立教育機関への入学者数が顕著な減少傾向を示した一方で、私立の中学校や高等学校への入学者数が着実に増えている。[※10]

週刊誌「ブスケダ」は、2014年半ばに、情報筋[※11]から入手したデータに基づき、2013年の公立学校の留年率が私立学校の5倍に上ったと報じた。[※12]

さらに、ウルグアイが2003年から参加申請していた経済協力開発機構（OECD）の

※7…「ウルグアイ人は何を心配しているか」。政治学者のルイス・エドゥアルド・ゴンサレス（世論調査会社シフラの代表）がウルグアイのチャンネル12ラ・テレで発表したプレゼンテーション。
※8…同上。
※9…2009年4月29日に立法府の「足跡の間」でのプレゼンテーションのために準備された演説。
※10…ウルグアイ公共教育機構。2006〜2012年の主要教育指標。
※11…これは、この母集団に関するデータが公開されていないため、明示的に要求する必要があることを意味する。
※12…「公立学校の留年、私立学校の5倍」。週刊誌「ブスケダ」、ウルグアイ、2014年6月12日。留年率は、公立学校で5・41%、私立学校で1・21%。

学習到達度調査（ＰＩＳＡ）プログラムに対応する能力評価では、ウルグアイの成績が明らかに低下していた。教育制度によっては、特定の分野の知識をより重視する場合もあるため、国ごとの結果の比較はあまり意味がないかもしれないが、３年ごとに行われる評価によって、数学、読解、科学などの特定の分野における、各国の生徒の成績の推移を明確に示すことができる。ウルグアイの場合、数学の平均点は２００３年の４２２点から２０１２年には４０９点に、読解は４３４点から４１１点に、科学は２００６年の４２８点から２０１２年には４１６点に低下している。[※13]

大統領として初めて国会で演説したムヒカは、「教育、教育、教育。一にも二にも教育です。私たち政府関係者は、毎朝、学校のように〝教育を大切にしなければならない〟と１００回ノートに書かなければなりません。そこには未来があるからです。一国の生産力の大部分は、教育に左右されます。それだけでなく、将来、国民が日々共存していくための能力も教育にかかっているのです」と力説した。[※14]

ムヒカは、公教育を改善することで野党と合意したが、教職員組合がこの意向を拒否したことにより、中央組織から教育機関そのものに意思決定を下すことが不可能となり、この協定は実を結ばなかった。彼は、この考えを放棄する。そして、彼を支持していた野党は、「さじを投げた」とムヒカを非難した。[※15]

ムヒカは、障害を克服して、せめて教育分野では何かを残したいと考え、モンテビデオ以外に校舎を置く工科大学の設立プロジェクトを推進した。この工科大学「UTEC」は、「農工業チェーン」への技術の応用を主な目的としたコースを開設している。
ムヒカの物事を成し遂げたいという思いも、国家の官僚主義には勝てず、教育への予算配分を増やしたにもかかわらず、官僚制度と衝突してしまう。2014年にインタビューしたスペインのジャーナリスト、ジョルディ・エボレに対して、ウルグアイの教育制度改革の希望に言及した際、ムヒカは躊躇なく「私は失敗した」と語った。

交渉の仕方を知らなかったのか、主張が足りなかったのか。この問題で見せたホセ・ムヒカ政権の衰退を見守った多くの人々にとって、ムヒカとウルグアイの政治制度全体が教育関係者との関係で直面した抵抗は決定的なものであった。彼は、ウルグアイ国民が最も関心を寄せる分野で失敗した。しかし、何よりも、現状維持のシステムが明らかに衰退していること、そして、国民が利用できる社会的平等の主要要素である教育がいかに蝕まれているかを見つつ、彼は政権を去ることになる。

※13…「2012年のOECDのPISAプログラム評価におけるウルグアイの成績」ウルグアイ公共教育機構。速報。2013年12月。
※14…開会の演説。2010年3月1日。<www.presidencia.gub.uy>を参照。
※15…ラニャーガ:「ムヒカ、教育界の団結力に屈する」。ゴンザロ・テラ。「エル・パイス」紙、2012年8月12日。

「雷」と呼ばれたプロジェクト

「自然豊かなウルグアイ」。ウルグアイは、このスローガンを掲げ、観光地、投資地として自国を世界に売り込んでいる。環境を大切にする国というのは、この考え方の延長線上にあるものといえる。ある意味、この考えは正しい。ウルグアイの領土は人口密度が低く、1平方キロメートル当たり19人しかいない。そのため、領土の大部分はウルグアイ経済の重要分野である農業生産に割り当てられている。

しかし、労働市場のおかげで成長しているとはいえ、工業化の水準が低い国でもある。ウルグアイは環境規制を行っていることもあり、環境にやさしい生活を送ることができる国である。ただ当局により、環境汚染していると思われる企業が監視されていることについては、ほとんど知られていない。ただ、農業における化学物質の散布に対する規制は、正式には存在しないとは言わないまでも、最小限にとどまっている。使用済みの機械管理は所有者の手に委ねられ、メンテナンスや清掃作業で水路が汚染されることを防ぐための十分な設備も存在しない。「自然豊かなウルグアイ」というのは相対的な概念で、本当の意味での環境意識というよりは、天然資源の利用が抑えられているがゆえにいえる話である。

ムヒカは、環境問題にはほとんど取り組まなかった。それは、ムヒカの考え方が、環境よりも、人が仕事に就けることを優先するものだからともいえる。

ムヒカにとって、最も重要なことは、人々が仕事を持つことである。それが彼の最優先事項なのだ。そして、環境への配慮は、この最優先事項に従属するものでなければならない。「リオ＋20」サミットと国連総会での彼の地球に配慮する演説は、このビジョンの最たる例である。彼は次のように述べた。

「消費を諸悪の根源として攻撃し、生態系の危機は環境問題ではなく、政治問題である。なぜなら人間が天然資源を正しく合理的に利用し、時代を超えてより持続可能な方法で暮らす新しい文明のモデルをつくれないのは政治家のせいなのだ」

しかしムヒカ、これと異なる視点を持つ人々にとっては残念なことに、環境保護主義者ではない。ムヒカは、ムヒカの最優先事項は自然環境ではなく、雇用創出のために何かを犠牲にしなければならないのなら、それを躊躇なくするのがムヒカである。

その具体例として、1万4500ヘクタールの土地を利用する露天掘りの鉄鉱石鉱山プロジェクトが議論を呼んだ。このプロジェクトを推進するザミン・フェラス社によると、このうち500ヘクタールが鉱山、残りが物流と巨大な貯水池に使われ、ウルグアイの東海岸に建設される港に鉄鉱石を輸送するためのパイプラインの建設が予定されていた。

「アラティリ（グアラニー語で「雷」の意味）」と呼ばれるこのプロジェクトでは、数千人規模の直接雇用と間接雇用を創出し、国庫に大きな利益をもたらすことが約束されていた。ウルグアイ当局は、プロジェクト開始時に提示した追加の環境影響調査の実施をザミン・フェラス社に求めたが、ウルグアイ政府は、同社との契約を終了し、操業は環境上持続可能であることを条件として開始すると報告した。契約条件は、契約締結まで公表されないこととなった。政治システムではなくなったので、国民には知る権利がない。まず仕事と投資、次に透明性、そして最後に環境というのが、ムヒカが自国の市場多様化とウルグアイ人を雇用の名のもとに擁護する、この賛否両論ある計画の概要といえそうだ。

露天掘りの鉄鉱石鉱山は、耐用年数が過ぎると火星のように荒れ果て、使い物にならなくなる。この鉱山プロジェクトが、隣国アルゼンチンとの複雑な政治状況と関連していることから、ムヒカはこの構想を進める予定であった。ムヒカは、アルゼンチンのクリスティーナ・フェルナンデス・デ・キルチネル政権との絡みで、彼とともにラプラタ川の港湾をめぐる争いを再燃させている。またムヒカが推進する、さらに大規模なプロジェクトが実現する否かが、このアラティリプロジェクトの実現にもかかっていた。その大規模なプロジェクトとは、モンテビデオから遠く離れた、競合するブエノスアイレスやアルゼンチンとの不和原因となっている、ラプラタ川から離れた場所に深水港を建設するというものである。ムヒカにとっては、雇用と主権問題は待ったなしだが、環境のことは後回しで良い、ということであった。

ムヒカと片目の男と頑固おばさん

ムヒカは、とんでもないトラブルに巻き込まれてしまう。

ムヒカとアルゼンチンのクリスティーナ・キルチネル大統領との関係はかねてから険悪である。ムヒカは、2013年4月4日、2人の市長に対して、マイクがオンになっているのに気付かず、キルチネル大統領と2003年から2007年までアルゼンチンの大統領を務めた故ネストル・キルチネルのことをどう考えているのかを次のように話した。

「このおばさんは片目の男より性質(たち)が悪い。片目の男はもっと政治家らしかったが、この女は頑固だ」

この失言は、同じウルグアイのホルヘ・バジェ大統領が2002年、カメラが回っていないと思ってブルームバーグ通信に語った「アルゼンチン人は、最初から最後まで盗賊」という言葉を思い起こさせるものである。2000年から2005年まで大統領を務め、当時はアルゼンチン経済の破綻による歴史的な金融危機の中で任期中最悪の時期を迎えていたバジェは、アルゼンチンに渡り、涙ながらに謝罪したのである。言葉の内容よりも、大統領の涙に、多くのウルグアイ人が悔しく思ったエピソードである。

ムヒカは、大変な失言を犯した。しかし彼は、バジェが受けた批判や嘲笑を避けるため、アルゼンチンには渡航しないことに決めた。ただし発言から1週間後、アルゼンチン外務省から批判と抗議の声が上がると、あまりに大きな圧力に直面したムヒカは、クリスティーナ・キルチネルに謝罪の手紙を送る。また、ラジオのインタビューでもこの件について話し、自分の発言に使った語彙について、それは自分の貧しい出自と、一般男性とは言葉遣いが異なる刑務所で過ごした期間によるものだと説明し、一風変わった弁明を繰り返し行った。そして、次のようにも述べる。

「ここ数日の私の発言で傷ついたかもしれない方々、そして何よりも、私たちと同じように、偉大な連邦制の祖国の夢を担う方々に、心からお詫びしなければなりません」

この悲喜こもごものエピソードは、5年近くにわたるアルゼンチンとの複雑な関係を経て、ムヒカが抱いた無力感や不満の一例にすぎない。

彼はタバレ・バスケスから、アルゼンチンとの極度の緊張関係を受け継いだ。アルゼンチンとウルグアイ西岸のフレイベントスを結ぶサンマルティン将軍橋はアルゼンチン政府ではなく、ウルグアイ川のウルグアイ側における製紙工場の設置に反対するデモ隊により3年半にわたって閉鎖された。この橋は、両国の市民がよく利用する共通通路の1つであり、南米共同市場内の重要な貨物輸送ルートでもある。

アルゼンチンは、ハーグの国際司法裁判所にウルグアイを提訴し、ボトニア社(現UPM社)のパルプ工場が環境を汚染したこと、ウルグアイ政府が同工場の設置を許可したことで二国間の協定を順守しなかったことを非難した。アルゼンチン政府は、この工場の撤去を要求する。国際司法裁判所は、ウルグアイがアルゼンチンとの二国間条約に違反したことを認めたが、新工場による汚染の証拠はないと指摘する。国際司法裁判所は、両国が共同でパルプ材加工による排水を監視するよう勧告した。[※16]

バスケスは、ネストル・キルチネルを直感的に嫌っていた。アルゼンチンとの関係で豊富な経験を持つウルグアイの外交官たちが提唱したのとは逆に、バスケスは橋を封鎖して、交渉を一切拒否した。そして、可能な限り、当時のアルゼンチン大統領だったネストルの足を引っ張り、彼が設立されたばかりの南米諸国連合(UNASUR)の初代事務局長に選出されるのを阻止する。エクアドルのラファエル・コレア大統領からは、ネストルの任命が提案されていた。しかし、バスケスがこれを拒否する。キルチネル夫妻はこれを不快に思い、バスケスを決して許そうとしなかった。2011年、バスケスは学生向けの講

※16…この監視は2010年4月に開始され、ムヒカはすでに大統領職に就いていた。

演で、アルゼンチンとの戦争の可能性を軍の各部門のトップと検討したことまで認めている。バスケスは、「反対側のパイサンドゥの手前では、今まで行われたことがなかったアルゼンチン軍による演習が行われている」[※17]とし、「すべてのシナリオを検討しました。軍事衝突が起きることまでね」と主張した。バスケスは、反米感情の強い自身の党が驚くことに、訪米した際、ジョージ・W・ブッシュ政権に支援を求めたことを告白している。「コンドリーザ・ライス国務長官に、ウルグアイは米国の友人でありパートナーであると発言してもらい、ブッシュ大統領にも同じことを言ってもらえないか頼みました。そして、そうなりました。（中略）これで事態が落ち着きました」とバスケスは語った。

ムヒカは、彼の人徳と、神とも悪魔とも仲良くできる能力によって、ウルグアイとアルゼンチンとの関係を修復できると考えていた。しかし、彼は間違っていた。ムヒカは、大統領に就任すると、アルゼンチンとの紛争について、強硬ながらむしろ人気のあったバスケスの政策を転換し、就任2カ月後にはクリスティーナ・キルチネルの夫であるネストルがUNASURの事務局長に就任することに同意する。ムヒカにとって、ウルグアイの国民的大義名分となっていた紛争の中でのこの決断が政治的代償を伴うものであったことは否定した。[※18]かつてのゲリラ戦士ムヒカにしては、調和を育む姿勢であった。

「ウルグアイ国民とアルゼンチン国民は兄弟とはまた異なる関係にありますが、今なお解決されない紛争を抱えています。しかし、私たちはアルゼンチン国民の誠意に賭けています。私たちは、できる限り両国の社会のためになるものをラプラタ川沿いにつくりたいのです」[※19]

ムヒカは、アルゼンチンとの関係をどうするかという、一種の基本方針を示したのである。彼は交渉を望んでいた。ウルグアイの外交官の中には、この姿勢の変化を歓迎する者もいた。その直後の6月、キルチネル夫妻は、通行と二国間貿易の妨げとなっていた橋の封鎖を解除した。

クリスティーナ・キルチネルは、ムヒカを「親愛なるペペ」と呼んだ（今もそう呼んでいる）。しかし、二国間の関係は最悪で、本書執筆時点では、近代において最悪の段階を迎えている。2013年12月、ムヒカは地元公共放送局のインタビューで、アルゼンチンとの関係は「かなり行き詰まっている」と、目に見えて困った様子で語った。

ムヒカによると、もっと対決姿勢を取れという人々に対し、怒りを見せたとのことであ

※17…ウルグアイの北西。
※18…「キルチネルがUNASUR事務局長に就任、ムヒカがこの就任に伴う『政治的代償』を認める」。「ラ・ナシオン」紙、アルゼンチン、2010年5月4日。<http://www.lanacion.com.ar/1261034-kirchner-juro-como-secretario-general-de-la-unasur-y-mujica-admitio-el-costo-politico-de-acompanar-la-designacion>
※19…同上。

る。「物が売れないと文句を言っていたブルジョアは、どこにいったんでしょうか」と、ほとんど怒鳴りつけるような声で問いかけた。

「もう終わったんですよ！　私は2年間、我慢してきました。彼らが全部教えてくれたんです。政治力の後ろ盾さえも失ってしまいました。やはり対立による政治は馬鹿げています。しかし、私たちは子どもじみたナショナリズムに陥って、国全体の都合に目を向けようとしません。まあ、いいでしょう。さあ、皆さん、対話とその他あらゆる可能性を模索していきましょう」[※20]

ムヒカは交渉への意欲を失っていないが、アルゼンチンとの問題に辟易している。アルゼンチン政府が採用した多くの措置、特に貿易制限は、ウルグアイに向けられたものではなく、資本市場から孤立し、貿易と観光から入ってくる外貨以外に資金調達の可能性がない国の財政状況に対応するものであることは明らかだが、ムヒカはキルチネル大統領の意図を理解できない。ムヒカは、残りの任期での進展がほとんど見込めない中、２０１３年末、議論を呼んでいたラ・ディスコルディア・パルプ工場の増産を認めることを決定する。この決定により、アルゼンチンとの新たな対立が見込まれ、ウルグアイは再びハーグの国際司法裁判所に持ち込まれる可能性が高いとされた。

ウルグアイ外交筋とムヒカの党である拡大戦線には、アルゼンチンとの関係について、ムヒカとは異なる視点を持つ者もいる。彼らは、キルチネルのほか、特にエクトル・ティメルマン外相とオラシオ・テタマンティ港湾・水路担当次官が、アルゼンチンへの防衛を超えて、ウルグアイの利益、特に同国の港湾の利益を意図的に損なおうとしていたと考えている。

キルチネル派のティメルマン外相は、控えめに言ってもウルグアイの政治体制の中で抵抗感を持たれている人物であり、特に彼の過去を記憶し、現在の彼の誠実さを疑う一部の人々の抵抗感が強い。ティメルマンは、1970年代半ばのアルゼンチン独裁政権発足時の抑圧的な行動を称賛した新聞社の代表を務め、2003年にはキューバを報道の自由がない「左翼独裁国家」と糾弾し、チャベス政権やキューバ政権など表現の自由が単なる形容にすぎない政権を理路整然と称賛してきた元ジャーナリストである。

ウルグアイと対立する状況でのティメルマンのメッセージによって、ラプラタ川対岸のウルグアイではいらだちが生じた。拡大戦線のビクトル・センプローニ副代表は、2014年6月中旬にムヒカが、論争の的になっている製紙工場の増産を許可する決定を下したことに対し、ティメルマンが書簡や報道機関への声明で二国間関係を「省庁ごとに

※20…番組「第1ラウンド」での発言。テレビシウダー、ウルグアイ、2013年12月12日。

再評価する」[※21]と脅したことを受けて支離滅裂[※22]と評した。

ルイス・アルマグロ外相自身、ウルグアイの新聞で大きく報道されたティメルマンへの返書で、アルゼンチンを「ウルグアイの貿易、観光、港湾、そして地域の水路を不当に害しており（中略）地域の統合も決定的に害している」[※23]と非難している。

ティメルマンとしては、ムヒカの決定によりウルグアイとの交渉の可能性がなくなり、アルゼンチンは再びハーグの国際司法裁判所に提訴することになった。[※24]

アルマグロが書簡を送ってから数日後、アルゼンチンの「ペルフィル」紙が、UPMパルプ工場に関するムヒカの決定に対する報復として、ティメルマンがそのチームとともにウルグアイの利益に影響を与える措置を準備し、キルチネル大統領に提示する予定だと報じる。[※25]

ティメルマンの発言は、アルゼンチンでも批判を受ける。なぜなら、両国関係が最悪のときでさえ、常にアルゼンチンと融和的な対話を図ってきたムヒカは、非常に人気のある政治家だったからだ。

当時発表された公開書簡の中で、外交界、学界、ジャーナリズム界の著名なアルゼンチン人は、政権の態度を批判した。

「法律の発動という形での脅迫は正当化されない。つまり、裁判所に戻ると、今度は〝すべての二国間関係政策〟が見直されると宣告され、これに伴ってウルグアイに対する報復の可能性が示唆されることは適切とはいえない。一方で、ここ数十年でアルゼンチンと最も親密なウルグアイ政府が関与している問題を良い意味で〝政治化〟できないのは憂慮すべきことである。あなた方は本当にウルグアイとの非友好的な関係を望んでいるのだろうか？（中略）現在のアルゼンチンとウルグアイの関係において、対話の時間が終わったと考えることはあり得ない。むしろ、今こそ賢明で効果的な二国間の解決策に向けて力強く前進するべきである」

この文書の冒頭には、ティメルマンの発表を厳しく批判するもので、ラウル・アルフォンシン政権時代のダンテ・カプート外相と、２００５年から２００８年までアルゼンチ

※21…ティメルマン:「製紙工場の増産は明らかに協定違反」。「クラリン」紙、アルゼンチン、２０１４年６月14日。<http://www.clarin.com/politica/botnia-uruguay-timerman-protestala_Haya_0_1156684757.html>を参照。

※22…「ボールの持ち主。センプローニがティメルマンの批判を再確認」。モンテビデオ・ポータル。２０１４年６月18日。<http://www.montevideo.com.uy/auc.aspx?237965>を参照。

※23…２０１４年６月14日付の書簡。

※24…「ティメルマン、『ウルグアイとの対話の可能性はなくなった』」。「エル・オブセルバドール」紙、ウルグアイ、２０１４年６月16日。

※25…「ティメルマンが大統領向けにウルグアイに対する報復メニューを準備」。アウレリウス・トーマス。「ペルフィル」紙、アルゼンチン、２０１４年６月21日。

ンの副外相を務めたロベルト・ガルシア・モリタンの署名が付された。国際関係学を専門とする学者のほか、著名なジャーナリストで作家のベアトリス・サルロも賛同した。

ティメルマンは功利的な外相である。彼は忠告しない。彼は弁証法、特にキルチネル夫妻の弁証法に従って行動する。国内では深刻な経済的困難と汚職疑惑に直面している中で、彼がつくり出す多くの対外的闘争において、自身の地位の安定が脅かされることを恐れていた。

アルゼンチンの日刊紙「ラ・ナシオン」のメインコラムニストであるホアキン・モラレス・ソラは、「対決姿勢もキルチネル政権の不変の特徴」[※26]だと指摘した。ソラのコラムは、権力行使の方法がアルゼンチン大統領の健康にどのような影響を与えるかに言及し、「大統領は、普段からベッドの下まで陰謀が張り巡らされていないか確認している」と述べている。さらにモラレス・ソラは、「攻撃が現実的なものであれ想定されるものであれ、攻撃されなければこれに応じられることはない」と述べた。

その頃、アルゼンチンとウルグアイは、製紙工場をめぐる対立の初期段階にあった。「キルチネルは、ウルグアイとクリスティーナに歩み寄ろうと最大限の努力をしたホセ・ムヒカ大統領との深刻な紛争を終わらせるよう命じた」と、ソラはまとめた。

ムヒカは任期中、アルゼンチンと融和する姿勢を示し、ウルグアイで批判を浴びることもあった。

2013年10月、アルゼンチン政府は、自国の領土からの物品を積んだコンテナを協定未締結国で積み替えることを禁止する。このときは珍しく、ウルグアイが対象となった。

同年末、ウルグアイの新聞は、モンテビデオ港でのコンテナ積み替えが激減し、その結果、地元業者の経済的損失と雇用喪失が大幅に悪化したと報じる。しかし、11月、ウルグアイの主要な港湾ターミナルが総崩れとなる中、ムヒカは報復措置ではなく、気温上昇により無残な電力供給危機に陥っているアルゼンチンに電力を販売する。

ムヒカは、電力の販売と引き換えに、アルゼンチンの港湾措置撤回を交渉しようとするのは「チンピラのすること」と述べ[※27]、「人権に関わる問題で、兄弟国が生きるために必要なものを利用して駆け引きするつもりはない」と語った。[※28]

本書執筆に際して取材したウルグアイの外交筋によると、ウルグアイは当時、アルゼンチンに電力を売る取引を行っていた。この取引によって、政府は間接的にこの二国間関係で収益を得ようとし、ムヒカ氏の発言は、当時の状況に応じてその関心に応えるもので

※26…「病気によってまた政治が変わる」。ホアキン・モラレス・ソラ。『ラ・ナシオン』紙、アルゼンチン、2013年10月6日。<http://www. lanacion.com.ar/1626472-la-enfermedad-vuelve-a-cambiar-la-politica>。
※27…チャンネル4での発言。
※28…ラジオ演説、2014年12月31日。<http://www.presidencia.gub.uy/comunicacion/radio/audios-breves/venta-energia-argentina>を参照。

あった。最終的に、ウルグアイは良い取引ができたといえる。

ムヒカは、アルゼンチン政府との距離をさらに縮めるために、他の手段も模索する。彼は、国連などの国際機関、OASなどの大陸機関、南米共同市場などの地域機関において、フォークランド諸島における英国の駐留を意図的に非難し続けた。

また、2011年末に南米共同市場が採択したフォークランド諸島の旗を違法とする決定に基づき、ムヒカ政権下でフォークランド諸島の旗を掲げた船舶のウルグアイの港への入港を禁止することとした。

1982年にアルゼンチンと英国の間で起こった戦争の舞台となった南大西洋の諸島に向かう英国海軍の船は、モンテビデオへの寄港を拒否されている。※29

このムヒカの姿勢に対し、アルゼンチン側も返礼として、たとえば、ラプラタ川における貿易上重要な航路の1つであるマルティン・ガルシア運河の共同浚渫（しゅんせつ）に応じるとした。

しかし、実際にはそれも叶わなかった。この運河の浚渫の重要性、そしてアルゼンチンが共同管理下での作業を拒否している理由は、厳密にいえば経済的なものである。ウルグアイの港に貨物を取りに行く船は、到着時と同じ航路では出られない。船倉が満杯になると、より深い水深または喫水が必要となるからだ。

元ウルグアイ大使のエディソン・ゴンサレス・ラペイレ氏の説明では[※30]、アルゼンチンの決定により、貨物船は別の航路を取らざるを得ず、アルゼンチン人の航行専門家を雇い、アルゼンチン領内で燃料を補給しない限り、航行できなくなった。

これによって、パナマックス型（船幅32メートル）の場合、1貨物当たり3万ドルの費用が余分にかかることになる。


一方にだけ責任を負わせるのは不公平であろう。ウルグアイとアルゼンチンの関係は、タンゴを踊るカップルのようなものだ。

あるときはビートに合わせて動き、優しく触れ合いもするが、やがて破局が訪れると、恨みとドラマが表出する。

ムヒカ時代の外交は、この歴史的現実を変えるには不十分であった。

ウルグアイ外務省の中には、与党に共感していない者もおり、ムヒカが外交トップに選

※29…「ムヒカ：ウルグアイはフォークランド諸島の旗を掲げた船の入港を認めない」。ウルグアイ大統領府の声明。2011年12月15日。
※30…エディソン・ゴンサレス・ラペイレは、ラプラタ川条約とウルグアイ河川法の交渉者の1人であった。また、ラプラタ川管理委員会のウルグアイ代表団の団長を務め、ウルグアイ川管理委員会ではウルグアイ代表団の団長を務めた。弁護士、外交官であり、ウルグアイの海事法の第一人者である。ハーグの国際司法裁判所で行われたアルゼンチンとの紛争では、ウルグアイの弁護団の一員として活躍した。

んだルイス・アルマグロの手腕は、この課題には適していなかったと考える者もいた。アルマグロを批判する者は、彼の計画性の欠如、明確な目的と優先順位を持った真の外交政策を展開していないこと、個人的な願望に熱心になりすぎてウルグアイの利益をないがしろにしていることを非難している。※31

アルゼンチンとの関係は、アルマグロ外相とその側近たちによって完全に分別された形で処理された。

アルゼンチンとの交渉に関する情報は、外務省関係者には少しずつしか伝わらなかった。多くの外交官は、上官から聞くべきことを報道機関から聞いていた。これら外交官は、常に困難を伴うアルゼンチン政府との交渉経験が豊富な者からのアドバイスを得ることができなかったのだ。

ムヒカは就任からの5年で、ウルグアイと共通のルーツを持つ重要な貿易相手国であり、しかも何十万人ものウルグアイ人が居住し、何よりも政治を超えて常に兄弟であったアルゼンチンとの関係修復という大きな問題を克服できなかった。

※31…ルイス・アルマグロ外相は、2015年時点で米州機構代表の候補者であった。彼の立候補は最初に発表された。

政治と法律

ムヒカは、ウルグアイを世界に知らしめた。ウルグアイ外務省に長く勤めたある外交官は、「ムヒカは、大統領を辞めたら、国のために優れた大使になれるし、国際的な名声を生かして多くのことを成し遂げられるでしょう」と話してくれた。UNASURの事務局長の候補に、彼の名前が挙がる可能性もある。地域統合を推進する仕事を成し遂げられれば、彼の政治生命の有終の美を飾れることだろう。

ムヒカは、「南米では、一部の国の政府間で政治的な方向性に違いがあるにもかかわらず、これまでにはなかった支援と理解の雰囲気がある」と考えていた。[※32]

ただ、世界的な名声を得たムヒカも、野党からの批判を免れることはできず、国際舞台におけるムヒカと外相の仕事ぶりに疑問の声が上がる。批判の声は多岐にわたった。

たとえばムヒカは、2013年1月、健康状態が極めて深刻で、大統領に復帰できない

※32…「サントス、ムヒカの和平調停の申し出を〝慎重に〟受ける」。「エル・オブセルバドール」紙とEFE通信、2013年9月23日。

まま数カ月後に亡くなることとなったウゴ・チャベスの様子を見て、ニコラス・マドゥロ副大統領（当時）がすでに主導していたベネズエラ政府が主催するイベントに出席したことで批判を浴びた。

ベネズエラの野党陣営は、南米諸国の指導者に会議に出席しないよう要請していたのだ。ムヒカは、エボ・モラレスやニカラグアのダニエル・オルテガ大統領とともに、このイベントに参加した数少ない1人である。失脚したパラグアイ大統領、フェルナンド・ルゴも出席している。

その半年前、ムヒカは、野党との厳しい衝突や、ベネズエラが南米共同市場に加盟する際に、一時的に加盟を停止されていたパラグアイの投票を経ず、同国が加盟したことをめぐるウルグアイ世論との問題を切り抜けなければならなかった。

パラグアイ議会におけるルゴの弾劾裁判は、他の南米共同市場加盟国からは制度の崩壊と見なされた。弾劾という手段はパラグアイ憲法に規定されているが、南米共同市場加盟国の指導者たちは、ルゴに弁護を準備する時間を与えない、即決裁判に等しいプロセスだと認識した。ほとんどのOAS加盟国は、この件をクーデターとは見なさなかった。[※33]

南米共同市場への加盟が決まっていたベネズエラは、パラグアイ議会の承認が得られなかったために、アルゼンチン、ブラジル、パラグアイ、ウルグアイで構成されるグループに正式に加盟することができなかった。

２０１２年６月末にアルゼンチンのメンドーサで開催された南米共同市場首脳会議で、ブラジルはウルグアイとの貿易を拡大し、アルゼンチンでの選挙戦でキルチネル夫妻を強く支持し、ブラジルの大企業が切望する投資先だったチャベス率いるベネズエラを南米共同市場に最終的に加盟させるタイミングになると判断する。だがウルグアイ政府、特にムヒカは、この手続きに納得していなかった。パラグアイ抜きで投票したことで、ウルグアイと同程度規模の加盟国であるパラグアイの権利を侵害することとなる。過去に、同様の前例があり、ムヒカはそれを知っていたのだ。

アルマグロ外相は、こういった状況下でベネズエラの加盟に賛成票を投じないよう大統領に進言した。ブラジルは圧力をかけた。

ブラジルは、ムヒカがよく話を聞いていたウルグアイのディエゴ・カネパ大統領府次官に、米国がベネズエラの不安定化を懸念しているといった情報があることを知らせたのである。この話を聞いたムヒカは、メンドーサまで足を運んだが、まだ納得していなかった。アルマグロは、ムヒカに賛成票を投じないようできる限り念を押した。

南米共同市場内の決定は、すべての大統領によって採択されなければ有効とならない。

※33…ＯＡＳ事務局長ホセ・ミゲル・インスルサへの筆者によるインタビュー。

ムヒカは、ブラジルのジウマ・ルセフ大統領、クリスティーナ・キルチネル大統領と非公開の会談を行う。両者とも心を決めていたが、ムヒカはそうではなかった。彼は会談を終え、ウルグアイがベネズエラの南米共同市場入りを支持することをアルマグロに告げた。決議文が読み上げられると、アルマグロは退室した。ムヒカがメインテーブルを離れ、代わりに駐アルゼンチン大使のギジェルモ・ポミが席についた。

ムヒカは激怒していた。圧力をかけられ、ウルグアイは外交政策の伝統の域を踏み越えたのだ。しかし彼は、結局のところ現実主義者である。彼はモンテビデオの野党陣営だけでなく、おそらく自分の党とも、大きな問題を抱えることとなった。

ダニーロ・アストリ副大統領は、普段とは打って変わって、ハイエナのごとく大統領の決断を平然と批判した。

アルマグロは、大統領の決断に公然と疑問を呈したが、常に大統領と行動をともにしていたため辞任はしない。ムヒカも、意見の相違を表明したからといって、アルマグロを罷免しなかった。ムヒカは、批判を受けたことで、かえってアルマグロを罷免しないよう決断したと語った。[※34]

アルマグロは、国会での答弁で、以前は批判していた政府の立場を擁護した。アルゼンチンとの間にいくつもの問題を抱えていたムヒカにとって、結局のところいつか起こるに違いない問題をめぐってブラジルと衝突しないことが最優先事項であった。ウルグアイに帰国後、ムヒカは自分の政治的行動様式に沿った説明を繰り返したが、法文の順守という国の基本原則には反していた。

「政治が、法律をはるかに飛び越えてしまった」とムヒカは語った。そして、批判が殺到する。その1カ月後の2012年7月にブラジルで開催された臨時首脳会議で、ベネズエラが南米共同市場の正式加盟国となった。[※35]

2013年末、パラグアイのオラシオ・カルテス政権は、ベネズエラを南米共同市場に迎え入れるという前政権の決定を無効化する法律を制定する。[※36] こうしてベネズエラは、賛否両論の中、南米共同市場の5番目の加盟国となった。

ウルグアイでは、ムヒカを理解し、支持する者もいたが、そうでない人もいた。

「政治」と「法律」についての彼の言葉は、彼が在任中に発した言葉の中で、ウルグアイの人々の記憶に最も残るものの1つとなるだろう。

※34…「アルマグロ外相：〝優秀〟」。「責任は私にあり、外相にはありません。彼の働きには満足しています。彼はとても良くやってくれたし、彼が叩かれれば叩かれるほど、私が彼を守るために外相の座にとどめることになります」。2012年7月5日のウルグアイの「ラ・レプブリカ」紙に掲載されたムヒカの発言。

※35…「パラグアイがまだ承認していないが、ベネズエラは南米共同市場に加盟する」。アルベルト・アルメンダリス。「ラ・ナシオン」紙、2012年7月31日。<http://www.lanacion.com.ar/1494865-venezuela-se-incorpora-al-mercosur-a-pesar-de-que-paraguay-aun-no-lo-avalo>

※36…「オラシオ・カルテス、ベネズエラの南米共同市場加盟を公認する法律に署名」。パラグアイの「ABCコロール」紙、2013年12月28日。

任期を終えて

ムヒカ政権時代は、間違いなく近代のウルグアイの中で最も興味深い時期であった。ムヒカは、世界的な論争の主人公となり、そのいくつかの行動に付加価値が与えられた。多くの国内問題が進展せず、後退したものもあったが、ムヒカ政権が残したものは負の遺産のほうが多いというのは無理があるだろう。ムヒカの大統領在任中は、成果を出していた経済政策路線を維持する方法を進めたため、国は途切れることなく成長した。ウルグアイは、ムヒカ政権下で、格付け会社が設定する「投資適格」の格付けを回復し、ウルグアイへの投資を希望する企業家にとって価値あるメッセージを送ることができたといえる。

ウルグアイの左翼急進派の多くは、より改革に意欲的な大統領を期待していたが、ムヒカは経済面では保守的で、経済はうまくいっており、堅調を維持するという原則を保った。実質賃金は上昇し、失業率は低下した。さらに、ウルグアイのエネルギープロセスを強化し、環境にやさしく再生可能な風力発電へ移行したことも好評を得ている。２００７年、最初の風力発電タービンを導入して、この改革が始まった。ウルグアイは、ムヒカ政権の後押しもあり、予定していた30カ所以上となる風力発電所のうち、２０１５年末までに8

カ所の稼働を見込んだ。そして、エネルギーミックスに占める風力発電の割合が最も高い国となっていく。ウルグアイの国家政策には、風力以外にも環境にやさしいエネルギー源の開発が謳われている。※37

しかし、ウルグアイには、多くの負債が残っている。ムヒカは、前任者が実施した税制改革の結果、大きな経済的資源を持ち、成長によって公的収入が増えると状況の中で政治を行った大統領であった。にもかかわらず、彼が行ったインフラ整備は乏しいものであった。

ウルグアイには列車がない。あるにはあるが、せいぜい古い機関車が老朽化した客車を精一杯引きずっているようなものしかない。国家鉄道管理局は、貧弱なインフラを放棄した。ムヒカは、ウルグアイに新しい鉄道サービスを導入し、増加する農業生産物の港湾地域への流通を支援したいと考えていたが、これは実現しなかった。

アルゼンチンとの共同プロジェクト「自由の人々の鉄道」は、ムヒカ政権で最大の失敗の1つであった。2011年8月には、アルゼンチンのクリスティーナ・フェルナンデス・

※37…「これは単体のプロジェクトではなく、風力発電、太陽光発電、バイオマス、再ガス化プラント、コンバインドサイクル、ガスや石油の探鉱などを含む総合的なものです」。ラモン・メンデス国家エネルギー局長による説明。エル・エスペクタドールラジオの番組「エン・ペルスペクティバ」、ウルグアイ、2014年4月16日。

デ・キルチネル大統領と一緒に、この接続を進めた。キルチネルは、二国間関係が損なわれている中で「これは、小さな一歩ではなく、大きな一歩である」と述べる。開通式では、ウルグアイ川の橋の閉鎖について「兄弟国の間で時々起こることではありますが、二度と起こしてはならないことです」とまで言及した。「心配いりませんよ、ペペ。私たちはこの鉄道統合の戦いに負けることはありません」とキルチネルは続け、拍手を浴びた。ただし「自由の人々の鉄道」に乗客が乗ることはなかった。

ムヒカは、200年近い歴史を持つウルグアイが、ブエノスアイレスの商業外交や港湾利権の猛威から逃れるために、深水港を持つべきという考えを残していた。これは、あくまでアイデアで終わっている。また、教育予算を増やしたが、その資源を具体的な目的、明確な戦略を持って配分するような改革は行わなかった。結果、その潤沢な予算はまったく役に立たず、単に平凡な学業成績を残すにとどまってしまった。ウルグアイの国民性の基礎となっていた公立学校は、私立の教育機関に取って代わられている。

ムヒカが就任してから2013年末までに、ウルグアイは、約3万3000人の新規国家公務員を増やした。

ムヒカが行いたかった国家改造は、結局、何もできなかった。一部の支持者を満足させるために導入しようとしていた土地集中税は、裁判所の命令で取りやめになった。

歴史書

2014年7月、ムヒカの人気は退任間近の大統領としては高く、ウルグアイ人の56%が彼の政権を支持していた。また、同年の選挙でムヒカ率いる拡大戦線以外の政党を支持する有権者の割合は、ムヒカの働きに満足していると結論づけていた。

政治学者のアドルフォ・ガルセは、ムヒカの国際的な知名度の高さが、任期の終盤に有利に働いたという。そして、語った。

「最初に彼は、ここウルグアイで支持を獲得したのです。ただ、ある日、彼は信用を失った。ムヒカの魔法は永遠には続かないからです。そして今度は、別の聴衆のところへ出向き、海外で名声を〝買った〟のです。ムヒカのウルグアイ国内での人気が上がっているのは、彼がこのウルグアイで何かを改善しているからではなく、彼が国外でも素晴らしい働きを見せていることを人々が評価しているからです。彼は、他国でアピールしており、人々もそれを評価しているのです」

しかし、本国では事情が異なる。

政治学者のフェデリコ・トラベルサは、ムヒカが左派的人物像に見合った改革を、ほとんど何も行わなかったと考えている。そして次のように語る。

「私は、ムヒカが資本主義を徹底的に手なずけ、より平等な社会を実現しようとする方策を示しているのを見たことがありません。まったくありませんね。彼は現実主義者です。そして、彼がその実現方法を知っているのか、私にはわかりません。いや、彼はどうしたらいいかわからない、考えたこともない、というのが私の感想です。たとえば、今では、土地はより一部の、外国の、大企業の手に集められています。ムヒカ政権は、資本主義経済をうまく、最大限利用して、穏健なやり方で、できるだけ多くの再分配を行う政権でした。穏健な左派政権です」

ガルセは、「ウルグアイの人々が、ムヒカを偉大な大統領として記憶することはない」と考えている。

「ウルグアイでは、大統領というと、物事を成し遂げた人というイメージがあります。(中略)国民はムヒカを、せいぜい善良な人、誠実な人、国民に対し献身的な人として記憶すると思います。言わば、労働者ですね。偉大な大統領ではなく。(中略)ウルグアイの歴史書でムヒカは、元大統領であるバジェ・イ・オルドニェスのように記憶されるでしょうか？答えは、『いいえ』です！」ガルセは強調した。

ガルセは、個人の権利や「新しい権利」としばしば呼ばれる政策事項を推進した新しい法律の多くは、ムヒカだけの功績ではなく、むしろ拡大戦線の功績であるという。そしてかれは、「この党は、現状を打破できないことにうんざりしている」と語る。だからこそ、拡大戦線は、鏡を見て「我々は今も左派である」と言えるように、経済政策や農地改革ではなく、ウルグアイやラテンアメリカの左派の伝統的な要求について言及しつつ、自分たちができることをやっていた。

歴史家のヘラルド・カエタノは、「ムヒカ政権は偉大な政権として歴史に名を残すことはない」と同意しながら、次のように述べる。

「とりわけ、ムヒカの目玉政策が実を結ばなかったから、ということだろう。財政赤字も出してしまった。教育、住宅、インフラ、科学技術への投資などの特定の基本分野で大きな赤字が発生している。しかし、はっきり言って、ムヒカ政権以前のウルグアイとそれ以後のウルグアイで、変わった点も多くあります。彼は違う種類の遺産を残しているのです。偉大な政治家は、政治家が生み出した市民を含め、多くの事柄によって歴史に名を残します。(中略)ムヒカは、何らかの形で、その行動と、考え方と生き方から生まれた結果によって、〝人はみな平等である〟という自らのあり方を改めて貫いた者として記憶されるでしょう」

「本来、敗北というものはない。
戦うことをやめた人が
敗北を感じるだけだ」

ホセ・ムヒカ
モンカダ兵営襲撃60周年記念での演説
2013年

Chapter 8

50年後のキューバと米国

ムヒカは1959年、フィデル・カストロが革命の政治宣伝のために主催した会議に出席するため、ウルグアイの若者代表として初めてキューバを訪れた。ムヒカは、初めての国外への旅とされるこの訪問の印象を、懐かしそうに語ることがある。

「私がキューバから持ち帰った将来像は、（中略）素晴らしいものだった。新たなる革命は、詩情に満ちている。（中略）当時のキューバ革命は初期の混沌状態にあった。（中略）チェ・ゲバラもいて、そのときに彼に会った。革命に対し最初に直接抱いた印象は衝撃的なものだった。革命は多くの人々に支持され、混沌としていて、あらゆる面で未発達な人々の矛盾を表していた」と、ムヒカは語った。[※1]

年齢を重ねたムヒカは、若い頃に目の当たりにしたキューバ革命の様子が自身の政治生活に多くの影響を与えたと回想した。

しかし、ゲリラグループに参加した青年は、カストロが採用した権力の自己永続化の道

※1…カンポドニコ。前掲、63ページ。

から遠くかけ離れていた。ムヒカは、カンポドニコの著書の中で2度目のキューバ訪問について語ったとき、教育を受けた若者はいたが、フィデル・カストロと行動をともにした人たちはほとんど残っていなかったと回想している。

「物資不足のときがくると、最も素朴な者が最も強くなれる」と、ムヒカは当時観察したキューバの物資不足を総括して語り、続けた。

「キューバにはトウモロコシも、カボチャも、サツマイモもないことがわかった。これらは市場の観点から見ると生産性は低いかもしれないが、貧しい人々の主食だった」[※2]

ムヒカは、フィデル・カストロが政権を去った後、ウルグアイの大統領としてカストロと何度か会談しているが、本書が出版される前に行われた最後の会談は、２０１４年１月のことだ。最後に会ったカストロについて、ムヒカは年老いた独裁者との会話を大切に思いながらも、「月日が経ち、身体的に衰えた」と語った。

ムヒカは大統領として、他のラテンアメリカの指導者たちと共通の認識を持って、米国の対キューバ禁輸措置の廃止を訴えた。さらに、この紛争の打開策を探るために、うまくはいかなかったが、主導権を取ろうとした。

しかし、彼のキューバに対する最も重要な行動は、モンカダ兵営襲撃60周年記念式典に参加したことである。彼の演説が式典の目玉となった。

彼はキューバ革命を「ラテンアメリカの尊厳と自尊心の革命」と定義して語った。

「革命は私たちに夢の種をまき、私たちは皆ドン・キホーテとなって、15年か20年後には、今とはまったく異なる社会をつくることができると夢見たものだ」

そして、キューバ全土に響き渡る感謝の言葉の中で、こう述べた。

「そして、私たちは歴史を変えようと挑んだ。物質的な変化は、文化的な変化より簡単に起こる。文化的変化こそが最終的に歴史を真に形づくるものであり、世代から世代へと非常にゆっくりと受け継がれるものだ」

元ゲリラの老戦士であるムヒカは、任期が終わり、すでに残された時間よりも多く生きてきたという確信のもと、20世紀のラテンアメリカの革命発祥の地で、過去を否定することなく、現実はどんなユートピアよりも重みを持つことを認めた。

また、寛容さこそが変革を導く最も重要な姿勢であるとも述べた。

「世界は、多様性を尊重してこそ成り立つ。世界とは多様なものであり、尊敬、尊厳、寛容さが求められること、大きくて強いからといって弱者を踏みにじる権利は誰にもないことを自然に理解できるようになってこそ、世界と未来は実現する」

この考えは、暗に米国に向けられたメッセージと解釈されているが、50年以上にわたって民衆の不満を抑圧してきたキューバ政権へのメッセージであるとも考えられる。

※2…同上、64ページ。

そこでムヒカは、「革命」という言葉を、民衆の武装蜂起に限定しない、新しい概念だと考えていると述べる。

「革命という言葉は、世界がグローバル化したときに、普遍的な意味、つまりより良い世界をつくるために戦うという意味になる」

ムヒカは、平和への願いを込めてメッセージを締めくくった。

「兵舎が学校や大学になる日に、人間は先史時代から抜け出すでしょう」

ムヒカが、5年間の大統領任期中にやりたかったことの多くをやり残したことは確かである。彼は、ウルグアイの国内問題に焦点を当て、任期に入った。しかし、彼は結局、世界の主要な問題、つまり、人間の存在を貧しくする消費主義、種の認識の欠如による環境の悪化、そして、彼が「見ることはないにもかかわらず、何よりも心配な未来」にのめり込んでしまった。ムヒカはコロンビアとベネズエラの調停を申し出た。グアンタナモの被収容者や戦争で孤児となったシリアの子どもたちを避難民として自国に受け入れた。彼は神を信じていないが、ローマ法王にお願いに上がった。「反帝国主義者」でありながら、最終的にはオバマの味方になった。2014年のノーベル平和賞は、フランシスコ法王に贈られるだろうと述べた。しかし、もしノーベル賞の賞金を手にしていたら、その使い道は決まっている。彼と妻には子どもがおらず、世界的に有名となった彼の農場に農村商業学校を建設するプロジェクトで、授業を受ける恵まれない子どもや若者に賞金を使っただろう。[※3]

この独立独歩の男は、性急な政治の世界に入った当初、急激に衰退してゆく憲法制度を何度も批判していたが、世界にとって、民主主義と個人の自由を謳う穏やかな使徒となった。彼は変ったのだ。

彼は常に状況に適応した。特異なカリスマ性に裏打ちされた独自のコミュニケーション術で、かつては見下していた権力の座を投票で争い、これを勝ち取った。

ムヒカは、大統領として、政策課題を整理していなかった。彼は、ある問題を推し進める一方で、トゥパマロス民族解放運動の元構成員にとって大切なはずの、他の問題は放置した。そのため、ゲリラ仲間たちからの評価も低く、彼を裏切り者と言う者もいる。

ムヒカは刑務所で暴力に決別し、何年も後、投票によって大統領となった。1960年代にキューバを訪れ、ウルグアイに戻って武器を手にした青年たちのうち、ハバナでの彼の演説を聴いた者は、物事を変えるという彼の天職をそのまま認めることができた。彼らは一時代を生きた老人の言葉に耳を傾けた。自身が置かれた状況で目的を達成しようと行動する現実主義者の、政治において、人生において、手元にあるものでやりくりしながら、多くの成功を収め、より多くの失敗を重ねてきた人間の言葉に。彼は、勝利よりも敗北から学ぶことのほうが多い、とよく言う。この言葉にも一理あるだろう。

※3…2014年のノーベル平和賞は、タリバンの攻撃で被害を受けた10代のマララ・ユスフザイと、インドのカイラシュ・サティヤルティという、子どもの権利擁護を唱える2人に最終的に授与された。

謝辞

ビルヒニア・モラレス、フリアン・ウビリア、アンヘラ・レジェス、ハビエル・カストロ・ドゥトラ、アルマンド・ラブフェッティ、カルメン・ペルドモ、ワルテル・ペルナス、ファビアン・ウェルネル、ジョン・ワッツ、シモン・ロメロ、ステファニー・ノレン、イヴ・フェアバンクス、パブロ・フェルナンデス、ダリオ・クレイン、ニコラス・バタージャ、マリオ・ゴールドマン、ウーゴ・アレオナーダ・モン、マリア・ロレンテ、アナ・イネス・シビルス、エドガル・カルデロン、アナ・シュリモビッチ、アルベルト・アルメンダリス、ウーゴ・ルイス・オラサル、セバスチャン・カブレラ、マルティン・アギーレ（h）、ネルソン・フェルナンデス、パブロ・カストロ、マティルデ・カンポドニコ、フアン・マラ、スサーナ・バレート、トマス・リン、マリア・クラウディア・ガルシア・テヘーラ、エドゥアルド・シビレ、パンタ・アスティアサラン、パブロ・ポルシウンクラ、ダニエル・カセッリ、アナ・センシオ、ルシア・サンチェス、そして共通の友人を通じて、私がその存在を知らず、もし見つけても歴史的価値があるとは到底思えないような文書を送ってくださった匿名の人々、このすべての人々に感謝申し上げる。

参考文献

ALCONADA MON, Hugo. 2009. *Los secretos de la valija. Del caso Antonini Wilson a la petrodiplomacia de Hugo Chávez.* 2da ed. Buenos Aires: Planeta.

CAMPODÓNICO, Miguel Ángel. 1999. *Mujica.* Montevideo: Colección Reporte, Editorial Fin de Siglo.

FERNÁNDEZ HUIDOBRO, Eleuterio. 1998. *La fuga de Punta Carretas. La preparación.* Tomo I, Montevideo: Ediciones de la Banda Oriental.

FERNÁNDEZ HUIDOBRO, Eleuterio. 1998. *La fuga de Punta Carretas. El Abuso.* Tomo II. Montevideo: Ediciones de la Banda Oriental.

FERNÁNDEZ, Nelson. 2004. *Quién es quién en el gobierno de la izquierda.* Montevideo: Editorial Fin de Siglo.

GARCÉ, Adolfo. 2009. *Donde hubo fuego. El proceso de adaptación del MLN-Tupamaros a la legalidad y a la competencia electoral (1985-2004).* 4taed. Montevideo: Editorial Fin de Siglo.

GARCÍA, Alfredo. 2010. *Pepe Coloquios.* 8va ed. Montevideo: Editorial Fin de Siglo.

HESSEL, Stephane. 2011. *Indignez vous!* 12a ed. Montpellier: Indigène Éditions.

ISRAEL, Sergio. 2014. *Pepe Mujica el presidente. Una investigación no autorizada.* Montevideo: Editorial Planeta.

LEICHT, Federico. 2007. *Cero a la izquierda. Una biografía de jorge Zabalza.* 6taed. Montevideo: Letraeñe Ediciones.

MAIZTEGUI CASAS, Lincoln. 2005. *Orientales. Una Historia Política del Uruguay. Tomo 2. De 1865 a 1938.* Montevideo: Editorial Planeta.

MAZZEO, Mario. 2002. *Charlando con Pepe Mujica. Con los pies en la tierra...* Montevideo: Ediciones Trilce.

MLN. S.d. *Los Tupamaros en el Uruguay de hoy.* Movimiento de Liberación Nacional-Tupamaros. S.L.: S.N.

OPPENHEIMER, Andrés. 1993. *La hora final de Castro. La historia secreta detrás del gradual derrumbe del comunismo en Cuba.* Buenos Aires: Javier Vergara.

PELÚAS, Daniel. 2001. *José Batlle y Ordóñez. El Hombre.* Montevideo: Editorial Fin de Siglo.

PEREIRA REVERBEL, Ulysses. 1999. *Un secuestro por dentro.* Montevideo: S.N.

PERNAS, Walter. 2013. *Comandante Facundo. El revolucionario Pepe Mujica.* Montevideo: Aguilar.

PIKETTY, Thomas. 2013. *Le capital au xxie siècle.* París: Éditions du Seuil.

RODIGER, Rubén Darío. 2007. *Mujica recargado.* Montevideo: Ediciones Santillana.

ROSENCOF, Mauricio; FERNÁNDEZ HUIDOBRO, Eleuterio. 1993. *Memorias del Calabozo.* Navarra: Txalaparta Argitaletxea.

SANGUINETTI, Julio María. 2012. *La reconquista. Proceso de restauración democrática en Uruguay (1980-1990),* 6taed. Montevideo: Ediciones Santillana.

TAGLIAFERRO, Gerardo. 2011. *Fernández Huidobro, de las armas a las urnas.* Montevideo: Editorial Fin de Siglo.

監修者から最後に……

そもそも人類の歴史を紐解くと、〝自由への挑戦〟の連続だったといえるのではないでしょうか。

農業や牧畜は食糧自給の自由を勝ち取るため、産業革命は生産性を高めて生活の自由度を高めるための試みといえます。さらには自由な自治を求めて国境をめぐる争いが起こり、また病気や感染症から身を守る医療の自由も推し進められています。昨今の働き方改革にしても、無理な労働からの自由を求める挑戦といえるでしょう。

人間は制約から逃れようとする生き物ですから、自由への挑戦は形を変えて今後も続くはずです。

そして、成熟社会といえる現代の日本における「自由への挑戦」のテーマは、より「精神的な自由」「時間的な自由」を得るための、消費行動や消費プロセスの〝変革〟となってきています。

日本は明治以降、先進国の仲間入りをしようと西洋的な物質主義を採り入れ、高度消費社会を形成してきました。しかしそれ以前、江戸時代には限られた資源を大切に使う「循環型社会」が形成されていたのです。さらにさかのぼれば、縄文時代にも土器を修復したり砕いて別の用途に転用したりといったようなサステナブルな文化があったことがわかっています。

つまり日本における「消費社会」の歴史は、ほんの150年ほどでしかなく、むしろこの国の根底にはサステナブルな精神が息づいていると考えられます。

翻って、現代の私たちの身の回りには大量のモノがあふれ返っています。商業広告やSNSの情報など影響力のある情報に振り回され、それが「仕立てられた欲望」であることを自覚せず、見栄えやきらびやかさを競って消費に突き進む人が少なくありません。

自由とは「自らを由し（拠り所）とする」という意味ですが、氾濫する情報に流されて、その拠り所＝価値基準が揺らいでいる状態は、精神的に自由とはいえないでしょう。

精神的な自由について、ムヒカ氏は「生きるための時間を持つこと、自分のために使える時間をもつこと」と定義しています。

さらに彼は、「そういった自分のための自由な時間は、働くために、物質的な欲望を満たすための労働によって奪われている」とも言っています。

だからこそ、私たちは「自らに由る」消費をしていかなければなりません。「必要以上の消費」に疑問を投げかけ、今あるものをもっと活用していかなければならないのです。それが現代の成熟社会である日本における「自由への戦い」であり、「精神的な自由」を得るための必要なプロセスともいえるのではないでしょうか。

そして、ホセ・ムヒカ氏がまさにこれと同じ意味のことを述べているのです。

「多くを必要とする人は貧しい。なぜなら多くを必要とする人は決して満たされることがないからである」(本書53ページ)

「自由とは、生きるための時間を持つことです。それが、私が実践している質素の哲学なのです」(同)

自分にとっての必要十分を知るからこそ、シンプルな暮らしに心地良さを感じられる。そんなムヒカ氏の生きざまは、「等身大で生きよう。ありのままの自分でいいんだ。他人の価値基準に絡めとられたら、それは自由ではないのだから」——そんなことを教えてくれます。

これは現代日本に生きる私たちが大いに学ぶべきことではないでしょうか。

いまの日本は消費文化から精神的成熟へ向かう過渡期といえます。そんなタイミングだからこそ、ムヒカ氏の言葉を日本のみなさんへ届けることに大きな意義があると、私は確信しています。

そして日々の暮らしに追われて、自分と向き合う余裕がない人には、ぜひ、自由の本質的な意味について、一度、見直してみてほしいと思います。

生活のベースを自由にしたその先には、もう1つ上の次元の〝生きるための自由〟が見えてくることでしょう。

この本には自分なりの価値基準を見つけるヒント、すなわち生き方の本質に気づける手がかりが数多くちりばめられています。読者の皆様には、ムヒカ氏の言葉を携えながら、ご自身の自由について考えていただきたいと思います。

最後となりますが、この本を監修するにあたってご協力いただいたすべての方々に感謝申し上げます。

2023年4月

監修者　鰭沼　悟

■著者プロフィール　マウリシオ・ラブフェッティ(MAURICIO RABUFFETTI)／ジャーナリスト
1975年、米国ローリー生まれ。ウルグアイ人の両親をもつ、ウルグアイ系アメリカ人ジャーナリスト・政治コラムニスト。ワシントンDCのラテンアメリカ特派員、ブラジルのAFP通信の編集幹事、ウルグアイの主任特派員を歴任し、現在はラテンアメリカのAFPの経済担当編集者、ウルグアイのテレビ局「カナル5」の政治アナリストを務める。

■監修者プロフィール　鰆沼 悟(えびぬま・さとる)／株式会社groove agent　代表取締役
「人生をより豊かに生きるため、世の中の大人をもっと自由にしたい」という思いで、2011年に株式会社groove agentを設立。すでにある中古物件を、リノベーションなどの方法を用いて時代や多様な暮らしに合わせて刷新、活用していく「ゼロリノベ」を展開。ホセ・ムヒカ氏を敬愛し、その価値観をより多くの方々に伝えたいという考えから、今回、本書の監修を実施する。

JOSÉ MUJICA　LA REVOLUCIÓN TRANQUILA

ホセ・ムヒカ　自由への挑戦

2023年4月28日　第1刷発行

著者　マウリシオ・ラブフェッティ
監修　鰆沼 悟
発行者　鈴木勝彦
発行所　株式会社プレジデント社
〒102-8641
東京都千代田区平河町2-16-1 平河町森タワー13階
https://www.president.co.jp/　https://presidentstore.jp/
電話 編集 03-3237-3733
販売 03-3237-3731
販売　桂木栄一、高橋 徹、川井田美景、森田 巌、末吉秀樹

翻訳　ヨンカーズ トランスレーション アンド エンジニアリング株式会社
校正　株式会社ヴェリタ
イラスト　SENJI
装丁　鈴木美里
組版　キトミズデザイン
制作　関 結香
編集　金久保 徹

印刷・製本　大日本印刷株式会社

本書に掲載した画像の一部は、
Shutterstock.comのライセンス許諾により使用しています。

ISBN978-4-8334-5223-6
Printed in Japan